中国—阿尔巴尼亚经典图书互译出版项目

ENCIKLOPEDI E SHKURTËR E HISTORISË DHE TRASHËGIMISË KULTURORE TË SHQIPËRISË

阿尔巴尼亚历史与文化遗产概览

（阿尔巴尼亚）阿尔弗雷德·达利皮
（阿尔巴尼亚）根茨·米弗蒂乌　主编
柯静　马赛　译

外语教学与研究出版社
北京

出版说明

2013年9月和10月，习近平主席分别提出建设“丝绸之路经济带”和“21世纪海上丝绸之路”，即“一带一路”倡议。这一倡议得到了国际社会的广泛响应。“一带一路”倡议赋予古老的丝绸之路精神以新的时代内涵，提出在沿线国家之间实现“互联互通”，即政策沟通、设施联通、贸易畅通、资金融通和民心相通。“国之交在于民相亲”，民心相通是实现“互联互通”的基础，而民心相通的前提是语言相通和不同文化间的相互理解。

“一带一路”倡议的提出，有力地推动了中国与世界各国之间的人文交流。为落实《中国—中东欧国家合作贝尔格莱德纲要》，2015年4月，中国新闻出版代表团访问阿尔巴尼亚，双方共同签署了《中阿经典图书互译出版项目合作协议》。协议约定，中阿双方将在今后五年内相互翻译出版对方国家的25部作品，共50部作品，并启动出版领域内的多项合作。2015年秋，在国家新闻出版广电总局的指导和支持下，我社组织中国和阿尔巴尼亚两国专家调研论证，启动了“中国—阿尔巴尼亚经典图书互译出版项目”。这一项目的实施无疑将成为加深两国人民相互了解的桥梁，也为中国读者较为系统地了解阿尔巴尼亚社会文化提供了契机。

阿尔巴尼亚地处巴尔干半岛西南部，素有“山鹰之国”之称。作为伊利里亚人后裔，阿尔巴尼亚人既汲取了东西方文明的养分，也保留了其古老的语言和文化。在其丰富多彩的历史人文画卷上，既有歌颂民族精神的古代英雄史诗和近代浪漫诗歌，也有伊·卡达莱集历史与想象于一体、充满民族特质的小说佳作。我们本着经典性、人文性和时代性的原则，撷取其中最具代表性的25部著作翻译出版，涉及历史、文化、文学、艺术等各个领域，反映了阿尔巴尼亚历史文化的总体风貌和文学艺术创作的最高成就。

虽经中外专家反复遴选，但要在“山鹰之国”浩瀚的人文经典中选出25部，其过程恰似文海撷贝，或许挂一漏万。失当之处，敬请方家指正。我们相信在中阿双方的共同努力下，这套丛书的出版将有力地促进两国人民加深理解，开启两国文化交流的新篇章。

外语教学与研究出版社
2016年7月

代序

在精神领域，在拥有和创造价值方面，阿尔巴尼亚人从来不需要理由去羡慕或嫉妒其他民族，历史上不需要，现在更不需要。

阿尔巴尼亚人创造和传承了世界上一门重要的语言，它是世界上十几门主要语言之一。

阿尔巴尼亚是欧洲最早的基督教国家，也是西欧历史的发祥地之一。

从15个世纪前，阿尔巴尼亚主教谱写基督教的圣歌《赞主诗》，到中世纪阿尔巴尼亚诞生被尊为“基督勇士”的巴尔干著名西方文明卫士乔治·卡斯特里奥蒂（斯坎德培），再到现今闻名于世的阿尔巴尼亚裔诺贝尔和平奖获得者特蕾莎修女，都充分证明了阿尔巴尼亚民族对文明传承的贡献，这是任何人都不能否认的。

伊斯玛依尔·卡达莱

《第三个千禧年之交的阿尔巴尼亚民族》

译者序

对于阿尔巴尼亚，经历过二十世纪六七十年代中阿友好时期的人并不陌生，甚至怀有一种特殊的情感。有人会笑着说："哦，那曾经是欧洲的一盏明灯！"有人会情不自禁地想起当年拎着马扎去广场看阿尔巴尼亚电影，并哼上一段电影主题曲，或念上两句"消灭法西斯，自由属于人民！""我以人民的名义，判处你死刑！"等经典台词的情景。

然而，那毕竟是特殊年代的特殊产物，在中阿关系回归正常、中国文化走出去和"一带一路"建设的背景下，如何切实加强中阿间人文交流，深入了解对方的历史与现状、语言与文化传承、社会与政治经济发展等，成为当务之急。

2015年启动的中国—阿尔巴尼亚经典图书互译出版项目恰逢其时。该项目由国家新闻出版广电总局主管，外语教学与研究出版社承担，计划在五年内翻译出版两国经典作品各25部。2016年，阿尔巴尼亚著名诗人德里特洛·阿果里的诗作《母亲阿尔巴尼亚》已译成汉语出版（译者郑恩波），我国著名历史学家张岂之的《中国历史十五讲》译成阿语发行（译者依利亚兹·斯巴修）。《阿尔巴尼亚历史与文化遗产概览》一书作为该项目首批成果之一，将为中阿人文交流注入新内容。

该书由四部分组成。第一部分简要介绍阿尔巴尼亚从古至今的历史发展；第二部分包罗万象，从考古、语言、文学、美术、法典、古籍、纹章、建筑、教育、体育、音乐、戏剧、新闻等二十多个方面，展现了阿尔巴尼亚独特的文化遗产和阿尔巴尼亚人的文化传承；第三部分梳理了20世纪20年代至21世纪头10年阿尔巴尼亚市场经济发展的脉络；第四部分介绍了阿尔巴尼亚的地理位置、自然资源、环保措施、人口发展与分布、外国人投资商机等。全书如万花筒般展开，为中国读者全方位了解阿尔巴尼亚提供了很好的途径。

本书原著是欧盟和联合国开发计划署资助的项目，旨在展示阿尔巴尼亚悠久的历史、独特的民族性和丰富的文化传承。此外还需指出的是，由于西方对阿尔巴尼亚的了解也非常有限，阿尔巴尼亚加入欧盟的意愿尚未实现，所以，强调阿尔巴尼亚民族在抵抗奥斯曼入侵、保护西欧文明方面做出巨大贡献，最终却因被西欧抛弃而置于奥斯曼统治下长达五个世纪，失去工业化发展的机会，呼吁西方正确对待历史，给予必要补偿，尽快接纳阿尔巴尼亚成为欧盟成员，也是该书的重点旨意。了解其出版背景和写作动机，有助于我们正确理解该书的内容，正确认识阿尔巴尼亚社会现状和阿尔巴尼亚人的民族性及其诉求。需说明的是，本书写作年代较早，大多依据2010年前的材料和统计数据，少部分数据于2013年更新。

在该书的选定、翻译、编校过程中，阿尔巴尼亚科学院院士沙班·西纳尼教授给予了诸多指导，汉学家依利亚兹·斯巴修先生、北京外国语大学阿尔巴尼亚语教研室主任陈逢华副教授提供了热情帮助，外语教学与研究出版社具体负责该项目的编辑徐晓丹付出了大量辛劳。此书得以出版，离不开各位同仁的共同努力，离不开国家新闻出版广电总局和外语教学与研究出版社的大力支持。在此一并致以诚挚的感谢！

柯　静

2017年7月

目录

历史

前言 / 2

古代伊利里亚人 / 4

拜占庭时期（395—1380） / 8

抵抗奥斯曼，保卫欧洲文明 / 12

奥斯曼封建军事统治（1506—1912） / 17

阿尔巴尼亚民族复兴（1840—1912） / 22

独立后的阿尔巴尼亚国家建设（1913—1939） / 32

阿尔巴尼亚反法西斯战争（1939—1944） / 38

二战后的阿尔巴尼亚 / 42

阿尔巴尼亚政治体制大事记 / 49

阿尔巴尼亚基本法 / 51

文化遗产

考古学 / 54

阿尔巴尼亚语 / 63

友善和团结传统 / 80
传统文化 / 88
史诗 / 96
文学 / 104
卡农法典 / 118
古抄本 / 128
城市法规 / 135
档案馆的珍宝 / 142
美术 / 157
集邮 / 177
钱币 / 181
纹章 / 185
建筑和城市发展 / 190
教育和科学 / 208
摄影 / 218
新闻出版 / 227
视听媒体 / 232
戏剧 / 235
电影 / 246
音乐 / 251
体育 / 260

经济

前言 / 266

第二次世界大战前的阿尔巴尼亚经济 / 268

阿尔巴尼亚社会主义时期的经济（1944—1990） / 275

20世纪90年代的市场经济转型 / 278

21世纪的经济发展 / 287

阿尔巴尼亚概况补充

地理位置 / 294

地质构造和形态 / 295

气候 / 298

自然资源和环境保护 / 300

人口 / 313

发展和商机 / 324

主要旅游景点 / 332

历史

前言

在最早的欧洲历史中就记载着关于巴尔干半岛西部地区伊利里亚人的描述，现今的阿尔巴尼亚人正是古老伊利里亚人的后裔。大约公元前6世纪—公元前5世纪，伊利里亚进入城镇文明发展阶段，建立了独立的城邦。然而，命运多舛，伊利里亚人走向独立的政治、经济、社会和文化发展的进程，却因接连不断的外族侵略被迫终止。

以公元前2世纪为起点的2000年间，除个别短暂时期，该地区始终处于外族征服和统治状态。这一过程始于公元前168年，伊利里亚人被罗马征服，此后在罗马统治下5个世纪，直至395年被纳入拜占庭的版图。中世纪拜占庭统治达千年之久，期间，伊利里亚人还遭受了其他外来人的入侵，包括斯拉夫人大举南下、保加利亚帝国向西扩张、诺曼人和安茹人的侵扰、塞尔维亚帝国的占领。12世纪末，阿尔巴尼亚人才得以建立自己的政权，这短暂的独立王国史称阿尔伯利亚公国（1191—1216）。14世纪中叶，由于斯特凡·杜尚1355年驾崩，塞尔维亚帝国走向衰亡，阿尔巴尼亚迎来第二次解放的机会，各地公国纷纷宣布独立，试图追回逝去的时光，组建统一的阿尔巴尼亚王国。但事与愿违，这一进程因奥斯曼帝国的入侵而受阻。1443年，在其民族英雄斯坎德培（约1405—1468）的领导下，阿尔巴尼亚人揭竿起义，赢得了独立，形成了自己的民族国家。

阿尔巴尼亚人反抗奥斯曼帝国的战斗持续了四分之一个世纪，阻止了奥斯曼帝国的西进，成为保护欧洲文明的挡箭牌。由于西方食言未及时援助，阿尔巴尼亚终因寡不敌众，和其他巴尔干国家一样，沦为奥斯曼帝国的附庸近五个世纪。1912年，阿尔巴尼亚宣布独立，西方列强却在1913年只承认其二分之一的领土独立，其余二分之一阿族人居住地区被分割给周边的塞尔维亚、希腊、黑山和马其顿。

简要梳理其历史，可见阿尔巴尼亚人民饱受外族侵略、占领和奴役的悲惨命运。这些帝国，包括罗马帝国、拜占庭帝国、保加利亚帝国、塞尔维亚帝国和奥斯曼帝国，都想方设法抹杀阿尔巴尼亚人的民族认同，消除其民族语言、文化、传统、道德、宗教统一、民族团结、历史传承等民族认同所必需的要素，同化阿尔巴尼亚人。

19世纪，有外交官和国际法专家认为，巴尔干半岛上已不再有阿尔巴尼亚民族的存在，但很快他们就清醒地认识到：阿尔巴尼亚民族并不是传说中浴火重生的凤凰，他们祖祖辈辈生活在巴尔干半岛已经几千年。

书写阿尔巴尼亚历史的历史学家，无论是阿尔巴尼亚历史学家还是外国历史学家，都会遇到这样几个难以解答的问题：阿尔巴尼亚民族究竟有什么特性，使他们能够抵抗住连续不断的外族侵略和占领的风暴？这些风暴足以使好几个民族从地球上消失。是什么使这个民族能够经历人类历史上众多动荡并生存至今？换言之，历史造就了阿尔巴尼亚民族怎样的性格，使他们能在多灾多难中坚定信念并谋求发展？

希望这本关于阿尔巴尼亚历史与文化遗产的小百科全书能为大家提供一点答案。

作者：克里斯托·弗拉舍里

古代伊利里亚人

据古代文献记载，伊利里亚人自古以来居住在西巴尔干地区，是巴尔干半岛人口最多的族群之一。考古学、语言学和人类学的研究结果对此提供了支持，证实伊利里亚人是这块土地上古老的原住民，他们早在青铜时代就生活在这里。

关于伊利里亚人部落的描述最早出现在古希腊著名文学家荷马和赫西奥德的诗作中。公元前7世纪—公元前6世纪，古希腊在亚得里亚海东岸建立迪拉基乌姆（今阿尔巴尼亚港口城市都拉斯）、阿波罗尼亚和奥里琼等殖民地，引起了当时文学家对伊利里亚和伊利里亚人的关注。这些殖民地城市与古希腊本土大都市的联系密切，除了旅行者，商人也经常前往伊利里亚殖民地，以换取那里丰富的矿产、农产品和乳制品等。这种交流使古希腊人对伊利里亚有了全面、准确的了解，这也在古代著名历史学家的作品中有所体现。相关描述和数据很容易在希罗多德、修昔底德（尤其是修昔底德）的作品中找到。

有关伊利里亚人的历史记载，至今保存着许多从公元前4世纪至公元前2世纪的文献。其中，波利比阿的作品提供了关于伊利里亚王国的关键信息和准确数据。同样值得关注的还有阿皮安和斯特拉波的著作。

对比之下，相关的历史记录在公元后最初几个世纪里却非常有限。4世纪—7世纪之后，拜占庭作家描写伊利里亚的文学作品在数量上有所增长，这些作品展现了古代后期伊利里亚的诸多重要历史事实。

古代和中世纪早期文献为重构伊利里亚人和阿尔伯利亚人（Arbër，伊利里亚族群中的一支）历史提供了很好的基础。尽管这些记载断断续续，并不完整，很难据此彻底重构古代阿尔巴尼亚在这片土地上的历史进程，但通过考古学家的深入探索和观察，实际上还是可以清晰地重构伊利里亚文明。

伊利里亚人居住地域广大，北至多瑙河分支（萨瓦河和德拉瓦河），向南覆盖了大部分史前伊庇鲁斯公国的领土并延伸至安布拉基亚湾（现今的普雷韦扎），东达摩拉瓦河和瓦尔达尔河，西临亚得里亚海和爱奥尼亚海。此外，在巴尔干半岛之外，也有一些伊利里亚人的部落，如位于意大利南部的梅萨普萨和雅皮格斯部落等。

伊利里亚的地理位置在其经济、社会和政治发展中发挥了关键作用，原因很简单：他们紧邻伟大的文明古国，即古希腊、古罗马以及早期的拜占庭帝国。

公元前6世纪—公元前5世纪，南部伊利里亚建立了第一个城邦。政治上，这些城邦采用世袭制，由奴隶主构成的贵族代表进行统治。行政中心设在城邦，由国王任命执政的大公。在君主制框架下，伊利里亚的城市及郊区实行自治，由每年选举产生的执行委员会管理。在公元前5世纪至公元前4世纪期间，伊利里亚王国全面建成。实力最强的巴尔聚尔国王击败了马其顿人，并于公元前359年挑战马其顿腓力二世，试图解决东部边界问题。在国王格劳基亚统治下，伊利里亚王国继续迅速强大。公元前355年，因东部领土问题，伊利里亚与亚历山大统治下的马其顿爆发战争，与此同时，伊利里亚通过扶植伊庇鲁斯的皮洛士上台（公元前309），与伊庇鲁斯结成联盟。

这一时期，都拉斯加入伊利里亚王国，阿波罗尼亚从马其顿统治下解放出来。格劳基亚的继任者莫农和米蒂尔在伊利里亚王国加强经济建设，并铸造了铜币和银币。公元前3世纪中期之后，在普莱乌拉特国王和阿格隆国王统治时期，伊利里亚王国再度繁荣。公元前231年，伊利里亚打败了埃托斯，并与伊庇鲁斯和阿卡纳尼亚结成联盟。该联盟成为巴尔干半岛最强大的政治力量，具备对抗罗马帝国在亚得里亚海称霸计划的实力。然而，在公元前229年和公元前218年与罗马的两场战争中，由女王德乌达领导的伊利里亚军队均遭失败。随后，在根特国王统治时期（公元前186—公元前168），伊利里亚王国重整旗鼓，与马其顿和达尔达尼亚结盟，再度抗击罗马帝国。不幸的是，伊利里亚军队在斯库台战役（公元前168）中再次遭受重创，伊利里亚王国被夷为平地。

罗马帝国征服伊利里亚王国和伊庇鲁斯之后，开始在伊利里亚设定居点，并强行挺进整个巴尔干半岛，直至小亚细亚。行政上，罗马在伊利里亚王国实行罗马化政策。南部伊利里亚被分为四个行省：普雷瓦尔行省（以斯库台为中心）、达尔达尼亚行省（以斯科普里为中心）、新伊庇鲁斯行省（以都拉斯为中心）和古伊庇鲁斯行省（以尼科波利斯为中心）。

1世纪，城市生活发生了巨大变化。都拉斯、斯库台、拜利斯和布特林特等都沦为罗马殖民地。这些城市的进一步发展与手工业、贸易和运输业的发展密切相关。一条被称为“埃格纳提亚”的重要军事和商贸通道把都拉斯和阿波罗尼亚连接起来，并经过塞萨洛尼基到达拜占庭首都君士坦丁堡，即现今的伊斯坦布尔。从都拉斯到君士坦丁堡全程总计696英里（1120公里），这条通道由马其顿行省执政官埃格纳提乌斯于公元前1世纪建立。

在古代后期，随着帝国权力分散到地方，许多城市出现繁荣景象。都拉斯成为罗马帝国后期和拜占庭帝国早期的大都市之一。有许多罗马和拜占庭名人到访都拉斯的记载，其中包括演说家阿辛·埃皮卡德，法学家普里斯科，以及3世纪—4世纪的罗马皇帝——克劳狄、奥勒良、戴克里先、马克西姆·达扎、君士坦丁一世等。

“伊利里亚人”这个称呼直到601年才出现在《圣德米特里编年史》

中，而到1079年，拜占庭年史编写者则用“阿尔伯利亚人”来称呼居住在该地区的伊利里亚人后裔。

许多历史学家、考古学家和语言学家持相同的观点，即阿尔伯利亚人是伊利里亚人的后人。尽管缺乏从7世纪—10世纪的历史记载，但有关阿尔伯利亚人的起源几乎不存在疑问或者其他理论。

语言学研究不仅证实了阿尔巴尼亚人即是伊利里亚人后裔的理论，而且在证明其延续性方面做出了有价值的贡献。其实，仅凭单一的事实，即今天讲阿尔巴尼亚语的地方正是曾经讲伊利里亚语的地方，就可以得出上述结论。大量的考古发现以及物质或非物质文化遗产证据表明，从伊利里亚人到早期阿尔巴尼亚人有不间断的文化连续性。在科曼地区发现的阿尔巴尼亚中世纪文化对解释阿尔巴尼亚人起源非常有价值。研究表明，从伊利里亚人到阿尔巴尼亚人这一过程的发展变化始于古代末期，7世纪—11世纪为该变化的主要时期，地域上覆盖了现今阿尔巴尼亚全境。

作者：穆扎费尔·科尔库蒂

拜占庭时期（395—1380）

395年，罗马帝国分裂，大部分伊利里亚领土被纳入东罗马帝国，即拜占庭帝国。这一年是决定性的转折点，它决定了接下来十个世纪里拜占庭统治的历史。伊利里亚在拜占庭帝国占据有利的地理位置，它是由西向东的重要门户，通过埃格纳提亚通道，把东西方联系在一起。

4世纪—9世纪，伊利里亚遭受西哥特人、匈奴人、东哥特人和斯拉夫人入侵，最后只有斯拉夫人留了下来，分散定居在伊利里亚不同地区和马其顿。在北部和东部地区，斯拉夫人口数量超过了伊利里亚人，导致后者被斯拉夫化。而在南部，伊利里亚人口稠密，伊利里亚人同化了斯拉夫人。9世纪，伊利里亚当地居民被称为阿尔伯利亚人，他们的国家被称为阿尔伯利亚。18世纪初，这些名字被“阿尔巴尼亚人”（阿尔巴尼亚人自称shqiptar）和“阿尔巴尼亚”（阿尔巴尼亚人称自己的国家为Shqipëri）所取代，两种形式并用至今。

阿尔伯利亚在名称、语言、文化和领土上都有别于其他国家，她经历了一波又一波的外来侵略。期间，大部分领土在9世纪后被保加利亚占领约150年。从11世纪末到13世纪末，阿尔巴尼亚成为拜占庭与意大利南部诺曼人的战场，其沿海地区成为往返圣地的通道。由于远离首都，尽管他们在君士坦丁堡参与了一些重要事件，但阿尔伯利亚人在拜占庭史料中很少被提及。

拜占庭时期，阿尔巴尼亚除了业已存在的城市，如都拉斯、乌尔齐尼、斯库台、莱什、发罗拉、奥里克、布特林特，还出现了新的城镇，包括培拉特、格拉维尼察、普里兹伦、德里什特、迪勃拉、萨兰达和希马拉等。与此同时，与圣徒名字相关联的行业工会组织相继成立。一些城镇以其产品而著名：发罗拉和乌尔齐尼以剑闻名，斯库台和乌尔齐尼以铃铛闻名，而普里兹伦和斯库台以其金银饰品闻名。此外，阿尔巴尼亚铁匠独特的马蹄制作法以及阿尔巴尼亚石匠和木匠高超的手工艺都彰显了他们与众不同的卓越才能。

阿尔巴尼亚的城镇不仅是贸易中心，而且还在阿尔巴尼亚各地区之间、阿尔巴尼亚和外部世界之间起着枢纽的作用。阿尔巴尼亚商人与许多地中海城镇和外国商人建立了联系网络，这些外商来自威尼斯、拉古萨、里米尼、安科纳、科托尔、佛罗伦萨和塞萨洛尼基等。随着政治和经济的发展，一些阿尔巴尼亚城镇设法从中央政府手中谋取特权，为此后城市法的制定奠定了基础。

城市法得到了封建主的认可。城市的立法和执行机构根据城市法进行选举和运作，其中最高机构为市政委员会。阿尔巴尼亚语是市政委员会的官方语言。

阿尔布莱什贵族在拜占庭帝国形成了自己的独立公国。普罗冈创建的阿尔伯利亚公国（1190—1216）具有封建国家特征，架构上有统治王朝、附庸、封建等级官员以及立法和行政部门。

普罗冈去世后，其子金恩和迪米德尔继承公国王位。在迪米德尔统治下，公国达到鼎盛时期。与其他欧洲君主一样，迪米德尔也拥有诸如“伟大执政官”“至尊者”“国君”和“法官”等头衔。公国不断扩张，其领土从北方的普尔特到南方的德沃尔河，从西部的斯库台和都拉斯，到东部的第伯尔和奥赫里德。阿尔巴尼亚人居住的地区有三分之一归属其统治之下。迪米德尔与拉古萨共和国（现今的克罗地亚杜布罗夫尼克）和教皇英诺森三世建立了联系，要求教皇派遣一名高级神职人员到当地传播教义并主持天主教工作。教皇称迪米德尔为“贵族”和“阿尔布莱什王子”。

阿尔伯利亚公国的成立标志着阿尔巴尼亚人居住的大部分地区第一次实行政治联盟，从外国统治下解放出来。它为建立阿尔巴尼亚人的国家奠定了传统和基础。1272年，应阿尔巴尼亚贵族的请求，那不勒斯国王安茹查理一世建立了阿尔伯利亚公国。国王承诺尊重阿尔巴尼亚贵族、神职人员及其城镇的财产权、特权、自治习俗和传统。在其统治阿尔巴尼亚期间，安茹王朝把西欧封建制和天主教方济会引进了阿尔巴尼亚。

14世纪中叶，斯蒂芬·杜尚入侵阿尔巴尼亚。塞尔维亚人的入侵在北方尤其是变成斯拉夫殖民地的科索沃地区产生了负面影响。斯拉夫人采取宗教迫害政策，对拒绝皈依东正教的阿尔巴尼亚人实施严酷刑罚，如打上烙印、割耳朵和鼻子、流放甚至处死。尽管如此，科索沃地区的阿尔巴尼亚人顽强抵抗了塞尔维亚人的同化。

随着塞尔维亚杜尚帝国的崩溃（1355），阿尔巴尼亚地区建立了许多封建公国；巴尔沙德在北方，以斯库台为首都；托皮亚德以都拉斯为首都；穆扎卡德以培拉特为首都；泽内比斯特以吉诺卡斯特为首都；史帕塔德主教辖区以阿尔塔为首都。托皮亚德公国首领号称“阿尔伯利亚公国伯爵”和“阿尔伯利亚全境统治者”。卡尔·托皮亚自称拥有法国血统，其公国象征是一头佩戴安茹百合花的狮子。在巴尔沙二世统治时期，巴尔沙德公国达到顶峰，其整套国家管理机制皆搬用威尼斯模式，聘用威尼斯人管理。在好几代人的记忆中，他一直被尊为国王，其公国领土从北部的科托尔和普里兹伦一直延伸到南方的发罗拉、希马拉和科斯图尔。

各公国首领始终处于激烈的竞争中，卡尔·托皮亚在与巴尔沙德人的斗争中，向外寻求奥斯曼土耳其的帮助，以至于引狼入室，奥斯曼土耳其人此后统治这片土地长达几个世纪。

由于不断遭受外部侵略，阿尔巴尼亚封建制同时具有拜占庭和西欧体制的特征，是东西方的混合体。在这块土地上，有过拜占庭和诺曼并存的情况，也有过安茹王朝和威尼斯带来的西方封建制度。

作者：佩特丽卡·森基利

抵抗奥斯曼，保卫欧洲文明

意识到奥斯曼帝国的威胁后，一部分阿尔巴尼亚王子加入了巴尔干同盟，共同对抗奥斯曼帝国。1371年，发罗拉主教亚历山大参加了发生在保加利亚马里查的战役。1387年，乔治·巴尔沙二世和特奥多尔·穆扎卡与塞尔维亚拉扎尔大公、波斯尼亚王子结成联盟，在普罗什尼克打败了奥斯曼帝国。两年后乔治·巴尔沙二世和特奥多尔·穆扎卡、迪米德尔·尤尼马参加了在科索沃的多国保卫战。

反奥斯曼联盟军中有四分之一的力量来自阿尔巴尼亚人。科索沃平原之战标志着阿尔巴尼亚独立封建公国的结束，这些公国纷纷屈服于奥斯曼帝国的统治，但仍有一些地方首领，如乔治·阿拉尼特和约翰·卡斯特里奥蒂坚持战斗。阿拉尼特1432年—1435年抵抗奥斯曼入侵取得胜利，受到欧洲国家的欢迎。他博取了教皇和德意志皇帝西吉斯蒙德的同情，承诺对其提供援助，但事实上，援助远远不够。

阿尔巴尼亚对奥斯曼帝国入侵的抵抗（1380—1506）在斯坎德培时期达到高峰，斯坎德培领导阿尔巴尼亚人进行了长达25年的抵抗，使奥斯曼敌军陷入困境。奥斯曼帝国竭尽其人力和军力所能，两位奥斯曼最伟大的苏丹亲征阿尔巴尼亚，都在克鲁亚城堡外战斗中遭受失败。正是以这种顽强的抵抗，斯坎德培领导下的阿尔巴尼亚人保护了欧洲文明，使其免遭威胁和破坏。斯坎德培知道自己无法独挡强大的奥斯曼帝国，他积极联络相关欧洲领导人，寻求援助。他与教皇加里斯都三世和庇护二世建立了良好的关系，两位教皇在道义上和物质上为其提供了宝贵的支援。与此同时，斯坎德培与那不勒斯和威尼斯共和国建立了良好关系，1463年之后与拉古萨（现今杜布罗夫尼克）和勃艮第等城市也建立了友好关系。

斯坎德培画像，藏于佛罗伦萨乌菲齐美术馆

乔治·卡斯特里奥蒂·斯坎德培（1405—1468）

出生于阿尔巴尼亚贵族家庭。他在家里四个孩子中排行最小，童年与家人在阿尔巴尼亚度过。关于其青年时代，在研究斯坎德培的史学著作中没有统一的描述。多数作者赞同马林·巴尔莱蒂在1508年—1511年期间所著《斯坎德培传》一书中的描述，斯坎德培8岁时被作为人质送往奥斯曼帝国统治者苏丹那里，就读于近卫军学校。另一些作者坚持认为斯坎德培作为人质前往苏丹朝廷时已18岁，还有一些则认为斯坎德培在1423年—1426年间作为附庸国属臣前往苏丹朝廷。无论如何，可以肯定的是，他在苏丹朝廷接受了斯坎德（源于“亚历山大”）的名字。在首次为苏丹而战的战斗中，斯坎德就展现了勇敢和超群的能力，很快被授予“培”的军衔（因此被称作斯坎德培），并被提升为奥斯曼帝国行省下设行政区的区长。1436年—1437年间，斯坎德培几次到阿尔巴尼亚任职。其父亲去世后，原本应该继承卡斯特里奥蒂公国首领职位的斯坎德培却被派往远离家乡的地方，这样的任命无异于流放。

长久以来，斯坎德培都伺机而动。1443年，机会终于来了。匈牙利和奥斯曼帝国开战。斯坎德培实施早就精心准备好的计划，率领数百个阿尔巴尼亚战士，在尼什作战时从奥斯曼军队叛逃，回到祖国阿尔巴尼亚，这一行动表示阿尔巴尼亚全国将揭竿而起。随后，斯坎德培宣布就任“以克鲁亚为首都的卡斯特里奥蒂独立公国的首领”。

要赢得进一步胜利，必须动员所有人力并调动物力资源。经过与一些阿尔巴尼亚主要贵族碰面筹备，1444年3月2日，阿尔巴尼亚各公国首领在莱什聚集，召开会议。会议做出了一些具有里程碑意义的决议，包括在莱什建立阿尔巴尼亚联盟，即以斯坎德培为首领的阿尔巴尼亚政治军事联盟，建立一支由统帅领导的军队并准备盟军作战所需的资金。此后，阿尔巴尼亚军队在多次战役中打败奥斯曼帝国军队，并迫使苏丹穆拉德二世在1450年撤离克鲁亚。

种种经历后，斯坎德培意识到，政治军事同盟的模式难以为继，为取得进一步胜利，他创建了独立的国家。斯坎德培领导下的阿尔巴尼亚国家疆域北至杜卡金高地，南至德沃尔和塞曼河，西临亚得里亚海，东部延伸到德林河谷。斯坎德培与奥斯曼帝国连续战斗长达25年，赢得了24场战役。

斯坎德培是一个天才斗士、首领和战略家。他善于制定战略、统领军队，亦能身先士卒英勇作战。他喜欢采用进攻策略，即使处于守势时，他也采取进攻性防御。突袭是斯坎德培战术的重要部分。他的理念是“胜利不取决于军队大小”。斯坎德培作为一名杰出指挥官的才能在欧洲受到很高的赞赏。17世纪英国政治家威廉·坦普尔把斯坎德培与贝利萨留和胡尼奥迪等人相提并论，将其列为七个最伟大的将领之一。法国哲学家伏尔泰评价道：“如果拜占庭皇帝是斯坎德培，东罗马帝国就不会灭亡。”

斯坎德培也是一个出色的外交官。他呼吁欧洲国家与阿尔巴尼亚人并肩作战，共同对抗奥斯曼帝国。总体来说，斯坎德培感激教皇和意大利各国的贡献，这从他签署的条约中可以看出：一条与那不勒斯国王签署（1451年3月26日），两条与威尼斯签署。但有时，他也会与苏丹停战谈判，以此敦促欧洲国家兑现他们承诺的援助。

鉴于其对保卫欧洲领土和文明的突出贡献，斯坎德培在其有生之年就赢得了种种美誉和称号，诸如“基督教保护者”“基督拥护者”等。

虽然斯坎德培未能加冕为国王（教皇原计划1464年作为首领到达阿尔巴尼亚为斯坎德培加冕），阿尔巴尼亚仍然可视为一个以斯坎德培为“君主”的封建君主国。斯坎德培拥有“阿尔巴尼亚领主”的头衔，行使君主的所有权力，发布过的法令涉及全民兵役制、税收制度、海关法等。他有权根据勇敢度和忠诚度，用土地对阿尔巴尼亚的贵族进行嘉奖，有权行使国家行政和司法权。斯坎德培建立了一些国家机构，如阿尔巴尼亚王子大会、最高委员会和战争委员会等，有自己的国家金库、军队和行政部门，自己的国徽、国旗、盾徽和印章等，且沿用了卡斯特里奥蒂公国的旗帜，其图案是一枚盾徽上有一个展翅双头鹰，双头鹰上是一个六角星。

在斯坎德培统治下，阿尔巴尼亚已经具有当时国家所具有的全部特征。在这段时间里，世俗法、宗教法和习惯法同时存在，这是封建社会的一个特征。与此同时，还有基于罗马和拜占庭传统制定的刑事法和民事法。

阿尔巴尼亚在阻止奥斯曼帝国向西方扩张方面做出了不可估量的贡献，她保护了欧洲的安全，使欧洲国家的经济和文化得以持续稳定发展。阿尔巴尼亚人因独自抵抗当时最强大的奥斯曼帝国而赢得欧洲国家的赞赏，是国际上公认的勇敢而热爱和平的民族。许多志愿者从欧洲各

1958年建于克鲁亚城堡的斯坎德培博物馆

国涌入阿尔巴尼亚，包括德国、意大利、英国和保加利亚等，以表达对阿尔巴尼亚人的赞赏和支持。1494年，阿尔巴尼亚接受了法国国王查理八世的邀请，与法国联合，共同反对奥斯曼帝国。后来考虑到意大利的不同意见，查理八世并没有前往阿尔巴尼亚。尽管得到了欧洲领导人的赞许，但阿尔巴尼亚人经常被冷落，被迫独自面对奥斯曼人的暴怒。

马林·巴尔莱蒂（1460—1512）或许是阿尔巴尼亚人文主义者中最杰出的人物。他被认为是第一个也是最伟大的阿尔巴尼亚史学家。他生于斯库台，是一个学者、牧师，并在1474年和1478年参加了斯库台保卫战。斯库台沦陷后，巴尔莱蒂移居威尼斯，继续在教会内供职。他被誉为知识渊博的历史学家、古典文学家和拉丁语言学家。他用拉丁语创作的作品有《斯坎德培传》（罗马，1508—1511）、《围攻斯库台》（威尼斯，1504）和《教皇和皇帝的生活简史》（威尼斯，1555）等。他认为历史是一门科学，并指出历史的主要任务是寻求真相。他通过查阅各种资料，努力呈现历史的客观面貌。

其三部著作中，《斯坎德培传》成为阿尔巴尼亚民族文化的宝贵财富，同时也是阿尔巴尼亚人对世界历史的贡献。该书有许多外文版本：四个拉丁语版本、七个德语版本（1533）、四个葡萄牙语版本（1582），是许多欧洲国家出版有关斯坎德培历史书籍所参照的基本原始资料。直到今天，它们仍然是关于阿尔巴尼亚人在斯坎德培时期的历史、斯坎德培领导下阿尔巴尼亚抵抗奥斯曼帝国斗争的主要资料来源。作品还详细描述了乔治·卡斯特里奥蒂的生平，阿尔巴尼亚人的精神力量、习俗、道德和民族意识等。

作者：佩特丽卡·森基利

奥斯曼封建军事统治（1506—1912）

阿尔巴尼亚被奥斯曼帝国攻陷后，除了高山地区维持以传统习惯法为基础的自治，其余地区均建立了封建军事统治。

在争取民族解放斗争中，阿尔巴尼亚人从未放弃获得欧洲帮助的希望。他们举行全国代表大会，讨论如何组织抵抗侵略者，统一思想，并向欧洲提出了明确的要求。阿尔巴尼亚封建爱国人士走访欧洲各国首都，包括天主教和新教地区，寻求军事援助。在天主教和东正教教会的鼓励下，阿尔巴尼亚人召开了四次巴尔干会议，讨论如何解放巴尔干半岛。17世纪末，在威尼斯和奥地利支持下，阿尔巴尼亚人解放了一部分地区。得益于阿尔巴尼亚人的帮助，奥地利军队成功到达斯科普里。在向巴尔干人民进行呼吁时，奥地利皇帝利奥波德一世专门提及阿尔巴尼亚人，赞扬他们为主要支持者。

一部分阿尔巴尼亚封建阶级与奥斯曼帝国决裂，建立独立的政治实体，即名义上仍是奥斯曼帝国任命的帕夏的管辖区，实际上走上自治的道路。这些帕夏自治区中最大的是斯库台、科索沃、培拉特和台佩莱纳。

布沙蒂是阿尔巴尼亚大封建家族，以世袭且近乎独立王朝的形式统治斯库台帕夏区长达四分之三个世纪。辖区从北部的科托尔到南部的地拉那和爱尔巴桑，从东部的普里兹伦、普里什蒂纳和泰托沃到西部亚得里亚沿海的卡瓦亚，人口达60万人。

1. 穆罕默德·帕夏·布沙蒂（1747—1810），斯库台帕夏区缔造者，为阿尔巴尼亚北部的贸易发展创造了有利条件。

2. 卡拉·马赫穆特·布沙蒂（1749—1796），穆罕默德·帕夏·布沙蒂的次子，斯库台帕夏区最强大的统治者。他实行的宗教宽容政策促进了经济增长。在他统治的近20年间，斯库台扩大了城市规模，实现了经济繁荣发展，成为巴尔干地区与意大利各国和各城市之间的转口贸易中心。他渴望阿尔巴尼亚地区能够在政治上联合，成为一个独立的国家。为了实现这一目标，他与阿尔巴尼亚北部首领以及培拉特大臣艾哈迈德·库尔特·帕夏结成联盟，拿起武器反抗奥斯曼中央政府。奥斯曼苏丹在1787年和1795年两次试图镇压起义，但均告失败。卡拉与法兰西共和国建立友好关系，与拿破仑·波拿巴和其他君主建立起联系。在斯库台，总共开设了9个外国领事馆，包括马克·布莱恩代表的法国领事馆。卡拉在从黑山收复阿尔巴尼亚领土的战斗中被杀。

3. 易卜拉欣·帕夏·布沙蒂（1796—1809在位），继续推行他兄长卡拉·马赫穆特·布沙蒂的政策，促进宗教宽容，建造天主教堂等。易卜拉欣是拥有广阔文化背景的杰出统治者，其丰富的藏书可以证明这一点，如今这些藏书皆作为古籍保存在国家档案馆和国家图书馆。他天资聪颖，有独创精神，且与之前的首领不同，他崇尚戒律，拒绝奢华生活。

4. 穆斯塔法·帕夏·布沙蒂（1796—1860），布沙蒂王朝的末代统治者。虽然有些摇摆不定，但仍坚持争取帕夏区的自治权。他宁可继续留在苏丹统治之下，也不愿意接受阿里·帕夏·台佩莱纳的统治。他作为部队首领参与作战，支持苏丹政府推翻约阿尼纳帕夏区。在1828—1829年的俄土战争中，他站在俄罗斯一边，但在需要向伊斯坦布尔挺进时，他却退出了战争。1830年，在镇压了南部阿尔巴尼亚起义之后，奥斯曼政府转向对付穆斯塔法。此时，穆斯塔法明白了自己所犯的错误，他请求阿尔巴尼亚北部首领米洛什·奥布莱诺维奇和埃及的穆罕默德·阿里（阿尔巴尼亚裔）给予援助。根据策划的方案，两位阿尔巴尼亚帕夏将在伊斯坦布尔的城墙会合。1831年4月21日，穆斯塔法·帕夏在佩尔莱普击败了土耳其军队，随后，他把大部分人民派往保加利亚，而不是追赶溃败的逃兵，给土耳其部队重组和击败自己创造了机会。

1819年，路易斯·杜普瑞创作的《阿里·帕夏·台佩莱纳》

阿里·帕夏·台佩莱纳（1740—1822）

约阿尼纳帕夏自治区的缔造者。在一些阿尔巴尼亚和外国作者的描述中，阿里·帕夏·台佩莱纳早年做过强盗和响马，然而，阿里出生于台佩莱纳地区贝奇斯特村一个封建军人家庭，没有理由以此起家。1784年，阿里·帕夏·台佩莱纳被提拔为帕夏，作为军事指挥官在索非亚与奥斯曼欧洲部分总督共事。同年，通过战争和恐吓的手段，他坐上德尔维纳州州长的交椅。后来，他掌管了希腊北部和阿尔巴尼亚南部山区的峡口通道，被称为“山路帕夏”，而且还成为特里卡拉州州长。一年后，在工匠和商人的支持下，他接管了约阿尼纳区。由于在俄土战争中抗击俄军有功，1788年，奥斯曼对其嘉奖，承认其在约阿尼纳的合法统治地位。他清除了旧封建家族的势力，支持新封建家族兴起，通过打击土匪帮派，为该地区带来和平。他亲自主持司法建设，创建警察部队，请欧洲专家对警察部队进行情报和司法方面的培训。

阿里·帕夏采取一切手段以实现他独立建国的野心，为此，他甚至与奥斯曼帝国的敌人结成联盟，如俄罗斯、法国和英格兰等。拿破仑·波拿巴和英国政府承诺，他们将重新承认其巴尔干西部独立国统治者的地位，但承诺从未实现。阿里·帕夏因而从朋友变成了愤怒的敌人。他把其管辖区域扩展到整个阿尔巴尼亚南部、希腊北部和马其顿西部。他试图通过侄女与穆斯塔法·帕夏的婚姻与斯库台合并统一，但未能如愿，于是诉诸武力，发动战争。他煽动和帮助希腊人进行革命，任用一些在其朝廷受过教育的知识分子。他在约阿尼纳召开大会，宣布建立君主立宪制国家，疆域包括南部阿尔巴尼亚和塞萨洛尼卡。然而，他并没有得到广泛的支持，最后落得众叛亲离的结局，他的儿子和最亲密的合伙人都抛弃了他。

他独自进行着顽强的抵抗，身边只有卫戍部队，直到在约阿尼纳湖的一个小岛上被叛徒杀害，其头颅被送到伊斯坦布尔。在示众数日后，一位阿尔巴尼亚人埋葬了他，铭文写道："此处埋葬着著名的约阿尼纳前总督阿里·帕夏·台佩莱纳的头颅，他以自己的方式统治阿尔巴尼亚30余年。"

阿里·帕夏·台佩莱纳依靠自己的力量成为国际上的一股重要力量。法国、英国、奥地利等纷纷在约阿尼纳设立领事馆。阿里·帕夏以自己的方式统治该地区34年，亦被称为国王和领主。他与法国的拿破仑·波拿巴以及英国和俄罗斯都建立了外交关系。拿破仑向阿里·帕夏朝廷派送了医师、生物学家、外交官和历史学家。1809年，英国浪漫主义诗人拜伦勋爵（《恰尔德·哈罗德游记》的作者）访问阿尔巴尼亚，在阿里·帕夏朝廷受到礼遇。

阿里·帕夏渴望建立一个自治的、独立的阿尔巴尼亚国家，但受到了布沙蒂家族的强烈反对，后者宁可屈从于奥斯曼苏丹而不是阿里·帕夏。阿里·帕夏承诺为阿尔巴尼亚制定一部宪法，这在巴尔干半岛尚属首次。然而，由于一些内部因素，他的努力以失败告终。

奥斯曼入侵对人们日常活动造成了方向性的改变，经济、教育和文化常常与伊斯兰教交织在一起。在主要城市，如斯库台、普里兹伦、爱尔巴桑和培拉特，手工艺者团结起来，成立行会组织，这代表着工会社团的复兴。在爱尔巴桑和斯库台，80种行业结合成30个行会，此外，在培拉特成立了22个，沃斯科普成立了14个，科尔察成立了20个。训练工匠都遵循与西欧同样的模式，即学徒、新手，然后成为店里的师傅。

阿尔巴尼亚港口和国外恢复了联系，以合资方式建立了商业社团。阿尔巴尼亚出口农产品和乳制品，进口工业和制造业产品。到18世纪末，阿尔巴尼亚实现了贸易平衡，出口甚至超过了进口。

作者：佩特丽卡·森基利

阿尔巴尼亚民族复兴（1840—1912）

19世纪，随着阿尔巴尼亚帕夏势力的衰败，阿尔巴尼亚开始进入一个新时期，史称“阿尔巴尼亚民族复兴”。这场运动旨在把国家从奥斯曼侵略者手中解放出来，统一所有阿尔巴尼亚地区，形成一个单一、自治或独立的国家，推进阿尔巴尼亚语言和文化的发展。在欧洲文艺复兴和18世纪法国大革命的影响下，大量爱国者“用枪和笔”唤醒人们记忆中的斯坎德培时期，为阿尔巴尼亚民族复兴做出了贡献。

坦齐马特改革（奥斯曼帝国的重组）旨在使奥斯曼帝国实现民主化，使其通过改革更好地管控危机，却导致阿尔巴尼亚局势的严重恶化，以至于萨米·弗拉舍里称其为“对阿尔巴尼亚的第二次入侵”。阿尔巴尼亚人担心改革会带来负面效应。在梅萨普力克会议（1847）上，他们希望根据法国大革命的原则，把生活、名誉和财产安全保障，纳入到坦齐马特改革中。为实现他们的愿望，阿尔巴尼亚人开展了武装斗争，同时也用笔杆子进行斗争。在1830年到1870年期间，阿尔巴尼亚人举行了许多次武装起义，最终成立了普里兹伦同盟，在同盟纲领里明确表达了对阿尔巴尼亚全部领土实行自治的要求。

武装斗争推动了文化运动的发展，其新思想体现在纳乌姆·维奇尔哈尔吉、康斯坦丁·克里斯托弗里齐、帕什科·瓦萨、米特科、泽夫·尤巴尼、哈桑·塔赫西尼、亚尼·弗雷托等人所开展的活动中，也体现在以耶罗尼姆·德·拉达为代表的意大利阿尔布莱什人的活动中。特别值得一提的是弗拉舍里三兄弟所发挥的特殊作用，他们是政治领袖阿卜杜勒·弗拉舍里、思想家和大学者萨米·弗拉舍里以及民族诗人纳伊姆·弗拉舍里。

弗拉舍里三兄弟

阿尔巴尼亚民族复兴运动基本理论依据在于：阿尔巴尼亚人是巴尔干半岛古老的民族，他们有自己的传统、文化和语言以及通过自治和独立实现发展和繁荣的权利。民族复兴爱国人士引用过去的历史，特别是斯坎德培时期的历史，以激发民族觉醒。他们努力促进国民教育的发展，出版书籍和报纸，并创造了民族新文学。他们以“阿尔巴尼亚人的宗教就是阿尔巴尼亚主义”的口号直面不同宗教诉求，换言之，阿尔巴尼亚民族主义复兴的本质是民族属性而不是宗教属性。

1877年，以阿尔巴尼亚民族运动领导人阿卜杜勒·弗拉舍里为首的“阿尔巴尼亚民族权利保护中央委员会”在伊斯坦布尔成立。在他的倡议下，“阿尔巴尼亚文字印刷协会”也在伊斯坦布尔成立。

阿卜杜拉希姆·布扎绘制的《阿尔巴尼亚普里兹伦同盟》

1878年，普里兹伦同盟成立，民族复兴时期达到高潮。该同盟是第一个泛阿尔巴尼亚政治和军事组织，由一个有立法权的总理事会和一个有行政权的中央委员会领导，在阿尔巴尼亚各地设立了分支机构。领导成员包括阿卜杜勒·弗拉舍里、苏莱曼·沃克希、伊利亚兹·迪布拉、于梅尔·普利兹雷尼。联盟的目标是使阿尔巴尼亚民族得到认可，保卫阿尔巴尼亚领土不受侵犯，建立一个统一的阿尔巴尼亚政治实体，阿尔巴尼亚语作为其官方语言并有其自己的首都。

《圣斯特法诺和约》和柏林会议使阿尔巴尼亚失去大块领土，严重侵犯了阿尔巴尼亚人的权利和民族利益。根据柏林会议，塞尔维亚将获得皮罗特、特伦和尼什地区，其疆域将朝密特罗维查和普里什蒂纳方向扩张；黑山共和国将获得蒂瓦尔、波德、波德戈里察、普拉维、古奇、鲁戈瓦和科拉辛地区；希腊将获得阿尔巴尼亚南部的恰梅里地区。1879年春天，阿尔巴尼亚代表团访问了欧洲的主要国家，寻求欧洲列强的支持，以防止其领土被进一步瓜分。与此同时，普里兹伦同盟组织力量，抵抗占领军进入普拉维、古奇、霍特、格鲁德等地区。

由于阿尔巴尼亚人民的坚决斗争，列强被迫三次改变决定，最终在阿尔巴尼亚边界问题上达成一致。此间，黑山在列强的军事支持下夺取了重要的海滨城市乌尔齐尼。

除了保卫领土，同盟的斗争也包括确保阿尔巴尼亚的自治权。1881年，同盟成立临时政府，在从奥斯曼帝国解放出来的领土上建立了阿尔巴尼亚国。奥斯曼帝国很快镇压了同盟，并实行高压统治。正是因为普里兹伦同盟的作用，阿尔巴尼亚边界划分作为引发巴尔干地区形势紧张的问题在国际社会引起了重视和讨论。

在恐怖氛围的笼罩下，由于爱国协会在本土被禁，阿尔巴尼亚民族复兴人士在罗马尼亚、保加利亚和埃及等国创建了爱国协会，出版相关书刊。

为了改变阿尔巴尼亚语用不同字母书写的不利局面，1879年，萨米·弗拉舍里建议的字母表被认可，史称伊斯坦布尔字母表，但并不具有实用性。

阿卜杜勒·弗拉舍里

阿卜杜勒·弗拉舍里（1839—1892）

阿尔巴尼亚民族复兴时期杰出的爱国人士，是阿尔巴尼亚民族复兴纲领的起草者，是普里兹伦同盟的主要领导人之一。

出生于佩尔梅特的弗拉舍里村，18岁时进入政坛。作为约阿尼纳阿尔巴尼亚人委员会的负责人，他起草了独立宣言，希望得到欧洲列强支持，因为阿尔巴尼亚的成立将抗衡俄罗斯在巴尔干半岛日益增加的影响力。阿尔巴尼亚邻国反对建立以种族原则划界的阿尔巴尼亚。

阿卜杜勒当选为土耳其议会代表，并在其立法过程中发挥了重要作用。1877年，他被选为“阿尔巴尼亚民族权利保护中央委员会”主席，委员会就设在伊斯坦布尔。他在起草阿尔巴尼亚政治纲领以及向欧洲决策者呈送该政治纲领方面做出了重要贡献。他积极参与成立普里兹伦同盟和在阿尔巴尼亚国内外组织的所有会议。

1879年春天，以阿卜杜勒·弗拉舍里为首的普里兹伦同盟代表团前往欧洲，向欧洲列强提出他们的诉求。他强化了以武装斗争建立自治阿尔巴尼亚国家的理念。他还是普里兹伦同盟阿尔巴尼亚临时政府的成员，在保卫国家自治权的斗争中表现卓越。

联盟被镇压后，特别法庭判处弗拉舍里死刑，后来改判为无期徒刑。他在狱中度过了三年，由于健康问题，在承诺放弃政治活动的前提下，被提前释放。然而，出狱后他继续参与政治活动，直到生命的最后一刻。克里斯托·弗拉舍里的著作（1984）对阿卜杜勒·弗拉舍里的生平进行了广泛深入的研究。

阿尔巴尼亚爱国人士的长期斗争取得了成果，1887年3月7日，科尔察成立了第一所阿尔巴尼亚语学校。它是阿尔巴尼亚历史上第一所世俗学校，随后，阿尔巴尼亚其他地方也建立了阿尔巴尼亚语学校，包括1889年在普里兹伦建立的学校。

看到阿尔巴尼亚领土被分割的威胁迫在眉睫，而他们的要求却没有得到考虑，哈吉·泽卡为首的阿尔巴尼亚爱国人士提出了复兴阿尔巴尼亚联盟的任务。1899年，阿尔巴尼亚佩奇联盟（或“信义联盟”）成立，旨在反抗巴尔干邻国的领土扩张，保卫阿尔巴尼亚领土。

在提交给奥斯曼朝廷和欧洲列强的备忘录中，阿尔巴尼亚人要求统一四个阿尔巴尼亚人为主的行政区，建立一个在宪法框架下运作的阿尔巴尼亚国家。就在这个时候，阿卜杜勒的弟弟萨米·弗拉舍里发表了他的文章《阿尔巴尼亚——她的过去、现在和未来》，作为对佩奇联盟的支持，指出了阿尔巴尼亚人必须遵循的路径。如同普里兹伦同盟的命运，佩奇联盟也遭到奥斯曼帝国的残酷镇压。

萨米·弗拉舍里和他的妻子

萨米·弗拉舍里（1850—1904）

出生于佩尔梅特的弗拉舍里村，是阿尔巴尼亚民族复兴运动的重要人物，伟大的学者、博学家、作家和出版家。其弟纳伊姆是阿尔巴尼亚民族诗人。兄弟两个早年在约阿尼纳的祖斯麦中学学习，在那里他学会了古代希腊语和现代希腊语、拉丁语、法语、意大利语、阿拉伯语和波斯语。

1872年，他移居伊斯坦布尔，投入到阿尔巴尼亚统一和解放的紧张的爱国活动中。萨米是“阿尔巴尼亚民族权利保护中央委员会”的创始成员之一，并担任“阿尔巴尼亚文字印刷协会”主席。他出版了第一份阿尔巴尼亚语学术期刊，并在期刊上发表了许多政治性文章。

1899年，萨米·弗拉舍里出版了小册子《阿尔巴尼亚——她的过去、现在和未来》，阐述运动的计划、战略战术以及政治和社会进步的民主理念等，被认为是阿尔巴尼亚民族复兴的宣言。该手册包括三个章节，第一章阐述过去的历史，阿尔巴尼亚文明古老的起源和他们反抗外国占领尤其是奥斯曼帝国的斗争。第二章描述阿尔巴尼亚的地理位置、人口、经济、文化和政治状况，并阐述了阿尔巴尼亚语言及其在阿尔巴尼亚人统一过程中可扮演的角色。共和国首次被定义为国家的治理形式，由智者团队进行立法，部长内阁行使行政权，苏丹作为政府首领将任命政府官员。该书充满民主精神，被翻译成土耳其语、意大利语和德语。

萨米·弗拉舍里用土耳其语发表了一系列解决阿尔巴尼亚问题的文章。他用阿尔巴尼亚语和阿拉伯语撰写了57本书，其编写的土耳其语标准词典至今仍在使用。他是六卷土耳其语百科全书《Kamus-ul alam》的作者，此外，还创作小说和戏剧，并翻译了许多法文作品。

20世纪初，武装部队开始在阿尔巴尼亚人居住的许多地区活动。1905年，由巴约·托普利领导的“阿尔巴尼亚解放委员会”在马纳斯蒂尔（今马其顿境内的比托尔）成立。它在阿尔巴尼亚的许多城镇设立分支机构。由巴约·托普利本人领导的第一支武装部队在科尔察地区活动。

阿尔巴尼亚人积极参加青年土耳其党的运动。阿尔巴尼亚地区是1908年革命发起地之一。尼亚齐·贝乌领导的阿尔巴尼亚小分队首先在雷斯涅点燃革命之火。在费里扎伊和马纳斯蒂尔举行的会议强迫苏丹阿卜杜勒·哈米德二世宣布1876年宪法。阿尔巴尼亚人拥护1876年宪法，希望基于此宪法，青年土耳其党可以承认他们的政治权利。事实上，土耳其青年党的确在教育和文化领域做出了一些让步。阿尔巴尼亚人利用这些让步，建立了许多爱国俱乐部和爱国学校，帮助出版阿尔巴尼亚语报纸和书籍。

1908年，阿尔巴尼亚各地代表在马纳斯蒂尔召开大会，以确定阿尔巴尼亚语统一字母表问题。代表包括杰出爱国人士鲁伊季·古拉库奇、米特哈特·弗拉舍里、乔治·费施塔和乔治·奇里亚齐等。会议最终确定的不是一个字母表，而是两个，即伊斯坦布尔字母表和拉丁字母表。由于拉丁字母在书籍印刷等方面更便于使用，不久就成为阿尔巴尼亚语唯一的字母表。

由于越来越多的学校要求培训教师和提供教科书，1909年爱尔巴桑会议决定开设中学教师培训学校，即师范学校。会议同时决定设立一个协会，负责其他学校的开办和阿尔巴尼亚语教科书的出版。

青年土耳其党上台后不仅未能兑现承诺，而且强烈反对阿尔巴尼亚民族运动。他们派迪亚维特帕夏率领远征军前往科索沃，企图镇压阿尔巴尼亚民族运动，但未能成功。远征军的镇压、强硬的行政手段和征兵等因素导致了1910年科索沃起义的爆发，同年，谢弗切特·图尔古特帕夏指挥四万名军人奔赴科索沃镇压起义。经过英勇抵抗，起义军战败。此次取胜之后，奥斯曼帝国实施恐怖政策，阿尔巴尼亚北部和中部的社团和报社被关闭，民众被解除武器。这一反阿尔巴尼亚政策导致了1911年北方高山地区（斯库台）另一场起义的爆发。

科索沃反抗失败使阿尔巴尼亚人认识到，只有将政治活动和军事行动相结合才能最终取得胜利。以加里巴尔迪的儿子里奇奥蒂·加里巴尔迪将军为首的意大利民主进步人士同情阿尔巴尼亚，但意大利政府阻止派遣意大利志愿者到阿尔巴尼亚援助。阿尔巴尼亚起义军要求统一阿尔巴尼亚人居住的行政区，建立民事和金融管理、法律框架、阿尔巴尼亚宪兵和警察部队等。他们要求阿尔巴尼亚语享有同土耳其语一样的地位，可在行政机构中使用。凡此种种，都旨在建立阿尔巴尼亚行政自治区。然而，由于缺乏国际支持，加之黑山王子的背叛，由戴德·乔·卢利和穆罕默德·什彭迪领导的起义终告失败。

尽管上述努力和斗争均告失败，但它们为1912年爆发的总起义奠定了基础。根据伊斯玛依尔·捷马利的倡议，高层爱国人士在伊斯坦布尔举行会议，决定为全国解放发起总暴动。他们一部分人着手组织起义，另一部分人前往欧洲寻求盟友支持。尤尼克大会起草了阿尔巴尼亚区域自治的政治纲领。随后，由哈桑·普里什蒂纳、巴伊拉姆·楚里、伊萨·博莱蒂尼、阿布迪·托普塔尼、塞米斯托克利·格尔梅尼等领导的起义席卷全国，迫使土耳其政府接受了一些自治要求，但由于1912年爆发了第一次巴尔干战争，这些要求未能实现。

巴尔干战争爆发后，巴尔干各国军队进入阿尔巴尼亚领土，击败了土耳其驻军。在这种情形下，阿尔巴尼亚人不再要求国家自治，而是决定采取武装斗争争取国家独立。伊斯玛依尔·捷马利和鲁伊季·古拉库奇前往布加勒斯特和维也纳，会见了奥匈帝国的外交部部长、英国和意大利大使等其他外交官，寻求支持，捍卫阿尔巴尼亚民族权利。通过这些外交努力，阿尔巴尼亚获得了维也纳、罗马和其他一些大国的支持。

1912年11月28日，发罗拉召开国民大会，宣布阿尔巴尼亚国家独立，举行了升国旗仪式，并成立了第一届内阁政府，伊斯玛依尔·捷马利任总理。宣布独立是阿尔巴尼亚历史上的重大事件，是阿尔巴尼亚人几个世纪反对外族奴役、努力捍卫国家领土完整的结果，同时也是国际社会帮助的结果。宣布独立使阿尔巴尼亚拥有与欧洲其他国家相同的自由和主权。

伊斯玛依尔·捷马利

伊斯玛依尔·捷马利（1844—1919）

作为杰出的阿尔巴尼亚民族运动领袖和阿尔巴尼亚独立后第一任总理载入史册。他出生于发罗拉一个地主家庭，在发罗拉小学毕业后进入约阿尼纳的祖斯麦中学学习。1859年，他随家人搬到伊斯坦布尔，在那里他积极参与创建阿尔巴尼亚语字母表，并致力于成立一个阿尔巴尼亚文化社团。

伊斯玛依尔·捷马利在奥斯曼政府身居高位，在支持受压迫民族和反对愚昧无知方面成就显著。因坚持自由主义思想，他被拘禁七年。他曾参加土耳其青年党运动，与其他受压迫民族的代表一起，属于运动中的进步力量。为躲避苏丹的迫害，捷马利逃到了阿尔巴尼亚，并致力于阿尔巴尼亚民族解放运动。为使阿尔巴尼亚被欧洲列强承认，他积极投身政治活动。出于对邻国觊觎其领土的担忧，他赞成阿尔巴尼亚利用奥斯曼保护寻求自治。土耳其青年党上台后，捷马利谴责他们未能履行对受压迫民族所做出的“自由”和“平等”的承诺。尽管如此，他还是当选为土耳其议会代表，并在议会里维护阿尔巴尼亚人的权利。

捷马利是1910年—1912年反奥斯曼起义的组织者之一，同时他也是希腊备忘录的制定者之一，并代表阿尔巴尼亚人将备忘录提交给苏丹（1911）。他策划组织了1912年的起义，并代表阿尔巴尼亚人向苏丹提出了自治的要求。随着第一次巴尔干战争的爆发，他意识到，应该争取国家的独立，而不仅仅是自治权。他同其他阿尔巴尼亚爱国人士一道，前往布加勒斯特，寻求旅居在罗马尼亚的侨胞对国家独立的支持。

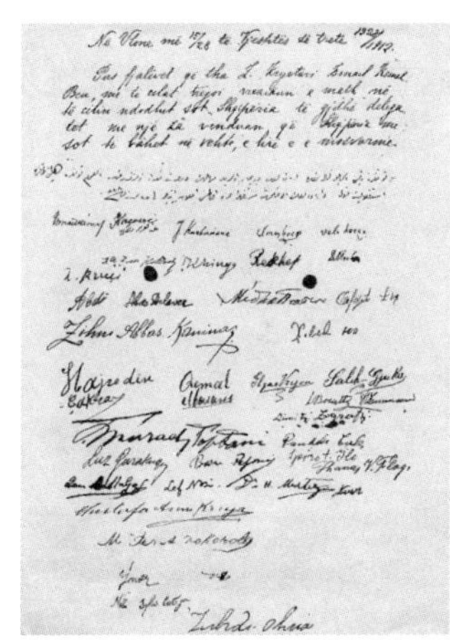
Në Vlonë më 15/28 të Vjeshtës së tretë 1328/1912.

Pas fjalëvet që tha Z. Kryetari Ismail Kemal Beu, me të cilat tregoi rrezikun e madh në të cilin ndodhet sot Shqipëria, të gjithë delegatët me një zë vendosën që Shqipëria më sot të bëhet më vehte, e lirë e e mosvarme.

阿尔巴尼亚独立的原始文件

在确保许多欧洲国家同意后，捷马利召集大会，讨论在发罗拉宣布独立的事宜。他主持召开国民大会，并担任临时政府总理。虽然处境非常困难，捷马利政府仍在经济和文化领域采取了一系列重要措施。他频繁访问欧洲主要国家的首都，以确保获得支持和援助。捷马利生命的最后几年在意大利度过，虽然过着流亡生活，但仍不忘祖国，直至生命的最后一刻，他都在支持阿尔巴尼亚的独立事业。

作者：佩特丽卡·森基利

独立后的阿尔巴尼亚国家建设（1913—1939）

1912年12月4日，国民议会成立了临时政府，为新阿尔巴尼亚国家奠定了基础。在接下来的14个月，政府采取了一系列措施：创建了武装部队、宪兵部队和民兵组织；规定在行政机关必须使用阿尔巴尼亚语；成立学校，培训教师；创办国家银行；在反对封建残余方面也采取了相应的措施。在实现国家统一的同时，发罗拉政府要求得到承认，并成功争取到奥匈帝国和意大利的支持。

1913年7月，伦敦大使会议上讨论了阿尔巴尼亚问题。7月29日，会议宣布阿尔巴尼亚为自治公国，受列强保护，采用君主世袭制。两周以后，阿尔巴尼亚边界被确定。只有一半的阿尔巴尼亚领土和人口（2.8万平方公里领土，74万人口）被纳入新诞生的阿尔巴尼亚，另一半从母国被分离出去。阿尔巴尼亚民事和财政由国际委员会管理长达十年时间。此外，列强还任命了一名外国王子统治阿尔巴尼亚。1914年，韦德王子组建新政府，发罗拉政府因此解散。韦德政府制定和实施了《阿尔巴尼亚组织法》，这是阿尔巴尼亚第一部基本法，类似于宪法。列强保证新阿尔巴尼亚国家的领土完整，但随着第一次世界大战的爆发，阿尔巴尼亚再度沦为战场。

1915年4月26日，协约国和意大利在伦敦签订秘密条约。根据条约，意大利将吞并发罗拉、萨森岛以及从发罗拉南至希马拉北、东北至维约萨河的地区，阿尔巴尼亚中部地区成为意大利保护国，而北部和南部地区则被塞尔维亚、黑山共和国和希腊瓜分。在这种回报的诱惑下，意大利作为协约国加入战争。期间，意大利、希腊、法国和奥匈帝国军队共约25万名士兵占领了阿尔巴尼亚。战争给阿尔巴尼亚带来巨大的破坏，造成重大人员伤亡，经济遭受毁灭性破坏，村庄被夷为平地。战争结束后，阿尔巴尼亚急需解决各种重大政治问题。1918年，在都拉斯举行的全国代表大会上政府起草了一份政治计划纲领，旨在维护国家的独立和领土完整，恢复1913年由列强确定的边界。大会还派遣了代表团，前往参加巴黎和会。在阿尔巴尼亚人民的抵抗和美国总统威尔逊的支持下，一些欧洲列强的险恶阴谋最终被扔进了垃圾箱。

面对国家进一步遭到分割的威胁，1920年，阿尔巴尼亚各界在卢什涅召开大会。大会宣布国家完全独立及领土完整。在递交维也纳会议的抗议书中，强调了阿尔巴尼亚人宁折不屈的立场，阿尔巴尼亚再也不能像羔羊一样任人摆布受人宰割，再也不能成为欧洲外交交易的牺牲品。

大会选举产生新的政府，以苏莱曼・德尔维纳为首，同时决定将首都从卢什涅迁移至地拉那，并批准了《卢什涅法》，为阿尔巴尼亚国家的法律奠定了基础。《卢什涅法》规定，在通过宪法之前，以君主制作为临时政府的形式，议会采取一院制。君主只是国家形式上的象征，国家实行议会共和制政体。地拉那政府明智地将所有阿尔巴尼亚地区的人民团结在一起。1920年，成千上万的阿尔巴尼亚志愿者聚集在发罗拉，迫使意大利占领军撤离，成功阻止了所有进一步分裂阿尔巴尼亚的计划。

1920年12月17日，阿尔巴尼亚成为国际联盟成员，意味着英、法、意等其他成员国承认阿尔巴尼亚是合法的国家和政府。1920年—1924年期间，阿尔巴尼亚基于议会合法程序，在国家组织机构建设方面取得重要进展。议会第一次会议于1921年4月21日召开，参会的包括阿尔巴尼亚主要政治团体，是阿尔巴尼亚多党政治的开始。大会讨论通过了作为国家基本法的《卢什涅法》扩展版，并首次对公民的基本权利和自由做出了规定。这个阶段，阿尔巴尼亚的政治斗争激烈，政府频繁更替。1920年到1924年之间，成立了十二个政府内阁。1922年年底，艾哈迈德·索古凭借高压铁腕统治显露头角，最初担任内务部部长，后来成为国家总理。而另一方面，范·诺利领导的议会反对派却力量强大。刺杀阿弗尼·鲁斯特米事件引发了“六月民主革命”，索古逃到国外。1924年，成立了诺利领导下的新一届政府。

由范·诺利领导的民主力量于1924年6月10日开始执政，标志着1921年—1924年阿尔巴尼亚民主运动的成功。民主政府推行“20点计划”，规定根除封建主义，实行土地改革，建立民主政治，使国家行政管理民主化，改革财政制度，确保司法独立，平衡国家预算，完善教育和医疗保健体系。由于民主政府无法完成改革任务，同年年底（1924）圣诞节，索古返回阿尔巴尼亚推翻了范·诺利政府。这其中，国际因素，尤其是南斯拉夫的支持，成为索古重新夺取政权重要原因。“六月民主革命”虽然未能建立一个坚实的政府，但它是阿尔巴尼亚首次尝试铲除封建残余和建立民主的政治之举，在这个意义上它是成功的。

1925年1月，阿尔巴尼亚宣布为共和国，艾哈迈德·索古为总统，任期7年。共和国的成立在阿尔巴尼亚历史上具有重要意义，实现了阿尔巴尼亚人梦寐以求的期盼。然而，索古并不是共和政治的支持者，因此，许多民主党人认为此举是一个临时性的蛊惑人心的策略，对其实行共和政策持怀疑态度。

索古政府制定了宪法，规定阿尔巴尼亚为议会制共和国，但总统拥有实权。由于总统有权否决议会决议，议会两院的权力有限。索古通过威权统治在全国树立起个人权威，他集立法和行政权力于一身，建立了一个行之有效的政府。

马鲁比拍摄的“索古国王”

艾哈迈德·索古（1895—1961）

出生在马蒂地区布尔加耶特村，中学在伊斯坦布尔军事中等学校学习。1912年，他回到阿尔巴尼亚，开始参与国家的政治活动，进入政坛。他参加了发罗拉国民议会，支持欧洲列强任命韦德王子为阿尔巴尼亚的君主。1916年3月，他在爱尔巴桑召集会议，讨论和解决困扰阿尔巴尼亚的问题。第二年，他在国外被拘留，直至第一次世界大战结束才得以返回祖国。索古积极投身民族解放运动，并于1920年参加了在卢什涅召开的国民代表大会。在苏莱曼·德尔维纳政府中，索古被任命为内务部部长，在建立新的国家政权和武装部队方面做出了贡献，政治上属于保守的右翼。

1922年—1924年的几年间，索古任国家总理。“六月民主革命”胜利后，索古逃亡到塞尔维亚—克罗地亚—斯洛文尼亚王国，同年12月回到阿尔巴尼亚，推翻了范·诺利政府。此后，他以既是总理又是君主的方式统治阿尔巴尼亚，直至1939年。他因依靠意大利法西斯，致使许多曾拥护他执政的人疏远他。1939年4月7日，意大利法西斯侵略阿尔巴尼亚，索古没有像他承诺的那样组织全国抵抗。相反，他逃离出国，在伦敦定居，自称是阿尔巴尼亚人民的代表，甚至声称得到范·诺利的支持，然而这些声称并不奏效。二战结束后，索古移居埃及，后定居法国，并在那里度过了他生命的最后几年。

阿尔巴尼亚外交政策的制定和执行受制于南斯拉夫和意大利之间的传统竞争，索古力求在两者之间保持平衡，并希望获得双方的好处，但总体上更倾向于意大利，这体现在索古与意大利法西斯签订的政治和军事协定以及经济特许权。他与意大利签署了两项协议：1926年的《友谊和安全协定》以及1927年的《防御联盟协定》。这些协定给予意大利对阿尔巴尼亚的控制权，限制了阿尔巴尼亚政策制定的独立性。

反抗活动在1926年的杜卡金起义和工联主义运动中达到顶峰。“六月民主革命”失败后，逃亡在外的政治流亡者建立了反对索古统治的民主组织，如维也纳“科纳雷”（1925）和意大利巴里的“民族团结”（1925）。

阿尔巴尼亚共和国时期更像是一个从共和制到君主制的过渡期。由于索古在总统的位置上缺乏安全感，1928年9月1日，阿尔巴尼亚改制为君主制国家，索古自任阿尔巴尼亚国王。阿尔巴尼亚宣布为民主君主制共和国，实行议会一院制，君王世袭制，三权分立。关于公民权利和义务的一章规定了言论、出版、集会、建立社团、拥有财产和接受教育的自由，使阿尔巴尼亚君主共和国具有现代模样。政府和其他国家机构都模仿欧洲模型进行构建，其不同之处在于国王仍拥有强大的政治和行政权力。

除了建立现代君主政体，索古还着手进行司法改革。1928年—1932年，他制定了刑法、民法和商法，多方面认可性别平等，并且规定通过民事登记的婚姻为唯一合法婚姻。贸易法也参考了欧洲的标准。随着法律框架的完成，索古采取重要举措，按照西方模式建设国家。教育全民化、世俗化，文学、艺术和出版也得到更多的自由和关注。他亲自挂帅，主持城市建设主要工程（如地拉那主干道建设），他努力使经济稳定，为境外投资阿尔巴尼亚铺平道路。国王索古一世号召世界各地的所有阿尔巴尼亚人（甚至包括他的敌对者范・诺利）为建设一个新的、现代和繁荣的阿尔巴尼亚做贡献。在短短十几年时间里，索古取得的诸多成就使他成为20世纪阿尔巴尼亚历史上最杰出的政治人物。

值得一提的是，索古政府成功与难民事务高级委员会以及英国政府进行合作，共同营救在阿尔巴尼亚的犹太人。阿尔巴尼亚为犹太人提供安全的避风港，使阿尔巴尼亚成为人道主义和国际团结的典范（详见团结一章）。

与此同时，到1920年年底，阿尔巴尼亚开始出现共产主义运动，共产主义思想从西方尤其是法国传入阿尔巴尼亚。此外，该阶段还成立了一些独立的地下反政府组织，如发罗拉的秘密组织（1931）。

作者：佩特丽卡·森基利

阿尔巴尼亚反法西斯战争（1939—1944）

1939年4月7日，约3.5万—4万意大利军队对阿尔巴尼亚发动了猛攻。虽然国王索古一世不承认意大利的占领，但没有进行抵抗，而是与他的内阁成员一起逃离了阿尔巴尼亚。阿尔巴尼亚爱国将士在都拉斯、萨森岛、发罗拉和斯库台进行了奋力抵抗，最为突出的是由穆约·乌尔奇纳库和阿巴兹·库皮领导的与意大利法西斯军队的战斗。五天之后，“阿尔巴尼亚意大利个人联盟”宣布成立，即以阿尔巴尼亚与意大利王室个人层面结盟的形式，把阿尔巴尼亚纳入意大利版图内。阿尔巴尼亚人对侵略军进行了抵抗，一方面以和平合法的形式进行抗议，另一方面也通过武装斗争进行反抗。游击队采取了各种军事行动，著名的民族将领如米斯利姆·佩扎、哈吉·莱希、穆斯塔法·扎尼和阿巴兹·库皮等第一时间建立了武装抵抗部队。

1940年10月，意大利法西斯入侵希腊。阿尔巴尼亚人谴责意大利的侵略行径，支持希腊人民的正义斗争。阿尔巴尼亚“托莫里”和“塔拉波什”营的士兵被法西斯强行派往希腊边境后拒绝战斗，大量人员逃离部队。

共产党人是最有组织的部队。1941年11月，阿尔巴尼亚共产党成立。其主要目标，实际上既谈不上马克思主义也谈不上共产主义，而是民族主义和民主主义。具体任务包括两个内容：一是不分宗教、地区和观点，团结所有阿尔巴尼亚人；二是组织武装斗争，并以此为唯一恢复国家独立和建立民主政权的途径。在阿尔巴尼亚共产党的领导下，阿尔巴尼亚人的反法西斯斗争开展得更有组织。

为了凝聚所有反法西斯力量朝着一个目标共同努力，1942年9月16日在佩扎召开了多方会议，决定创建反法西斯民族解放阵线，所有阿尔巴尼亚人不分宗教、地点或政治派别，将团结一致抗击占领军。民族解放委员会将作为人民团结的领导机构。民族解放总委员会由八个成员组成，其中只有三个是共产党党员，其余是不同政治派别的民族主义人士。

反法西斯民族阵线制定的任务是：为建立自由、独立和民主的阿尔巴尼亚而奋斗。佩扎会议所做的决定进一步推动了阿尔巴尼亚反法西斯武装斗争。

1942年11月，政治组织“巴里国民阵线”成立，由著名的民主知识分子米特哈特·弗拉舍里领导。这个组织广泛吸纳民族主义者，成为阿尔巴尼亚共产党最大的反对力量。其行动纲领也规定用武装斗争保卫阿尔巴尼亚民众的权利，用武装斗争抗击占领者，其目标是建立民族的和民主的阿尔巴尼亚。确实，巴里阵线创建了武装部队，但只参与了个别小的军事行动，因为相当长一段时间，巴里阵线领导层采取的策略是“观察与等待”，静观国际舞台的政治变化。

阿尔巴尼亚反法西斯斗争的蓬勃发展引起了同盟国的注意。1942年12月，苏联、英国和美国对阿尔巴尼亚的斗争给予了肯定和积极的评价，并宣布将不承认占领军对阿尔巴尼亚的任何权利主张。至于阿尔巴尼亚未来的政治体系，只能由阿尔巴尼亚人民自己决定。

随着武装斗争的扩大，急需建立一个统一的军事中心。1943年7月10日，民族解放军总参谋部成立，由斯皮罗·莫伊休担任指挥官，恩维尔·霍查担任政委。为了扩大斗争的社会基础，民族解放总委员会邀请巴里阵线就团结反法西斯力量举行会谈。双方代表团在穆基耶村会面，决定成立一个阿尔巴尼亚救国委员会，双方在委员会中具有平等代表权，共同领导战争和组织国家的自由选举。

关于科索沃问题，按照《大西洋宪章》规定，将在战争结束后在自由的民族自决基础上解决。阿尔巴尼亚共产党中央委员会和民族解放总委员会都不接受《穆基耶协议》，理由是巴里阵线只是利用该协议获得不该属于它的权利，因为巴里阵线始终没有认真参与战争，而民族解放阵线做出了超越其力量的贡献。《穆基耶协议》的失效表明，共产党和民族解放阵线都不愿意与其他政治力量分享战争的领导权或政治权力。

1943年的夏天，游击队成功抗击了意大利的军事行动，解放了部分阿尔巴尼亚。同年9月8日，意大利法西斯投降。但阿尔巴尼亚由游击队武装控制的城镇和山区村庄很快被德国军队强行占领。

1943年11月20日，由阿巴兹·库皮为首的索古保皇派创立了法律党，旨在战后重建索古王朝君主制。

为了消灭阿尔巴尼亚民族解放军，德国军队发起了两次军事行动。第一次在1943年的冬天，随后在1944年的夏天又发起了一次攻击，但两次行动均以失败告终。民族解放战争因此获得新的动力。

1943年年中，一些盟军使团来到阿尔巴尼亚，被安排在参谋总部、巴里阵线和法律党的内部。这些使团不仅向其上级通报阿尔巴尼亚的情况，还鼓励反法西斯力量对抗敌人。

需要强调的是，除了巴里阵线和法律党，所有阿尔巴尼亚反法西斯力量，无论其思想观点还是政治取向如何，都是民族解放阵线的一部分。这场持续六年多的战争由民族解放阵线组织和领导，其中恩维尔·霍查领导的阿尔巴尼亚共产党发挥的作用最大，分量最重。

战争结束前不久，共产党人在佩尔梅特召集会议，以解决政治权力争端问题。本次大会选举民族解放反法西斯委员会为最高立法机构，同时还成立了一个具有临时政府属性的委员会。该委员会之后转变成了政府，于11月22日搬迁至地拉那。

阿尔巴尼亚人在反法西斯武装斗争中做出了巨大贡献。大约有7万人被编入3个军团、8个师、24个旅。他们钳制了意大利和德国15个师的军力，沉重打击了敌军。敌军不仅约7万人被杀、受伤或被俘，物质上也付出了惨重的代价。与此同时，阿尔巴尼亚人也遭受了巨大的损失，2.8万人在战斗中为祖国献出了生命，几乎每一个家庭都遭受了生命和财产的重大损失。按人口比例，阿尔巴尼亚是二战中遭受损失最严重的国家之一。

阿尔巴尼亚反法西斯战争旨在驱逐外国占领者，解放祖国，恢复民族独立和建立一个新的民主阿尔巴尼亚。它同时也是世界反法西斯战争不可分割的组成部分。阿尔巴尼亚作为战胜国，与同盟国和其他反法西斯国家一起为反法西斯战争胜利而骄傲。

作者：佩特丽卡·森基利

二战后的阿尔巴尼亚

1945年12月，阿尔巴尼亚进行首次政治选举，民族解放阵线在选举中获胜。西方国家要求对选举过程进行监督，但该要求遭到刚从战争中诞生的新政府的拒绝。1946年1月11日，选举产生的议会宣布阿尔巴尼亚为人民共和国，解决了阿尔巴尼亚国家体制问题。同年3月14日，议会通过了阿尔巴尼亚国家首部宪法，议会更名为人民议会。宪法规定了建立新社会体制的基本原则、功能以及公民的基本权利和自由。相对于这个阶段的社会发展和政府本身的实际情况，该宪法具有显著的民主特征。它允许和保护私人财产和私人企业，允许言论自由，允许成立社会团体或组织，规定公民有宗教信仰权利、就业权利、选举和被选举权利等。

首个提出援助阿尔巴尼亚战后恢复的联合国善后救济总署（UNRRA）被阿尔巴尼亚政府拒绝，同时遭到拒绝的还有派遣外国观察员监督阿尔巴尼亚选举的要求，导致包括美国政府和英国政府在内的西方国家不愿意承认阿尔巴尼亚共产党政府。由于阿尔巴尼亚政府宣布不履行战前阿尔巴尼亚王国时期签署的经济协议和义务，使美英等国的利益直接受损。这些原因导致阿尔巴尼亚和西方关系恶化，致使美国和英国从阿尔巴尼亚撤离了使团。

1946年的“科孚海峡案”中，英国战舰在阿尔巴尼亚水域触雷被毁，加剧了阿尔巴尼亚与西方国家关系的恶化。阿尔巴尼亚政府同意派代表出席海牙国际法庭，但不承认海牙法院认定阿尔巴尼亚为肇事方并承担赔偿损失的裁定。64年后的2010年，英国国家档案馆解密资料表明，该事件责任不在阿尔巴尼亚。

阿尔巴尼亚解放初期，共产党内部倾向于西方民主体制的力量曾试图分化并成立反对党，这股力量在人民议会形成自己的帮派，以抵制阿尔巴尼亚日益走向共产主义体制。

阿尔巴尼亚二战后在国际舞台上最重要的政治任务是在1946年的巴黎和会上阐明阿尔巴尼亚二战期间反法西斯的立场和贡献，维护阿尔巴尼亚作为战胜国的地位和权益。在这个问题上，阿尔巴尼亚政府成功说服巴黎和会承认阿尔巴尼亚作为反法西斯同盟伙伴的地位，粉碎了希腊指责阿尔巴尼亚与轴心国合作的企图。

阿尔巴尼亚解放后至1960年，历史学把该阶段称作国家重建阶段。战争结束初期，阿尔巴尼亚在“土地属于耕种者”的口号下，开展了前后两个阶段的“土改运动”。“土改”是阿尔巴尼亚该阶段最重要的经济举措之一，它标志着对封建土地所有制遗留问题改造的最终胜利。与此同时，阿尔巴尼亚共产党政府发起了生产资料国有化运动，对经商者征收高额税负，没收逃到国外的战犯的财产。这些政策和措施把私人地产和财产征归国有，在经济上打击了资本主义的发展。

为了战后重建，阿尔巴尼亚共产党发出“废墟上重建新世界”的号召，广泛组织志愿者投身国家重建工作。青年女性志愿者正是在这样的背景下，第一次走出家门参与社会工作。这些志愿者所做的，对战后阿尔巴尼亚的重建起了很大的作用，战争期间被毁的道路和桥梁得以修复，新的公路和铁路被修建，沼泽地和荒地改造成良田。

解放后的最初几年，阿尔巴尼亚政府在外交上采取与南斯拉夫友好合作的政策，签署了一系列阿南政治和经济合作协议，致使阿尔巴尼亚的一些关键命脉部门严重依赖南斯拉夫。贝尔格莱德方面利用其对阿尔巴尼亚的影响力，利用阿尔巴尼亚共产党内的亲南势力，要求阿尔巴尼亚经济上与南斯拉夫联合。首先取消关税，统一货币和市场，之后进一步干涉阿尔巴尼亚军事独立，派南斯拉夫军事力量进驻阿尔巴尼亚境内，并美其名曰保护阿尔巴尼亚免受南部邻国的威胁。

1948年，共产国际情报局决定开除铁托领导下的南斯拉夫共产党，理由是南斯拉夫偏离了国际共产主义运动的路线。阿尔巴尼亚共产党利用当时的国际环境，利用共产主义阵营内部发起的对南斯拉夫的意识形态和政治斗争，重新审视与南斯拉夫的关系，重申本国的独立，引起国际社会关注。此后与保加利亚、罗马尼亚等多数东欧社会主义国家签订的友好互助协议，巩固了阿尔巴尼亚在苏联领导下的东欧社会主义阵营中的位置。

50年代中期，阿尔巴尼亚被接纳为联合国成员，成为阿尔巴尼亚该历史时期的重要成果。国际社会对阿尔巴尼亚的承认，阿尔巴尼亚在重要国际组织设立代表，从根本上解决了1946年在巴黎和会原则上本应解决的问题。

阿尔巴尼亚共产党在该时期下大力气推动教育和卫生事业的发展，制定了切实有效的措施根除文盲现象，全国无死角开设学校，实行义务制教育。在短时间内，就完成了战前已开始的教科书去宗教化。主要的教育、文化和科学机构纷纷建立，包括国家歌剧芭蕾舞团、爱乐团、人民剧院、地拉那大学等。一批学生被派往苏联和其他社会主义国家学习，毕业回国后成为领导这些机构的中坚力量。

经济方面，20世纪50年代的主要成就包括煤矿产业的国有化、苏联援助下的新建工业项目以及全国实现农业集体化等。这个阶段成功的重要标志是取消了粮食等配额制。人民的生活水平得到了提高，政府宣布国家完成重建工作。

斯大林去世后，社会主义阵营掀起了自由主义风潮，但阿尔巴尼亚坚持斯大林主义。1960年，在莫斯科召开的81国共产党和工人党代表大会上，阿尔巴尼亚与苏联发生冲突，导致两国友好关系破裂，外交关系中断。莫斯科下令停止一切与阿尔巴尼亚的合作与对阿尔巴尼亚的援助，包括撤走苏联部署在亚得里亚海港口发罗拉军事基地的潜水艇舰队。阿尔巴尼亚当局加强了与中国的关系，希望从中国获得经济上的援助。

60年代中期，农业集体化在阿尔巴尼亚全国范围内完成，包括偏远的山区。从效果上看，农业改革实际上造成了农村地区的贫困，破坏了农民世世代代赖以生存的牛羊等畜牧资源。靠近城镇的现代农场较少受影响，因为它们的任务是增加奶牛数量和牛奶产量，增加粮食种植面积，以满足国家基本生活所需。

同时，阿尔巴尼亚大力发展铬、镍铁、石油、铜、煤等矿业，并开办了一批规模大却没有利润的企业，因而把阿尔巴尼亚经济引上一条错误的发展路线。

20世纪60年代，在政府号召下，阿尔巴尼亚在全国开展了全面革命化运动，运动的口号是“加强群众路线”“政治第一”“反对官僚作风”等。政府行政部门采取了一些相应的举措，如要求干部和员工参加义务劳动，干部下放到基层，专家深入到生产一线，军队取消军衔等。

1967年，阿尔巴尼亚宣布为无神论国家，禁止宗教活动，阿尔巴尼亚由此成为世界上第一个无神论国家。

1968年，阿尔巴尼亚单方面宣布退出华沙条约组织，使阿尔巴尼亚成为两大阵营之外的国家，这一举动受到西方国家的欢迎，也成为60年代国际舞台上的重要事件之一。

20世纪70年代，阿尔巴尼亚完成全面电气化，全国建立统一的供电系统，一系列军工企业开始投入生产。

文化方面最重要的成就是在1972年召开了正字法大会，制定了统一的阿尔巴尼亚语标准，并得到了境内外所有阿尔巴尼亚族人的认可。也为阿尔巴尼亚科学院的成立奠定了基础。

1975年，有关人权问题的会议在赫尔辛基召开，阿尔巴尼亚拒绝参加。1976年，阿尔巴尼亚新宪法规定，阿尔巴尼亚共和国更名为阿尔巴尼亚社会主义人民共和国。同样基于此宪法，阿尔巴尼亚宣布断绝与美国和苏联两个超级大国的任何关系。在这一框架下，阿尔巴尼亚出台了相关措施，加强国家军事防卫能力，全民军训，以防敌人袭击。十年间，阿尔巴尼亚建造了70万座碉堡，每一座碉堡的成本相当于一套家庭单元房，给阿尔巴尼亚的经济增加了巨大的负担。

统治了阿尔巴尼亚四十年的恩维尔·霍查

值得注意的是，恩维尔·霍查领导时期也确保了阿尔巴尼亚总体上的经济增长和人民生活水平提高。教育和卫生事业取得显著成绩，包括农村和偏远地区。阿尔巴尼亚的传统文化和社会主义现实主义创作在政府大量资金的支持下迅速发展，各地文化和宣传中心如雨后春笋一般涌现，小学至大学的教科书和课堂充满社会主义宣传。与此相结合的是大量人口从农村地区迁移到主要城市就业，补充了新建工厂和机构所需的劳动力，为恩维尔·霍查和阿尔巴尼亚劳动党的政权提供了坚实的支持。

阿尔巴尼亚政府优先发展重工业和优先发展生产资料政策的负面影响很快显现，尤其是在失去社会主义国家经济援助而依据宪法又不能接受资本主义国家援助的情况下，民众生活水平因国家经济问题而大幅度下滑。1972年，中国邀请尼克松访华，采取了多边务实的外交政策，阿尔巴尼亚对此表示不满，两国关系日趋冷淡，直至1978年中国停止了对阿尔巴尼亚的援助。1978年，阿尔巴尼亚的政治、经济和文化封闭达到前所未有的程度。

80年代初，德国前总理施特劳斯的倡议表明西方对阿尔巴尼亚的担忧和兴趣并未消退。在访问阿尔巴尼亚期间，施特劳斯提出了通过输出阿尔巴尼亚劳工到德国或通过贷款形式，帮助阿尔巴尼亚走出经济困境，但阿尔巴尼亚领导层并未接受这一倡议，一方面因为阿尔巴尼亚宪法禁止接受外国贷款，另一方面，阿尔巴尼亚被定义为发展中国家的身份，这与阿尔巴尼亚自己宣称是世界上政治体制最先进的国家相违背。

恩维尔·霍查是1941年11月8日阿尔巴尼亚共产党成立时的创始人，二战期间领导阿尔巴尼亚人民进行反法西斯斗争。1944年5月，在佩尔梅特大会上，他当选为临时政府首脑，直至1985年去世，一直是阿尔巴尼亚的绝对统治者。

1960年，在莫斯科召开的81国共产党和工人党代表大会上，霍查谴责苏联试图限制阿尔巴尼亚政治独立。此后，他一直在阿尔巴尼亚政坛拥有强有力的权威。

霍查去世后，继任者阿利亚总统在保证不失控的前提下逐步推进自由化和对外开放。然而，这些努力的步子太小。政府号召知识分子摆脱平庸，创造高质量的文学、文化、科学作品和成果。经济方面，出台了非常谨慎的措施，鼓励以消费为基础的轻工业的发展，允许农民养牛养羊。然而，受制于阿尔巴尼亚当时的贫困，这些尝试未能取得好的成效。人民的生活非常困难，生活供应都需凭票，每个家庭每月100克咖啡，每周1千克肉，每周10个鸡蛋等。阿利亚总统正是在这样的经济形势和社会主义经济体制框架下寻求经济改革，包括允许商店开设面包铺，要求企业发展自己的食品生产等，例如地拉那的一家工厂被要求建设自己的养猪场。诸如此类，效果不佳。

作者：沙班·西纳尼/根茨·米弗蒂乌

参考文献

布达. 历史. 地拉那，1986.

弗拉舍里. 阿尔巴尼亚普里兹伦同盟. 地拉那，1997.

吉贝尔. 阿尔巴尼亚国家及其历史. 巴黎，1914.

普托. 阿尔巴尼亚历史从古至今.

亚斯奎斯. 阿尔巴尼亚人：第1卷（从古代到1912年）. 伊斯坦布尔，1996.

阿尔巴尼亚政治体制大事记

1. 伊斯玛依尔·捷马利政府（1912—1913），国际上被称为“阿尔巴尼亚王国”或“第一君主国”。

2. 韦德王子国际托管政府（1913—1914），国际上被称为“世袭公国”，一个职能有限的君主国，亦被称为“第一君主保护国”。

3. 艾萨德政府（1914—1920），从帕夏制传承而来，是另一种形式的国民政府，由摄政王领导，在1918年巴黎和会上被看作阿尔巴尼亚“第一摄政王国”。

4. 卢什涅会议产生的国民政府（1920—1924），由长老议会取代摄政王的统治，该阶段议会政治成功发展，并具有显著的共和政治特征，但尚未充分发展成某种形式的成熟政府（形式上长老议会等同于摄政王）。

5. 范·诺利资产阶级政府，“六月民主革命”（1924）胜利后组建，旨在推进共和政治和议会政治，但由于艾哈迈德·索古重新掌握权力，这届政府半年后宣告结束。

6. 索古建立的第一共和国（1925—1928），在前任政府首脑重新上台之后不久宣布成立，特点是极其缺乏议会民主，实行放逐政策，即政治上的反对者被驱逐出国。

7. 阿尔巴尼亚君主国（1928—1939），被描述为议会制国家，但实则为专制国家，实行世袭制，第一任国王是索古一世（艾哈迈德·索古）。这个阶段的阿尔巴尼亚，在其邻国眼里转变成了“外巴尔干领土”，一方面因为其国王同意大利签订了保护国性质的条约，另一方面，也因为国际联盟所通过的有损阿尔巴尼亚的条例，这些条例明确承认“意大利有权保护其在阿尔巴尼亚的利益”，阿尔巴尼亚在国际法中不具有和其他国家同等的主权国地位。

8. 第二君主保护国（1939—1943），具体体现在阿尔巴尼亚和意大利在国王维托里奥·埃马努埃莱三世时期的统一，意大利国王派总督代其管理阿尔巴尼亚，类似1914年韦德王子所设的代理。这个时期，阿尔巴尼亚被意大利法西斯军队占领。为了换取意大利的支持，建立一个大阿尔巴尼亚国，阿尔巴尼亚的主权让渡给了意大利的萨伏伊国王。

9. 第二摄政国（1943—1944），在纳粹军队到来并建立政权后正式宣布成立。

10. 共产党的民主政府（最初为反法西斯委员会），公开宣称其反君主制立场，1944年5月24日于佩尔梅特召开的游击队及其支持者代表大会中诞生。

11. 阿尔巴尼亚人民共和国（1946—1976），亦称第二共和国，在1945年立宪会议召开后宣布成立，共产党和温和反对派都出席了此次会议。阿尔巴尼亚社会主义人民共和国（1976—1991），即第二共和国的延续，形式上由主席团领导，类似于长老议会，而共产党（劳动党）的头号人物恩维尔·霍查则是国际上公认的国家领导人。

12. 阿尔巴尼亚第三共和国，第一次多党选举之后宣告成立，正式规定其国家体制为“议会制共和国”，总统是国家代表。在1992年对总统权力做了修正后，政府的共和政体只停留于纸面上的法律规定，实际上，其政府的性质由议会共和制转变成了总统共和制。

作者：沙班·西纳尼

阿尔巴尼亚基本法

1．发罗拉国民政府法规（1912）

2．卢什涅会议国家法规（1920）

3．第一共和国法规（1925）

4．第一君主国法规（1928）

5．人民共和国宪法（1946）

6．人民社会主义共和国宪法（1976）

7．共和国宪法（1991年起草，被议会否决）

8．议会共和国主要宪法条款（1991—1992）

9．宪法条款修订案（1992—1998，规定了总统的属性）

10．由宪法委员会起草的宪法，在1998年公投中获得绝大多数选票支持而通过。

作者：沙班·西纳尼

文化遗产

考古学

对阿尔巴尼亚考古价值的关注始于19世纪，当时研究历史地理学的学者致力于通过古代资料去研究阿尔巴尼亚人的本土化和身份认同。

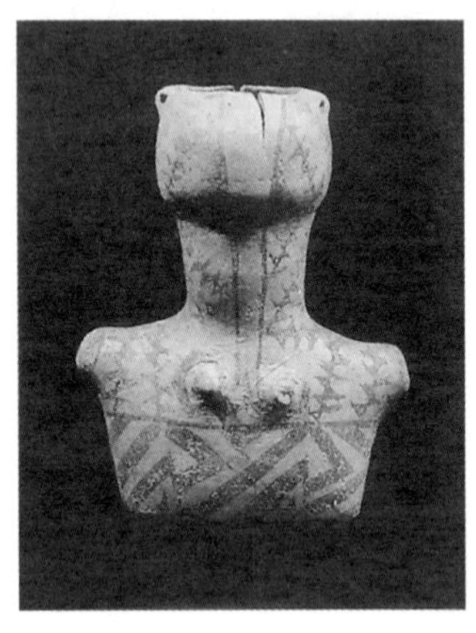

科隆耶卡姆尼克出土的彩绘陶人，
公元前4000年

第一个到访阿尔巴尼亚的是法国学者弗朗索瓦·布克维尔（布克维尔:《希腊之旅以及关于希腊伊利里亚的伊庇鲁斯的研究》，巴黎，1820—1821，五卷），在他之后是一位英国人马丁·利克。利克在阿尔巴尼亚南部和阿波罗尼亚旅行，并发表了在遗迹处所见文物的详细介绍（马丁·利克:《在希腊北部旅行》，伦敦，1835，四卷）。后来，法国考古学家利昂·豪伊泽来到阿尔巴尼亚，主要研究都拉斯和阿波罗尼亚（利昂·豪伊泽:《马其顿考古任务》，巴黎，1876）。20世纪初，巴尔干学家帕奇参观发罗拉郊区，他首先发现阿曼蒂亚城，并发表了关于拜利斯、克洛斯、培拉特等古代城市的详细报告（帕奇:《阿尔巴尼亚培拉特区》，维也纳，1904）。第一次世界大战期间，奥地利考古学家普拉什尼克尔和朔贝尔从阿尔巴尼亚北方开始，自北向南进行研究，主要关注伊利里亚考古中心城市的遗迹（普拉什尼克尔，朔贝尔：《阿尔巴尼亚和黑山考古研究》，维也纳，1919；普拉什尼克尔：《穆扎卡和马拉卡斯特拉》，维也纳，1920）。

由利昂·雷伊带领的法国考古队在1924年—1938年间开展了系统研究，并在阿尔巴尼亚杂志上发表了研究成果（利昂·雷伊：《阿尔巴尼亚，考古评论》，巴黎，1925—1939，六卷）。1926年，一支意大利考古队在古城阿尔巴尼亚腓尼基（今菲尼奇）和布特林特进行研究，先后由乌戈利尼、马可尼和穆斯提领导（乌戈利尼：《古代阿尔巴尼亚》，1927—1942，三卷；穆斯提：《阿尔巴尼亚史前文明》，罗马，1940）。

第二次世界大战结束后至1990年间，阿尔巴尼亚考古学家进行了考古发掘和研究工作。1948年，首个考古和人种学博物馆在地拉那建立；1976年，考古研究所成立；1991年，考古研究院成立。在过去的半个世纪里，除了中央考古博物馆和民族历史博物馆里的考古陈列台以外，都拉斯、阿波罗尼亚、布特林特和科尔察都修建了考古类的博物馆，展出独一无二的藏品。

1991年—1999年，阿尔巴尼亚的考古研究进入新阶段，开始同其他国家的研究所合作，包括阿尔巴尼亚同希腊在布特林特的项目、同美国在科尼斯波尔洞穴（萨兰达）和阿波罗尼亚—拜利斯的项目、同法国在阿波罗尼亚和史前聚落索弗扬（科尔察）的项目以及同英国在布特林特的项目。

考古发掘和研究在这一百年间的成果可以总结为如下几点：

史前领域：在扎拉（萨兰达）和加伊坦（斯库台）发现了阿尔巴尼亚境内最早的人类居住痕迹，均可追溯到约公元前10万年（属于旧石器时代）。阿尔巴尼亚中部地区一些史前聚落（扎拉、科尼斯波尔、圣马里内、达伊特山脚、加伊坦等）则可追溯至公元前30万年到公元前10万年。

在新石器时代（公元前7000—公元前3000），阿尔巴尼亚境内广泛分布着居住者。已知的数十个聚落可以证明，这些聚落都建在靠近河流、洞穴以及土壤肥沃的地方。当时的居所是简易的泥砖小屋。在杜纳维茨发现的居所建于湖上，需要较高的建筑工艺。农业、畜牧业和陶器对于新石器时代的人十分重要。在新石器时代晚期，人们可以制作各种高质量的艺术器皿。

在杜纳维茨、察克兰、马利奇出土的彩陶源自塞萨利（希腊）的迪米尼文化，具有特殊价值，也是新石器时代阿尔巴尼亚同东南欧最高级文明存在交流的最早证据。

铁器时代初期，西巴尔干发生了巨大变化，这是因为印欧游牧民从东边涌入。墓葬在爱尔巴桑的巴若克、科尔察的巴尔彻、佩尔梅特的皮斯科瓦等地出现，这种形式一直沿用至铜器时代，成为了铁器时代伊利里亚文化的一个特征。

在公元前2000年年末和公元前1500年时，伊利里亚人在山地建立了聚落，并逐渐在聚落外围修建高墙（斯库台的加伊坦、科尔察的特伦、萨兰达的卡利沃等）。

古代领域：至公元前7世纪，伊利里亚各地区发展程度相似。其中，科尔察平原、马蒂和格拉西纳茨（波斯尼亚）等地区拥有比其他地区更发达的物质文明。由于伊利里亚人在地中海地区广泛地参与社会经济活动，公元前7世纪后伊利里亚南部地区发展迅速。

早期同希腊人的关系，尤其是希腊在伊利里亚沿海地区建立殖民地，成为了地区城市化快速发展的关键因素。来自柯西拉的殖民者于公元前627年在都拉斯建立殖民地，后于公元前588年在阿波罗尼亚落脚。

奥里库姆城建于公元前6世纪上半叶。所有考古资料都证明都拉斯和阿波罗尼亚在公元前6世纪—公元前5世纪时初现城市雏形，在公元前

4世纪繁盛起来，修建了宏伟的建筑。

最早在公元前5世纪，在都拉斯（也称埃庇丹努斯）出现了陶器、金属和皮革加工店铺、纺织品、造船厂等。可以证明城市贸易发展程度的还有铜币、银币铸造，而被称作“都拉斯美人”的碎石镶嵌画同样展现了城市繁荣。

公元前229年，都拉斯成为了罗马帝国的殖民地。1世纪—3世纪，城市经历了又一个繁荣时期，发展为亚得里亚海东海岸重要的中心和港口。正是在这一时期，都拉斯修建了圆形剧场、图书馆、供水系统和热力站。

4世纪时，都拉斯经济衰落，345年的地震进一步摧毁了城市，都拉斯沦为小型贸易中心。然而关键的地理位置使得城市在五六世纪再次发展为拜占庭帝国的重要中心。阿纳斯塔斯（都拉斯本地人）统治时兴建了一些建筑、竞技场和三层坚固的围墙。

阿波罗尼亚：这是一座亚得里亚海沿岸的大城市，也是古代时期30多个同名城市中最知名的一个。城市建在海拔约101米—103米的山上，可以俯瞰整个维约萨河至亚得里亚海区域。城市建成初年，阿波罗尼亚同柯西拉和科林斯来往密切，是古希腊人和伊利里亚人的贸易中转站。公元前5世纪，阿波罗尼亚成为了经济发达的中心，拥有众多手工艺行业，后来又把伊利里亚人同世界的联系扩大到阿提卡和大希腊（意大利南部）。

阿波罗尼亚的全盛期出现在公元前4世纪—公元前3世纪。城市向西扩大，占领了整个坡地，被长约4公里的城墙环绕，占地138公顷。阿波罗尼亚是按照希波丹姆的正交系统设计修建的：主路和小路彼此垂直相交，被道路分开的区域形成城市的不同分区。除了四周的围墙，其他的主要建筑还包括城市中心（广场）的柱廊、剧场、大喷泉、体育馆等。阿波罗尼亚的林阴大道具备十分先进的平面设计和坚固的建筑。大道有两层通道（70.2米×10.5米），用作安全防护的后墙上配有17个黑曜石壁龛，当中摆放了雕像，一层柱廊里外两侧有八角柱。1世纪—3世纪，城市经历了第二次大兴土木时期，修建了阿尔忒弥斯神庙、音乐厅、图书馆和许多装饰着镶嵌画的住宅。奥古斯都统治时期，阿波罗尼亚被宣布为自由、不受侵犯的城市，依然是重要的经济和文化中心。建筑学以及其他艺术分支都发展到较高水平，以雕塑为最。这也是为什么西塞罗称其为“伟大而庄严的城市”的原因。

3世纪—4世纪，阿波罗尼亚失去了往日的辉煌，在中世纪时转而变成教区中心。

殖民地城市同伊利里亚内地间的交流促进了伊利里亚城市的发展。公元前4世纪—公元前2世纪，布特林特、阿曼蒂亚、拜利斯、菲尼奇、安提戈尼亚、迪马尔和利希等城市逐渐形成。这些城市均建在山顶或山坡上，可以俯瞰远处，被高大而坚固的城墙环绕。城墙刻有多边形或梯形图案，后来开始使用方形砖砌墙。公元前4世纪，城市成为了手工艺品和贸易中心；公元前3世纪中期，成为了发展全面的古代城市。

城市的内部空间是按照希波丹姆的系统修建的，政治、社会、文化和宗教建筑（比如剧场、林阴大道和神庙等）构成城市中心，并同其他区域区分开来。伊利里亚城市的建筑遗址证明了当时的城市发展水平。

布特林特：考古文物可以证实，公元前7世纪—公元前6世纪，布特林特是早期的城市中心，直到公元前5世纪才发展为完整的城市。公元前4世纪，城市修建了广场、林阴大道、小神庙和可以容纳1500人的露天剧场，剧场至今保存完好。剧场、阿斯克勒庇俄斯神庙、柱廊、热水浴池等共同构成了古代城市最辉煌的部分。

在古代晚期和中世纪初期，布特林特非常繁荣，修建了洗礼堂。这是早期基督教最重要的建筑，呈直径13.5米长的圆形，铺设有多彩的几何和动物图案的镶嵌画，具有独特的艺术价值。会堂由两排花岗岩柱廊支撑房顶。

安提戈尼亚：建于公元前3世纪，城墙总长4000米。按照希波丹姆系统修建，垂直道路将城市分为200英尺宽的方形区域和其他较小的分区。

阿曼蒂亚：坐落于高山山坡处，只有卫城修筑了防御工事。城墙长2200米。城市的名字于公元前4世纪第一次被提及，至公元前3世纪，城市经济得以发展并开始铸造钱币。所建的阿佛洛狄忒神庙、剧院以及至今保存完好的体育场都证明了城市的发展状况。体育场同希腊体育场非常相似，有长184.8米、宽12.25米的跑道；台阶是用石灰岩建造的，一侧有17排，另一侧有8排。

拜利斯：在公元前4世纪发展为伊利里亚数一数二的大城市和拜利斯部落的聚居区，后成为伊利里亚部落——拜利斯人的聚居区。城市占地30公顷，四周有城墙环绕，有7个城门和若干高塔。公元前3世纪时，拜利斯经济不断发展，当时的中心广场占地4公顷，剧院可容纳9000人，还修建了体育场和体育馆等。至1世纪，拜利斯沦为罗马殖民地。4世纪时，城市被坚不可摧的高墙环绕；至五六世纪，成为重要的教区中心。人们在拜利斯发现了六座长方形会堂，地面铺设带有早期基督教图案的镶嵌画，艺术价值极高。

阿尔巴诺波利：托勒密最早于2世纪中期提到这座伊利里亚城市、阿尔班部落聚居地，他还曾为城市定义坐标。阿尔巴诺波利位于兹戈尔泽什（在科尔察附近）。城市和阿尔班部落都保留了他们的名字直到今天，而这个名字的词根加上ia结尾（Alban+ia=Albania）就是伊利里亚南部后来的名字。

利希：城市于公元前4世纪初见雏形，建立了早期城市聚落。公元前3世纪—公元前2世纪，城墙将城市切割为三部分——卫城、住宅区和沿至德林河的地区。城墙至今保存完好，12道城门和许多高塔为其增添了美妙的景观。在恺撒的统治下，城市享有重要权利，包括自治权在内，并在庞培和恺撒的内战中发挥了重要作用。

下塞尔卡：人们在位于山顶的同名村落发现了伊利里亚古城遗址，可以追溯到公元前4世纪—公元前3世纪。公元前3世纪初，城市成为了伊利里亚达萨蕾蒂亚人聚居区中心。同一时期，所建墓穴的内部使用了刻有爱奥尼亚风格图案的石头。在其中一座墓穴里，出土了武器、铜器、陶器、银饰和金属印章，上面刻有关于神话战争的浮雕。

下塞尔卡墓穴

在都拉斯、阿波罗尼亚等殖民地以及布特林特、阿曼蒂亚、拜利斯和安提戈尼亚等伊利里亚南方城市，艺术的发展繁荣同城市经济密切相连，不过在最开始城市艺术是沿着科林斯和柯西拉艺术的传统路线发展的。公元前5世纪时，艺术具备了当地特色，最独特的是陶器。公元前4世纪—公元前3世纪，阿波罗尼亚和都拉斯的陶器上绘有红色图案，或来自神话，或来自日常生活。各类赤土陶器的艺术可塑性都很高，此外也有铜器，这些则多为艺术品。

一二世纪的雕塑具有罗马艺术特征，其中以画像最典型，因为象征着当时人们的精神和传统。阿波罗尼亚是主要艺术中心，雕塑作品包括法官和哲学家毕阿斯等。都拉斯、布特林特和菲尼奇等城市也有高质量的雕塑。这一时期的浮雕出现在祭坛、石棺和建筑上，使用领域更加贴近现实生活。

作为建筑和装饰绘画的一种，镶嵌画在古希腊、古罗马和中世纪早期非常流行，尤其在公元初年。将黑色和各种颜色的石头方块放在白色背景上，形成几何图案。阿波罗尼亚的多彩镶嵌画描绘了古希腊女战士作战的场景，价值极高。

五六世纪，伴随长方形会堂、教堂和洗礼堂等早期拜占庭宗教建筑的修建，镶嵌画这一艺术形式大放异彩。地面上的镶嵌画图案种类繁多，有动物、树木、水果、葡萄串、鸟、鱼和各种水生生物的图案。值得一提的还有位于布特林特洗礼堂、利尼（波格拉德茨）的长方形会堂以及阿拉帕伊（都拉斯）和拜利斯的镶嵌画。

中世纪早期：有关中世纪早期文化的证据来自二十世纪六七十年代进行的第一次系统挖掘，在科曼、布克尔、舒尔扎赫和莱什发现了大量墓穴。

科曼墓穴，8世纪

学者们逐渐展开了对瓦罗什（斯特鲁什）、舒尔扎赫（撒尔德）、利尼、波格拉德茨、培拉特、卡尼纳和布特林特等地古代晚期和中世纪早期一些城堡的研究。

在中世纪早期，如6世纪—9世纪，由于自然经济的恢复，致使一些城市不再受到人们的青睐。唯有拜占庭帝国统治下的都拉斯算得上真正的城市。往南的布特林特也依然是重要的文明中心。

作者：穆扎费尔·科尔库蒂

参考文献

古代作者笔下的伊利里亚人和伊利里亚．地拉那，1995.
第一届伊利里亚研究会议论文集．地拉那，1974.
伊利里亚人．地拉那，1985.
科尔库蒂．伊利里亚，1985；伊利里亚，1986；考古学，地拉那，1998.

阿尔巴尼亚语

阿尔巴尼亚语与印度–伊朗语族、希腊语、罗曼语族、斯拉夫语族和日耳曼语族同属印欧语系。阿尔巴尼亚语是印欧语系中独立的一个分支，在根源上同其他现代印欧语言无关。19世纪的历史比较语言学证明了阿尔巴尼亚语起源于印欧语系。

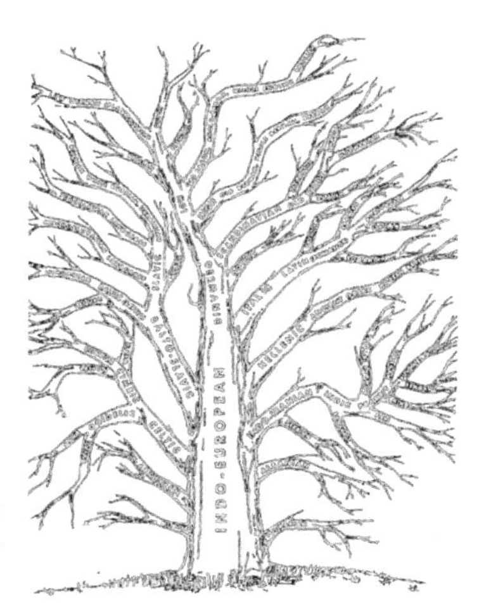

在印欧语系谱系中，阿尔巴尼亚语属于其中最古老的语言。(《韦氏新二十世纪词典》，完整本，第二版，精装，威廉·柯林斯和世界出版社，1975年，ISBN: 0–539–048523–3）

德国学者弗兰茨·葆朴是历史比较语言学的奠基人之一，他从科学角度证明阿尔巴尼亚语属于印欧语系。葆朴为此完成了一部著作，于1854年出版了《论阿尔巴尼亚语的谱系关系》。

印欧语系分为两类，东方语言（或称咝音类语言（satem））以及西方语言（或称腭音类语言（centum））。阿尔巴尼亚语、印度–伊朗语族、波罗的–斯拉夫语族和亚美尼亚语同属东方语言。

阿尔巴尼亚语的起源是语言学中争议颇多的一个话题，其词根存在于巴尔干半岛古代语言，即伊利里亚语或色雷斯语中。围绕阿尔巴尼亚语展开的两个语言学理论是：其起源于伊利里亚语还是起源于色雷斯语。认为是伊利里亚语的理论具备更加广泛的历史学和语言学支持。18世纪的历史学家和后来的语言学家都更支持这一观点。

瑞典历史学家汉斯·埃里希·瑟曼在其1774年于莱比锡出版的著作《东欧民族语言研究》中首次尝试解释阿尔巴尼亚人和阿尔巴尼亚语的起源。他根据拉丁语和拜占庭历史资料以及语言学和拟声资料，得出阿尔巴尼亚人是古伊利里亚人后代的结论。不同于色雷斯–达契亚人，伊利里亚人没有被罗马人同化。

著名的奥地利籍阿尔巴尼亚学家约翰内斯·乔治斯·冯·哈恩在1854年出版的作品《阿尔巴尼亚语研究》中支持了阿尔巴尼亚人是伊利里亚人后代的理论。

自此，包括历史学家、考古学家和语言学家在内的许多知名学者提出大量历史学和语言学论据证明阿尔巴尼亚人和阿尔巴尼亚语的起源。杰出的语言学家埃奇雷姆·恰贝伊就阿尔巴尼亚语进行了全面研究，他提出科学依据证明伊利里亚起源理论更为可靠。下面是其中一些依据：

1. 阿尔巴尼亚人现今居住的地区是古代伊利里亚人的聚居区；而没有历史资料可以证明阿尔巴尼亚人是从其他地方迁移而来的；

2. 一些伊利里亚语词汇，比如部落、人等，可以用阿尔巴尼亚语解释；

3. 古代伊利里亚人使用的地名同今天相比较，可以证明这些地名是按照阿尔巴尼亚语语音学的历史规律逐渐发展而来的；

4. 阿尔巴尼亚语和古希腊语、拉丁语的关系证明阿尔巴尼亚语形成过程中受到亚得里亚海和爱奥尼亚海沿岸这两种语言的影响；

5. 考古档案和其他物质、精神遗产档案可以证明古伊利里亚人和今天的阿尔巴尼亚人之间具有文化延续性。

这些详细呈现的历史学和语言学证据表明，阿尔巴尼亚语的伊利里亚起源理论最为可信。

阿尔巴尼亚语文字起源

阿尔巴尼亚语是巴尔干半岛古老的语言，但其文字记录和罗马尼亚语一样，直到15世纪才有。

阿尔巴尼亚语最早的文字记录是1462年的《洗礼经文》。这是一句简短的阿尔巴尼亚语——“我以圣父、圣子、圣灵之名为你施洗。”都拉斯主教、斯坎德培的密友恩杰尔用拉丁语将这句话写在小册子里。祷告文是以拉丁字母书写的北方盖格方言。

著名的罗马尼亚历史学家尼古拉·约尔卡在米兰的劳伦提安图书馆发现《洗礼经文》，之后把这一经文收录于《15世纪十字军历史摘录》，并在1915年出版。

1932年法国文献学家马里奥·罗格在巴黎出版了关于《洗礼经文》的文献著作和以《阿尔巴尼亚古代文本研究》为名的《洗礼经文》的影印复制品。

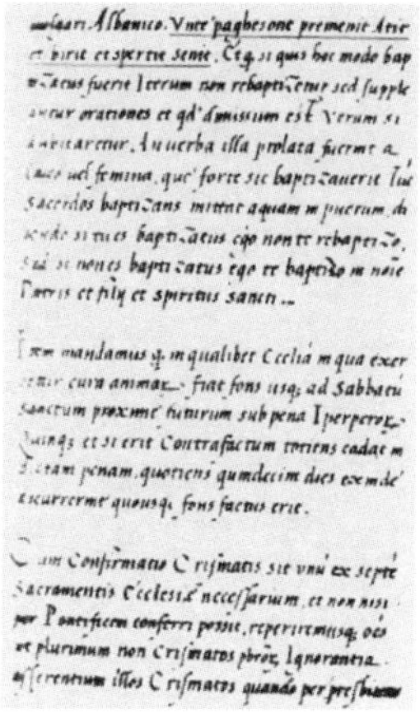
[illegible] Albanico. Vnte paghesonne premenit Atit et birit et spertit senit. [illegible] si quis hoc modo bap[illegible] fuerit Iterum non rebaptizetur sed supple[illegible] orationes et qd' dimissum est. Verum si [illegible] Au uerba illa prolata fuerint a [illegible] uel femina, que forte sic baptizauerit [illegible] Sacerdos baptizans mittat aquam in puerum [illegible] si tu es baptizatus ego non te rebaptizo, [illegible] si non es baptizatus ego te baptizo in noie Patris et filij et spiritus sancti.

[illegible] mandamus [illegible] in qualibet Ecclia in qua exer[illegible] cura animar[illegible] fiat fons usq; ad Sabbatu Sanctum proxime futurum sub pena [illegible] et si erit Contrafactum totiens cadat in [illegible] penam, quotiens quindecim dies exinde [illegible] quousq; fons factus erit.

[illegible] Confirmatio Crismatis sit unu ex septe Sacramentis Ecclesie necessarium, et non nisi per Pontificem conferri possit, reperiremusq; [illegible] et plurimum non Crismatos [illegible] Ignorantia [illegible] illos Crismatos quando per presbiteros

1462年恩杰尔用拉丁文写的《洗礼经文》

第二份阿尔巴尼亚语文献是1496年阿诺德·冯·哈尔夫的词汇表。1496年秋天，德国旅行家哈尔夫从科隆乡村出发，踏上去往“神圣国度”的朝圣之行。他沿海岸线到达阿尔巴尼亚，在乌尔齐尼、都拉斯和萨赞停留。为了满足实际需求，他在旅途中写下了26个词汇、8个词组以及表示数字1到10和100到1000的单词，并用德语标注意思。1860年，格罗特在科隆首次出版这份词汇表。

另一份用阿尔巴尼亚语写的文本出现于15世纪晚期到16世纪早期，这是在米兰的安布罗西图书馆里的一份16世纪的希腊手稿中发现的。文本包括根据《马太福音》翻译的内容，是用希腊字母书写的南方方言。阿尔巴尼亚文学界将这份文本称为《复活节圣约》。

这些档案并不具备文学价值，但是引起了人们对阿尔巴尼亚语书写历史的关注。从早期书写形式看，阿尔巴尼亚语有两种方言，北方方言（盖格语）和南方方言（托斯克语）；有两种字母表，拉丁字母和希腊字母，这也说明阿尔巴尼亚文化受到拉丁文化和希腊文化的双重影响。

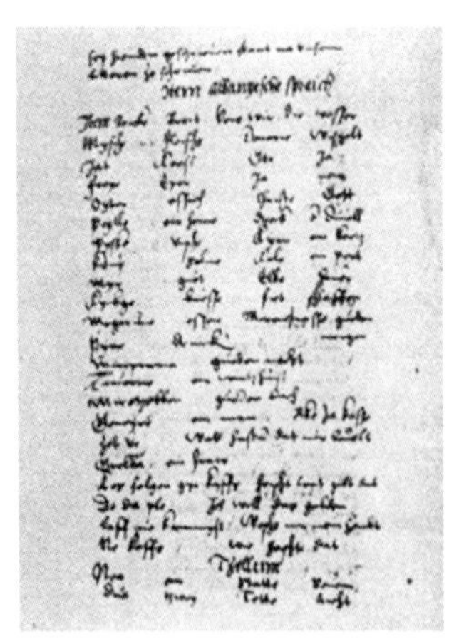

1496年阿诺德·冯·哈尔夫所写的阿尔巴尼亚语词汇表

第一本用阿尔巴尼亚语撰写的书是1555年乔恩·布祖库的《弥撒祈祷书》，标志着早期阿尔巴尼亚语文学的开端。这本书至今只有一份复本保存在梵蒂冈图书馆。书有220页，分两栏撰写。布祖库的《弥撒祈祷书》将天主教礼拜仪式中的主要部分翻译为阿尔巴尼亚语，包括每年重大宗教节日仪式、部分《新约》内容以及部分仪式和教义问答，为牧师提供了每天进行宗教仪式所需要的内容。显然，作者想将阿尔巴尼亚语引进天主教宗教仪式中。如同许多其他语言的文学发展一样，阿尔巴尼亚语文学也是从翻译宗教典籍开始的。

乔恩·布祖库的《弥撒祈祷书》由阿尔巴尼亚北方作家乔恩·尼科拉·卡扎齐在罗马发现，然而此后被弄丢，直到1909年才被古籍研究者、收藏者帕尔·斯凯罗伊主教找到。1930年，学者于斯廷·罗塔从斯库台去罗马复印这本书，并把三份复印本带回阿尔巴尼亚。1968年，杰出的语言学家埃奇雷姆·恰贝伊翻译、抄写了此书，加入评论注释和简要介绍，之后将书出版。语言学家雷苏利也曾抄写布祖库的书。

乔恩·布祖库的《弥撒祈祷书》是用拉丁字母写的北方方言（盖格语），包括一些特殊字母。书中词汇丰富，有明确的拼写和语法形式，体现了阿尔巴尼亚语书写的早期传统。

埃奇雷姆·恰贝伊教授对乔恩·布祖库的书进行了全面研究，认为书中语言“并非是未经开化的”，“通过客观看待这份文本以及审视全文流畅的语言，可以确定，在阿尔巴尼亚早就有祷告文的文学传统，至少从中世纪晚期开始”。他认为，中世纪时阿尔巴尼亚的文化水平同样可以证明这一理论。“当时阿尔巴尼亚人的文化水平同邻国以及亚得里亚海沿岸国家没有太大差别。”

15世纪前阿尔巴尼亚语的书写传统还有另外一个间接证据。法国神父古尔劳梅·阿达埃（1270—1341）曾长期任职蒂瓦尔主教，非常了解阿尔巴尼亚人，他曾将名为《通往神圣之地的指导》的报告寄送给腓力六世（法国瓦卢瓦王朝第一位国王）并写道："阿尔巴尼亚人说的语言同拉丁语不同，他们使用拉丁字母写书。"阿达埃对阿尔巴尼亚语的评论也证明阿尔巴尼亚语在15世纪之前就已经有较完善的书写形式。

1504年，著名人文学家马林·巴尔莱蒂在威尼斯发表作品《围攻斯库台》，他用当地语言讲述了斯库台城的重建。

阿达埃和巴尔莱蒂是研究阿尔巴尼亚及其人民的专家，他们所提出的观点符合这一阶段的历史资料，证明在14世纪和15世纪早期阿尔巴尼亚拥有先进的经济和文化水平。当时，都拉斯、克鲁亚、培拉特和发罗拉等城镇经济繁荣，是重要的贸易、文化中心。

这个证据可以更有力地证明阿尔巴尼亚语早期书写传统的存在，而一直以来并没有研究发现有其他书籍，所以乔恩·布祖库的《弥撒祈祷书》依然是第一本阿尔巴尼亚语书，也是第一部阿尔巴尼亚语文学作品。

意大利阿尔布莱什人的阿尔巴尼亚语文学起源于16世纪。继布祖库作品后的第二部阿尔巴尼亚语作品是阿尔布莱什神父莱克·马特伦加于1592年出版的《基督教信仰》，这也是第一部阿尔布莱什语文学作品。书册共28页，是本教义问答翻译，使用拉丁字母书写的南方方言，包含拉丁文中没有的阿尔巴尼亚语发音的字母。

17世纪时，皮耶特尔·布迪、弗朗格·巴尔齐和皮耶特尔·博格达尼三人通过翻译、创作作品进一步探索阿尔巴尼亚语。1635年，弗朗格·巴尔齐出版第一本《拉丁语–阿尔巴尼亚语词典》，标志着阿尔巴尼亚语语言学的开端。19世纪时，在民族复兴的历史背景下，阿尔巴尼亚语的研究和发展进入新阶段。在此期间，出现了创建民族书面语的尝试，为20世纪阿尔巴尼亚语文学奠定了基础。

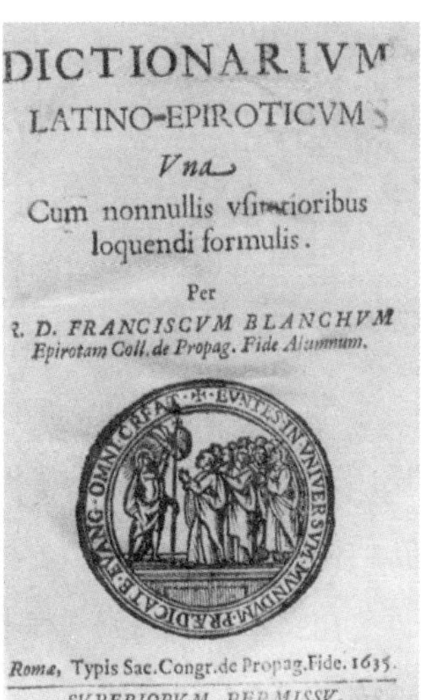

DICTIONARIVM
LATINO-EPIROTICVM
Vna
Cum nonnullis vsitatioribus
loquendi formulis.
Per
R. D. FRANCISCVM BLANCHVM
Epirotam Coll. de Propag. Fide Alumnum.

Romæ, Typis Sac. Congr. de Propag. Fide. 1635.
SVPERIORVM PERMISSV.

1635年，弗朗格·巴尔齐出版的《拉丁语–阿尔巴尼亚语词典》

阿尔巴尼亚语方言

阿尔巴尼亚语有两种方言，北方方言“盖格语”和南方方言“托斯克语”。流经阿尔巴尼亚中部地区爱尔巴桑的什昆比尼河是两种方言的天然分界线，河以北为北方方言，以南为南方方言。

两种方言并没有太大差别，人们可以互相听懂。但是，两种方言的语音系统、语法结构和词汇有所不同，其中最重要的是北方方言有口元音和鼻元音，南方方言只有口元音；托斯克语中的双元音ua等同于盖格语中的ue（grua–grue）；盖格语中的鼻音â等同于托斯克语中的ë（nânë–nënë）。

南方方言的特点是r音化使用（n变为r，如ranë–rërë），这在盖格语中并不存在；托斯克语保留了复辅音mb、nd等，盖格语中则以m、n代替（mbush–mush，vend–ven）。词法系统中，北方方言有me pun形式的不定式，托斯克语的不定式则为të punoj。托斯克语中过去分词以辅音结尾，盖格语则以元音结尾（kapur–kapë）。南方方言的将来时为do tëpunoj和kampër të punuar，而北方方言则用kam me punue。

标准阿尔巴尼亚语

统一的民族书面语（标准语）是最为复杂和严谨的阿尔巴尼亚语，从16、17世纪开始经历了漫长的发展过程，在19世纪民族复兴时期进入新的发展阶段。

1824年，纳乌姆·维奇尔哈尔吉开始创建阿尔巴尼亚语字母表，1844、1845年出版了《简明阿尔巴尼亚语入门》。维奇尔哈尔吉是第一个用自己的专著、字母表和文章为阿尔巴尼亚民族复兴制定目标的人。当时的重点主要是学习和研究母语，丰富词汇、去掉不必要的外来词。这一时期出现了大量文学、文化和语言学活动。

创建于1879年的“阿尔巴尼亚语字母出版协会”为这一活动提供了新的动力。第一批语法书籍相继出版，之后又有了阿尔巴尼亚语词典。康斯坦丁·克里斯托弗里齐编纂的《阿尔巴尼亚语词典》在他去世后于1904年出版。

民族复兴时期，阿尔巴尼亚语的两种书面语均有所发展，一为南方书面语，一为北方书面语。人们曾试着将两种书面语合二为一。最急需解决的问题是字母表的统一。当时阿尔巴尼亚语书写中使用几类字母表，拉丁语、希腊语、土耳其–阿拉伯语和其他特殊字母表。1908年11月14日—22日，在马纳斯蒂尔（今马其顿境内）代表大会上，这个问题得到解决。大会决定使用新的字母表，包括完整的拉丁字母表、九个二合字母（dh、gj、ll、nj、rr、sh、th、xh、zh）以及两个新创字母（ç、ë）。阿尔巴尼亚语至今仍然使用这个字母表。大会决定，奥斯曼字母表依然可以使用，不过随着时间的流逝，逐渐为马纳斯蒂尔代表大会颁布的新字母表所取代。

1908年11月14日—22日，马纳斯蒂尔代表大会创建了现代阿尔巴尼亚语字母表，图中为创建字母表的阿尔巴尼亚爱国人士和学者委员会成员

为阿尔巴尼亚语书面语统一做出努力的还有1906年在斯库台成立的"阿尔巴尼亚语书面语委员会"。委员会强调要将阿尔巴尼亚语书面语研究和阿尔巴尼亚语文学发展作为重点。由语言学家和作家组成的委员会打算将已经在使用的两种书面语统一，创造出标准书面语，以此作为连接托斯克语和盖格语的桥梁。委员会为了统一书面语，还制定了正字法规则。

阿尔巴尼亚语书面语委员会关于标准语和正字法的决定后来被"卢什涅教育大会"采用（1920），并一直沿用到第二次世界大战。

二战结束后，科学院承担了统一民族书面语（标准语）和制定正字法的工作，专门设立委员会起草正字法，分别于1948、1951、1953和1956年提出草案和修改意见。1952年召开了两次讨论标准语的大会。

1967年，历史学和语言学研究所起草了新的《阿尔巴尼亚语正字法》。这份正字法后来在阿尔巴尼亚人居住的地区广泛使用，包括阿尔巴尼亚、科索沃和黑山。同一时间，人们在科索沃也为了统一书面语和正字法而不懈努力。

1968年，在科索沃的普里什蒂纳召开了语言学大会，大会的指导方针是“同一个民族——同一个书面语”。大会决定，一旦正字法草案获得通过并正式生效，科索沃将使用这份正字法。会上所做的决定对统一民族书面语具有重大意义。

1967年的《阿尔巴尼亚语正字法》在经历了公开讨论后，于1972年递交在地拉那召开的阿尔巴尼亚语正字法大会。为统一民族书面语召开的大会是阿尔巴尼亚语言文化史上的重要一笔。

参加阿尔巴尼亚语正字法大会的代表来自阿尔巴尼亚、科索沃、马其顿、黑山等国家和地区，还有来自意大利的阿尔布莱什人。大会在决议中宣布：“现在阿尔巴尼亚人有了统一的书面语（标准语）。”

统一的民族书面语（标准语）主要是以南方书面语为基础，尤其是在语音系统方面，但是也同样吸收了来自北方书面语的元素。

在正字法大会召开后，出版了许多关于统一书面语标准的重要作品，比如《阿尔巴尼亚语正字法》（1973）、《阿尔巴尼亚语正字词典》（1976）、《当代阿尔巴尼亚语词典》（1980）、《现代阿尔巴尼亚语词典》（1984）、《当代阿尔巴尼亚语语法1　词法》（1995）和《当代阿尔巴尼亚语语法2　句法》（1997）。

现代标准阿尔巴尼亚语类型特征

阿尔巴尼亚语结构上属于分析-综合型语言，综合元素占主导，向分析型过渡。部分语音和语法特征源自古代印欧语言时期，其他特征则是后来发展而来的。

阿尔巴尼亚语拥有自己的音位系统，包括7个元音音位和29个辅音音位。从1908年的马纳斯蒂尔代表大会开始，阿尔巴尼亚语书写开始使用拉丁字母表。

阿尔巴尼亚语字母表有36个字母，25个单字母（a、b、c、d、e、f、g、h、i、j、k、l、m、n、o、p、q、r、s、t、u、v、x、y、z），9个二合字母（dh、gj、ll、nj、rr、sh、th、xh、zh）以及2个新创字母（ç、ë）。

阿尔巴尼亚语在词形变化时通常有固定重音。多数情况下，尤其是名词，重音位于倒数第二音节。

阿尔巴尼亚语有复杂的语法形式结构：定指形式和不定指形式，5种格的形式（主格、属格、予格、宾格和源格），3种词性（阳性、阴性和中性），中性词汇已经不常使用，只用于特定的动名词，比如tëshkruarit（书写）、tëmenduarit（思考）等。

名词系统分为定指和不定指形式，因此，也有定指和不定指的词形变化。定冠词同罗马尼亚语和保加利亚语一样，占末位；但冠词在一些情况下可以放在名词前面，比如所有格（i, e malit山的）、带冠词的形容词（i mirë好的、i vogël小的）、中性动名词等。冠词（i、e）被称为迁至冠词。除了词尾的特殊变化，阿尔巴尼亚语也有词中变化（dash–desh羊、marr–merr拿）；有两种形容词，带冠词的形容词（i madh大的、i ndershëm可敬的）和不带冠词的形容词（trim勇敢的、besnik忠诚的）。数词的使用主要参照十进制（dhjetë十、tridhjetë三十、pesëdhjetë五十），但也保留了二十进制（njëzet二十、dyzet四十）；从11到19的复合数词的构成是个位数字在前、中间为前置词mbë、最后为十进位（njëmbëdhjetë十一、dymbëdhjetë十二），这同罗马尼亚语和斯拉夫语相同。

动词系统变化较多。阿尔巴尼亚语有丰富的语式和时态，一部分来自较早时期，其余则在历史发展中不断演变而成。动词有六种语式，直陈式、虚拟式、条件式、命令式、惊奇式和愿望式；三种非限定形式，过去分词、不定式和动名词。将来时有两种构成形式：一种是do（动词dua想要）+连接词（不定式）të punoj（工作）=do të punoj（我将要工作），另一种是助动词kam（有）+不定式për të punuar=kam për të punuar（我要去工作）。

词序总体上排列自由，最常见形式是主语+谓语动词+宾语。

阿尔巴尼亚语词汇由不同分层构成，本土词汇最早可以追溯到古代印欧时期（ditto、Nat、dimmer、motor、Janna等），在稍晚时期形成了现在的阿尔巴尼亚语词汇（ditor、dimëror、i përnatshëm）。

构成词汇的另一分层是外来语，这是阿尔巴尼亚人同其他民族交流的结果。外来语来自古代和现代希腊语、拉丁语和罗曼语族、斯拉夫语族和土耳其语。

除了大量借来词汇，阿尔巴尼亚语保留了其作为印欧语系独立分支的特征。

阿尔巴尼亚语的传播

现今有超过600万人讲阿尔巴尼亚语，他们分布在阿尔巴尼亚、科索沃、马其顿、黑山、塞尔维亚以及希腊等国家和地区。在意大利、保加利亚、乌克兰的阿尔巴尼亚人聚居地以及二战后移民到世界各地的阿尔巴尼亚人也说阿尔巴尼亚语。

在巴黎、罗马、那不勒斯、科森扎、巴勒莫、彼得堡、北京、慕尼黑、布加勒斯特、萨洛尼卡、索非亚等地有教授和研究阿尔巴尼亚语的高校和阿尔巴尼亚学中心。

阿尔巴尼亚语研究

从18世纪开始，阿尔巴尼亚的语言、文化因其古老性和独特性吸引了许多国内外学者关注。阿尔巴尼亚人的语言、历史和文化在德国学界尤其受到关注。100年前，伟大的哲学家戈特弗里德·莱布尼茨在研究比较语言学之前，也曾对阿尔巴尼亚语十分感兴趣。他认为，语言学的比较研究对建立世界普遍史以及理解和解释普遍史至关重要。18世纪初，他在写给柏林皇家图书馆馆员的信中提及阿尔巴尼亚语的起源和种类，经过一番斟酌后，他得出阿尔巴尼亚语源自古代伊利里亚语的结论。

和许多其他语言一样，阿尔巴尼亚语的研究也从19世纪中期历史比较语言学兴起后开始。早在1854年，这一语言学派的创始人德国学者弗兰茨·葆朴曾证明阿尔巴尼亚语属于印欧语系，并且是语系中的独立分支。在葆朴之后，古·迈耶、亨·佩德森、约克利等人从词汇和语法结构等方面对阿尔巴尼亚语进行了研究。1891年，古·迈耶开始编纂《阿尔巴尼亚语词源词典》，这也是第一本词源类的阿语词典。此外，还有米克罗西克、韦甘德、塔利亚维尼、曼、汉普、德斯尼卡亚、奥尔伯格、米海斯库、弗雷德勒、巴克霍尔茨、胡尔德、佩莱格里尼等许多外国语言学家做出宝贵贡献，他们研究阿尔巴尼亚语的历史、起源、词源、语音、语法以及阿尔巴尼亚语现状。

在国外语言学家研究阿尔巴尼亚语时，国内也出现了许多阿尔巴尼亚语言学家。17世纪时，弗朗格·巴尔齐出版了阿尔巴尼亚语词典《拉丁语–阿尔巴尼亚语词典》（1635）。民族复兴时期，出版了一些阿尔巴尼亚语语法书籍。1864年，意大利阿尔布莱什人齐米特尔·卡马尔达出版了《阿尔巴尼亚语比较语法》（里窝那），1866年出版了第二版《阿尔巴尼亚语比较语法附录》（普拉托）。1882年康斯坦丁·克里斯托弗里齐发表了《阿尔巴尼亚语语法》，1886年萨米·弗拉舍里发表了《阿尔巴尼亚语语法》，这是19世纪阿尔巴尼亚语语言学领域最重要的两部作品。19世纪末，康斯坦丁·克里斯托弗里齐着手编写《阿尔巴尼亚语词典》并于1904年出版，这部词典被认为是二战之前阿尔巴尼亚语词典编纂领域最重要的作品。1909年，团结协会出版了自己编纂的词典。

在国家独立后，又相继出版了一系列语法书籍和词典，以满足学校教学和民族文化传承的需要。在语法研究领域，最杰出的学者是亚历山大·朱万尼教授。

亚历山大·朱万尼（1880—1961）曾在雅典大学接受高等教育。民族复兴时期，他开始研究阿尔巴尼亚语和民族教育。他为学校提供了大量阿尔巴尼亚语言、文学、教学和心理学著作。1948、1951、1953和1956年，他指导并参与了正字法的起草。他参加了许多净化和丰富阿尔巴尼亚语的活动，出版了《论阿尔巴尼亚语的净化》（1956）。他同埃奇雷姆·恰贝伊教授合作，共同编写了《阿尔巴尼亚语前缀》（1956）和《阿尔巴尼亚语后缀》（1962），这两部作品是阿尔巴尼亚语构词法的基础专著。朱万尼还发表了许多专题论文，包括对阿尔巴尼亚语中的分词、不定式和前置词等方面的研究。他是研究方言的专家，热衷于收集方言中的词汇。一部分由他收集的词汇和表达方式在他去世后以词汇表的形式出版。此外，他出版了克里斯托弗里齐《阿尔巴尼亚语词典》的第二版（1961）。他的作品全集第一卷于1980年面世，其余尚未出版。

20世纪下半叶，阿尔巴尼亚语言学有了显著发展，许多专业研究所相继创建，比如地拉那大学、普里什蒂纳大学、阿尔巴尼亚科学院、斯库台大学以及后来在爱尔巴桑、吉诺卡斯特、发罗拉、泰托沃等地的高校都有设立。这一时期，语言学领域出现了一系列普及性著作。在词汇学和词典编纂领域中，除了词汇学研究著作，出版了许多阿尔巴尼亚语和其他语言的双语词典，其中重要的有《阿尔巴尼亚语词典》（1954）、《当代阿尔巴尼亚语词典》（1980）、《现代阿尔巴尼亚语词典》（1984）、《阿尔巴尼亚语拼写词典》（1976）、《阿尔巴尼亚语习语词典》和《巴尔干习语词典》等。

方言研究方面，有对全部阿尔巴尼亚言语进行的研究，撰写了《阿尔巴尼亚语方言地图集》。

同样，阿尔巴尼亚语语音和语法结构的研究也通过个案研究、语法专著等不同形式得到实现，其中由科学院和地拉那大学合作、马希尔·多米主编的《当代阿尔巴尼亚语语法1　词法》（1995）和《当代阿尔巴尼亚语语法2　句法》（1997）是最完整的著作。

在过去的五十年里，语言学研究的重点主要在阿尔巴尼亚语的历史、阿尔巴尼亚人民、语言的民族生成、历史语音和语法等问题。这些领域的基础著作包括七卷《阿尔巴尼亚语词源研究》（埃·恰贝伊）、《乔恩·布祖库的弥撒祈祷书》（埃·恰贝伊）、《阿尔巴尼亚语历史语法》（什·德米拉伊）、《阿尔巴尼亚语历史音系学》（什·德米拉伊）和《巴尔干语言学》（什·德米拉伊）等。

埃奇雷姆·恰贝伊（1908—1980）是最杰出的研究阿尔巴尼亚语历史的学者，也是阿尔巴尼亚文化大家。他在家乡吉诺卡斯特完成小学和中学阶段的教育后，去奥地利接受高等教育，研究比较印欧语言学。毕业后他回到祖国，自20世纪30年代开始在教学和研究领域长达50年的工作，留下了宝贵的学术遗产。

埃奇雷姆·恰贝伊将欧洲语言学的研究方法和成就带入阿尔巴尼亚语语言学中，提高了阿尔巴尼亚语语言学研究的水平。他对多门学科有研究，最精通的是语言史，他在阿尔巴尼亚语起源、阿尔巴尼亚人的本土性以及古抄本的词源学和文献学等研究领域做出了十分杰出的成绩。恰贝伊的主要作品有七卷的《阿尔巴尼亚语词源研究》、《阿尔巴尼亚语历史入门》、《阿尔巴尼亚语历史语音学》（1958）、《乔恩·布祖库的弥撒祈祷书》（1968）和《东西方之间的阿尔巴尼亚人》（1944）。在当代阿尔巴尼亚语研究领域，恰贝伊曾同别人合著一系列作品，比如《当代阿尔巴尼亚语》（1954）和《阿尔巴尼亚语拼写规则》（1972）。此外，他曾在国内外学术期刊上发表大量论文，并在国内和国际会议上递交论文和报告，向世界展示阿尔巴尼亚语文学研究成果，提高国内研究的知名度。埃奇雷姆·恰贝伊教授的作品被整理为八卷作品合集，以《语言学研究》为名在普里什蒂纳出版。通过高水平的、丰富的学术活动，埃奇雷姆·恰贝伊提出诸多关于阿尔巴尼亚语言和文化的问题，他通过阿尔巴尼亚人千百年来同其他民族语言和文化的交流，论证了阿尔巴尼亚语言和文化十分古老，传承自伊利里亚人。

在这一时期，通过安德罗克利·科斯塔拉里教授研究的理论问题，阿尔巴尼亚语言学解决了民族书面语的统一难题。在规范语言学和语言文化研究框架下，编纂了许多不同科学技术领域的专有名词词典。

除了出版大量作品，阿尔巴尼亚学者的语言学研究还反映在学术期刊的编辑出版上，目前主要期刊有《语言学研究》（地拉那）、《阿尔巴尼亚语》（普里什蒂纳）、《阿尔巴尼亚学探究》（普里什蒂纳）、《阿尔巴尼亚研究》（地拉那）、《回声》（斯科普里）和《我们的语言》（地拉那）等。

来自马其顿、黑山和科索沃等地的语言学家对阿尔巴尼亚语进行了重要的研究，发表了大量关于阿尔巴尼亚语历史、语音、语法、专有名词和词汇的著作。科索沃的伊德里兹·阿耶蒂教授在语言学领域做出了杰出贡献。

在意大利的阿尔巴尼亚人聚居地阿尔布莱什，也有同阿尔巴尼亚语相关的重要研究活动。

过往两个世纪中，杰出的阿尔巴尼亚语言学家有齐米特尔·卡马尔达（阿尔布莱什人）、康斯坦丁·克里斯托弗里齐、萨米·弗拉舍里、亚历山大·朱万尼、埃奇雷姆·恰贝伊、塞尔曼·里扎、科斯塔奇·齐波、马希尔·多米、沙班·德米拉伊、安德罗克利·科斯塔拉里和伊德里兹·阿耶蒂等。

作者：塞伊特·曼萨库

参考文献

埃·恰贝伊. 阿尔巴尼亚语历史入门、历史语音学，1960；阿尔巴尼亚语词源研究，1982；乔恩·布祖库的弥撒祈祷书，1968.

友善和团结传统

阿尔巴尼亚人的友善和对世界团结的维护

阿尔巴尼亚最显著的特点是其作为桥梁的使命。自西向东和自东向西对阿尔巴尼亚产生的影响不断转换，这也在其民族性中得到展现。阿尔巴尼亚是两种文明间的桥梁，因此具备交流的优势，同时也承担着作为交汇点的风险。

在这种环境下，阿尔巴尼亚人具有团结他人的品质。

传统文化表明，阿尔巴尼亚人对“他者”并不敌对，比如对于巴尔干地区的各民族。在阿尔巴尼亚文化中，“他者”并非必然是敌对者；阿尔巴尼亚古代文化里，“他者”一般不同于确定的“我”。如果“他者”被区分出来，主要是作为“自我认同”的需要。吟诵史诗的拉胡特琴（单弦琴）演奏者认为，史诗英雄用“自己的语言”和同伴讲话，单纯是为了表明他与非“他自己”的一方是“不同的”。这是巴尔干国家中少有的一种心态。阿尔巴尼亚世界里的英雄爱慕美丽的耶弗蕾妮亚（犹太姑娘）、拉丁姑娘（罗马人）、恺撒的女儿贝格扎德（来自土耳其语或波斯语，高官的女儿）。勇士像基督徒一样喝酒，像穆斯林一样一天五拜。他们穿得像马扎尔人（匈牙利人），讲阿拉伯语。阿尔巴尼亚的勇士爱慕美丽的斯拉夫国王的女儿塔努莎，称她拥有“世上无可比拟的美貌”。当阿尔巴尼亚吟游诗人歌唱塔努莎的美貌时，他说“在我们同他们的王国真诚相待的年代”、“当我们同斯拉夫人和平共处时”曾亲眼看见她。

在阿尔巴尼亚传统里，“他者”是盟友（就像科索沃战役时）、是结拜兄弟、是苦难时期的朋友。即使“他者”成为了敌人、对手，也不会被视作低人一等的敌人。这一点可以从阿尔巴尼亚人同塞尔维亚人的关系中看到，塞尔维亚人的勇敢、功绩或是财富得到了阿尔巴尼亚人的认可。

表现阿尔巴尼亚人交往特征的最好的例子就是他们同犹太团体的共处，后者两千多年来始终处于危难边缘。犹太人的神圣著作在阿尔巴尼亚人的领土得到保存，包括珍贵的《妥拉》古抄本（被称为*Safar Tora*或*Sefer Tora*）。这份古抄本虽然内容同基督教和伊斯兰教著作有不一致的地方，但是经过五个世纪世代相传，直到20世纪30年代古抄本流传到发罗拉，并且得到以色列学者和拉比的关注。后来以色列人将古抄本从发罗拉带走。中世纪末期，以色列人决定秘密地发起弥赛亚反抗时，他们的首领选择将阿尔巴尼亚作为反叛活动的总部。研究中世纪的学者认为这一运动的领袖——塞巴泰·泽维的坟墓就在阿尔巴尼亚沿海地区。

在阿尔巴尼亚人那里很难找到任何反犹太主义的痕迹。位于首都地拉那中心的清真寺用非常明显的大卫星（六芒星，犹太人的标记）做装饰。在南方城市的东正教教堂更是有清晰的犹太会堂建筑元素。20世纪30年代初，当国际联盟高级代表召开会议，讨论将欧洲国家的犹太人迁至他处以躲避纳粹迫害时，阿尔巴尼亚也受邀参会，时任皇家政府毫不犹豫地选择打开边界、接收犹太难民。纳粹国家向阿尔巴尼亚政府施压，为此，政府采取一些官方措施（允许犹太人入境，这些人只要证明自己拥有200、300或至多500金法郎即可）来拒绝纳粹国家的提议。在反法西斯战争期间，阿尔巴尼亚是欧洲唯一一个没有犹太人遭受迫害或判刑的国家。有资料显示，阿尔伯特·爱因斯坦曾为躲避希特勒的迫害，经阿尔巴尼亚前往美国。

这种团结精神几乎体现在巴尔干人民历经的所有危难中。危难中的团结是阿尔巴尼亚人的一大特征，这一点也体现在他们同邻国希腊的团结一致上，这种团结成为希腊民族解放战争胜利的关键因素。身为阿尔瓦尼特人（希腊的阿尔巴尼亚人）队长的马尔科·博卡里等人成为革命领袖，之后在独立后的希腊（1821）当选人民代表。阿尔巴尼亚人为希腊解放勇敢地迈入战争的危险境地之中，今天他们的肖像还印刻在希腊国家硬币上。

对于一个民族而言，能够团结被自己打败的对手是格外值得尊敬的。阿尔巴尼亚人从不会在敌人死后进行惩罚或是在对方投降后表达敌意。

一战期间，尽管阿尔巴尼亚的边界早已确立，并且军事上遭到除邻国外的两个敌对联盟军的踩踏，但是它依然在战争期间确保了国家的中立性，与此同时还不忘向冲突中的弱者提供可能的帮助。这一时期，特别是在巴尔干战乱时，驻扎在培拉特和费里的奥斯曼部队处于被围困和饥饿中。虽然阿尔巴尼亚人关于奥斯曼帝国压迫统治的记忆依然浮现在眼前，米泽切的阿尔巴尼亚人却并没有将土耳其士兵交给新军队，而是与士兵们分享自己稀少的食物。

二战前夕，一组阿尔巴尼亚志愿军加入国际纵队，支持西班牙的共和主义和反法西斯主义。穆罕默德·谢胡便是其中之一，他是二战期间阿尔巴尼亚反法西斯民族解放阵线的重要人物；另外一位参与其中的是著名作家佩特罗·马尔科，曾写出广为人知的巨著《再见》（国际团结和人道主义的故事典范），他曾同《丧钟为谁而鸣》的作者欧内斯特·海明威保持书信往来。此外，参与国际纵队的还有科索沃的阿尔巴尼亚人阿西姆·沃克希。参与西班牙战争的阿尔巴尼亚志愿军拥有自己创办的报纸。

当法西斯军队占领阿尔巴尼亚，并决定经此入侵希腊时，许多阿尔巴尼亚年轻人经过动员后决定参军，他们加入到意大利—希腊战争的最前线。

虽然二战时阿尔巴尼亚游击队有权以胜利者的身份支配投降的敌人，但是他们却向投降的法西斯军队提供了保护和活命的条件，还允许他们加入到反法西斯联盟中。几千名绝望的法西斯士兵不愿再打仗，他们在阿尔巴尼亚人民中寻求到庇护，装扮成当地人的样子，来逃避纳粹军队的处罚。纳粹收复司令部的资料清楚表明，他们的部队无法找到在阿尔巴尼亚的“法西斯逃兵”。尽管纳粹逃兵罪孽深重，阿尔巴尼亚人却消除了对他们的仇恨，为他们提供住所。阿尔巴尼亚游击队司令部对阿齐将军部队的善待为众人熟知，据说游击队在迪勃拉山区找到这支被纳粹总部完全抛弃的部队。

即使在国家完全解放后，游击队解放军依然没有停止他们的军事活动。他们在北方邻国争取自由的反法西斯战争中也发挥着重要作用。尽管后来两国或多或少产生冲突，但是阿尔巴尼亚人心甘情愿的牺牲精神依然被铭记。

战后最初几年里，阿尔巴尼亚连续多年为希腊绝望的军队开放南方边境，置自身的领土完整于危机中。几经波折后，希腊民族解放阵线（EAM）的游击队在阿尔巴尼亚南方得到庇护，实力恢复后又再次回到希腊继续活动。在EAM遭到大国的漠视时，阿尔巴尼亚却选择与希腊人民休戚与共，一起经历艰难时刻。

1999年春天，当北约军事介入南斯拉夫联盟时，世界目睹了阿尔巴尼亚人的团结友爱。约100万科索沃阿尔巴尼亚族人被迫离开自己的家园。因此，他们一路南下，主要是去阿尔巴尼亚。据统计，有60万人在阿尔巴尼亚得到安置。库克斯是一座只有2万居民的小镇，位于阿尔巴尼亚和科索沃边境，当时每天接收5000—20,000难民，成为重要的难民接收中心。阿尔巴尼亚首都地拉那的体育馆一天也可以接收5000—10,000难民。然而最令人惊讶的是，仅过了半个小时体育馆就空无一人了！到底发生了什么？这么多难民去了哪里？你会发现，原来阿尔巴尼亚人正在等待从库克斯到来的科索沃难民，将他们接到自己家里，和他们分享食物、共担苦难。这并不是童话故事，而是在千禧年除夕夜在阿尔巴尼亚发生的真事。

团结、友爱的阿尔巴尼亚人在“生与死”的危难时刻，会与他人分享自己的一切，家、食物、衣服和财富。按照GDP和其他欧洲经济标准，阿尔巴尼亚位列欧洲最贫穷的国家，但这仅仅体现在经济上而已。

1999年，阿尔巴尼亚通过了常规情况下无法接受的测试。阿尔巴尼亚人以接收难民、致使人口迅速增长近三分之一的方式承担了责任，在长时间缺少食物、水电供应受限的情况下，阿尔巴尼亚的做法得到了西方国家的赞赏。而此前，外界曾警告或许会有人道主义危机和饥荒发生。

1999年巴尔干危机时，阿尔巴尼亚人不仅是“同自己人”团结，更是重新实践了欧洲曾有的价值观——人道主义和对生命的绝对考量，这些源自很久以前、源自欧洲文艺复兴和西方文明经验、源自当代对人权和凯恩斯哲学中社会福利国家的崇尚。

所有的这一切，在没有引起任何国内外混乱的情况下接收60万难民，同20世纪20年代发生的事情如出一辙，让人们相信在阿尔巴尼亚人的土地上有一位活着的圣人——加尔各答的特蕾莎修女。她是困境中慈善和团结的象征，代表着超越种族、肤色、信仰、民族和地区的普遍人道主义。特蕾莎修女是团结和人道主义实践的个体榜样，1999年的阿尔巴尼亚人则是集体典范。

这些崇高的公民价值中并不包括复杂的优越感和一方对另一方的谦卑，为此，阿尔巴尼亚人在其充满伤痛的历史进程中得到了回报。乔治·卡斯特里奥蒂死后，意大利的阿尔布莱什人得到了海外友邻的帮助。同样，定居希腊的阿尔巴尼亚人也感受到了当地人民的慷慨和友善。

在土耳其和希腊进行人口交换、大量阿尔巴尼亚人移居土耳其，以及南斯拉夫“接收”土耳其人时，土耳其人的慷慨和友谊也令阿尔巴尼亚人难以忘怀。土耳其为成千上万来自恰梅里和科索沃的阿尔巴尼亚人提供完整的移居空间，成为这些人的第二故乡。

近些年，由联合国难民事务高级专员公署领导的上千名志愿者和国际非政府机构前往阿尔巴尼亚和马其顿，帮助身处危机中的100万科索沃难民。此外，有几千名科索沃难民前往德国、意大利和加拿大等国寻求庇护。战争结束后，超过10万外国员工在科索沃为重建和平、恢复经济而工作。

在难民危机过程中和结束后，一项名为“感谢你，阿尔巴尼亚”的计划在阿尔巴尼亚实施，旨在减少危机带来的损害，重建由60万难民使用的公共场所、体育馆、学校以及供水系统等。

自1990年起，世界银行、欧洲委员会、联合国开发计划署、美国国际开发署以及许多捐助机构和各国政府持续为转型中的阿尔巴尼亚经济改革提供支持。阿尔巴尼亚人非常感谢这些慷慨捐赠。这也正是“患难见真情”和“团结”的意义所在。

阿尔巴尼亚的特蕾莎修女

阿尔巴尼亚的特蕾莎修女

“特蕾莎修女将自己的一生奉献给穷人、流浪者、病人以及那些没有得到庇护和爱的人。她始终证明着友爱的力量，鼓励着真正的人类和社会的进步。”

——教宗若望·保禄二世

阿格尼斯·勃亚金1910年生于斯科普里，她的父亲来自普里兹伦（科索沃），母亲来自贾科维察（科索沃）。她被称为加尔各答的特蕾莎修女、阿尔巴尼亚的特蕾莎修女，或许最好的称呼应该是科索沃的特蕾莎修女。

1979年12月10日，特蕾莎修女获得诺贝尔奖，她说："我始终心怀我的阿尔巴尼亚族人，我向上帝祈祷，愿他的和平和爱永远在我们的心中、在每一个家庭里。"

特蕾莎修女对同胞的祝福被写成了一首四行诗，她的建议代表着道德认知。阿尔巴尼亚人应该：

"在有恨的地方，他带来爱；

在有分裂的地方，让友谊获胜；

在有担忧的地方，要坚守信念；

在有绝望的地方，让希望前行！"

1991年，特蕾莎修女第一次获得阿尔巴尼亚外交护照。她是美国、英国、印度等国的荣誉公民，获得了当今世界最重要的勋章，包括1971年"仁慈的撒马利亚人"（波士顿）、1971年获得"肯尼迪国际奖"（华盛顿）、1972年"教宗若望二十三世和平奖"、1972年"尼赫鲁国际理解奖章"、1973年"邓普顿奖"、1978年"巴仁奖"、1979年"诺贝尔和平奖"、1985年"美国总统自由勋章"、1988年"和平勋章"以及"斯坎德培勋章"。

美国前总统威廉·杰斐逊·克林顿曾说："特蕾莎修女为世界各地成百上千万的孤儿和弃婴带去希望与爱。"

诺贝尔和平奖委员会主席埃格·阿尔维克曾这样评价特蕾莎修女："她向我们证明了何为无私，何为对贫困者的爱、最崇高和最慷慨的人道主义工作、不求回报的爱。"著名的阿尔巴尼亚画家易卜拉欣·科德拉曾写道："特蕾莎修女是美好、人道、慷慨、牺牲以及所有我们可以称为奉献和爱的最好的代表。"美国前总统罗纳德·威尔逊·里根曾说："有特蕾莎修女这样的人在场，很难不感到乐观。我们静静地听她讲话、看着她的面容，带着关注和爱，她是我们这个时代的英雄。"

有名的印度教徒那亚纳特拉·雷伊认为："她是印度和全世界特别是受苦受难的世界的母亲，对于全人类而言，她是基督之爱的象征。"

作者：沙班·西纳尼/乔治·塞梅利/阿尔弗雷德·达利皮/根茨·米弗蒂乌

传统文化

阿尔巴尼亚主要由两个族群构成，早在18世纪中期统一，分别是位于什昆比尼河以北的盖格族群和位于河以南的托斯克族群。盖格族群涉及的区域有盖格中心区、杜卡吉尼（也称莱克尼亚）、高地和北部沿海地带；托斯克族群涉及的区域有托斯克中心区、米泽切、拉伯利亚和恰梅里。在这些地理区域里也有其他更小的分区。

传统的生活方式

中世纪时，阿尔巴尼亚的聚居地已经有明确的边界来划分村庄。这些边界由地上的巨石、草皮、溪流、河水以及刻在树皮或木制东西上的记号等作为标志。破坏这些标志和围栏被看作是极大的冒犯。村民们非常熟悉自己村庄的边界，可以轻松地通过传统的地名加以区分，就像今天在城市里有住址一样普遍。

村庄边界内的土地通常包括住宅用地、庭院和花园。作为财产进行划分的土地首先包括农业用地，另外还涵盖了属于村庄的牧场和部分山地森林。在阿尔巴尼亚很多地方，这样的村庄用地划分一直严格保持到第一次世界大战，尤其是在自由农民居住的地区。只有住房中的庭院和花园完全属于农民私有，而农民的耕地仅在农耕期才可供他们自由使用。农民收获作物后，将土地修整好，任何人都可以在那里放牧。其他土地则由集体开发，通常是作为休耕地，冬天用来放牧。用于浇灌土地的水源则按照严格的时间表由各家轮流使用。

总体上，农村的聚居地依照所处位置的气候和地形而发展。亚得里亚海和爱奥尼亚海的沿岸低地属平原村庄，而地势高的村庄可以达到海拔1400米，位于科尔察和库克斯地区。无论在哪个村庄，房屋都既可能排列整齐，也可能四处分散，有些地区的房屋则更为散乱。而无论多么分散，所有村庄都有社交中心，人们在闲暇时间欢聚于此，这样的中心区有可能是在百年古树旁的一个小广场，也可能是某个杂货店，还可能是宗教建筑（教堂、清真寺）的庭院。20世纪下半叶，很多社会文化建筑，比如学校、幼儿园、文化大厅和购物中心等，都加入到现有的建筑群中。

历史学家估计，14世纪时，阿尔巴尼亚平均每个村庄有21户居民，在爱尔巴桑地区每村最多达到38户居民，其次是科尔察地区每村28户居民。直至20世纪最初的25年，约有80%的人在农村工作生活，平均每村粗略估算有20户居民，其中30%的村子每村约有1000名居民。社会主义时期，农村人口占总人口比重下降到64%，尽管当时政府并未打算放弃建设农村地区。

20世纪，特别是一战后，阿尔巴尼亚的农村生活经历了几个重要的转变，在家庭生活和社会生活中保留了一些娱乐形式多样的民间节日。多数无形的传统留存在了人民的意识中，在各地区的口头民谣和音乐尤其是在历史传奇史诗中得到体现。尽管新的思想和审美观念不断冲击着老式传统，但是通过大众传媒，很多传统文化也得以保存。

阿尔巴尼亚传统家庭通常是个小的“企业”，由核心家庭（父亲和母亲的家）领导几个小家庭（儿子组成的家）构成。有时这是祖孙三代的垂直结构，当祖父在世并和他的几个儿子同住在一所大房子里时，则又包含了平行的结构。这一现象在山区等地的村庄极为常见。在这些家庭，所有成员有严格的劳动和责任分工。同样，之前的习俗和生活准则，包括异教徒的仪式等，也保留了很久。

城市化开始后，在两次世界大战期间，这种“传统家庭”随着农村人口的减少和城市人口的增加逐年减少。

现在城市和农村地区多数家庭的结构已经简化为一对夫妇和他们未婚的孩子。总体上，新婚的年轻男子在婚后会脱离原生家庭，独立生活。不过很多时候，最小的儿子（或者女儿）留在父母的房子里和他们一起生活，主要是因为生活水平低（比如没钱买新房子）。照此，平均每个家庭有五到六名成员，在有些村庄这一数字更低。

在有关生命周期（出生、结婚和死亡）的信仰中，学者们发现了古老的仪式，虽然不算典型，但在阿尔巴尼亚各地依然存在。这类仪式通常用来祈祷新婚夫妇婚姻幸福、早生贵子，特别是要生男孩。死亡习俗里值得一提的哭丧，直到二战时在特定地区依然保留着。

许多仪式和信仰都在古老的民间日历上标有特定日期，研究人员认为，这些和古代的农牧民祭祀仪式有关系。比如，夏节（3月14日）的时候要对房屋和庭院进行大扫除。人们会将清理的垃圾用火烧掉，再用这个火堆烧掉旧扫帚，用新的扫帚代表新季节的开始，因此这是有关净化的仪式。以前，村民们特别是小孩子会非常期待夏节的到来。圣乔治日（4月23日）这一天也会举行有意思的仪式和活动。在6月22日的圣约翰日，人们会在庭院和路口点燃篝火，营造快乐喜庆的氛围。过去山区的人们会在冬至前夜举行有趣的圣诞季仪式（“大篝火”）。

很多季节性的庆祝都和农作、畜牧的工作周期有关，比如收获季、剪羊毛季、牧羊人从夏季牧场返回的时候等。

神话和民间信仰

神话、迷信和宗教信仰是阿尔巴尼亚民间文化中有趣的一面。历史上，基督教最早于公元1世纪在伊利里亚以非官方途径传道。圣·保罗是最初的福音传道者，传教士都说拉丁语。这解释了为什么阿尔巴尼亚语中的基督教术语带有拉丁语词根。伴随着伊斯兰教的传播，17世纪初发生了一些特殊事件，比如，在爱尔巴桑（什帕蒂区）的某些农村出现地下基督教（秘密信仰基督教），这个地下传教组织直到1912年国家独立依然存在。19世纪，在阿尔巴尼亚北方地区，比如卢拉，有些家庭中存在多个宗教信仰：一些成员是天主教徒，一些是穆斯林。自一战起，越来越多的家庭不再进行规律的宗教祷告。在这种历史背景下，也就不难理解为什么古老的异教仪式能混合着基督教和伊斯兰教的元素，且这些元素和谐相处并得以保留。

古代神话中的太阳崇拜一直留存到20世纪。它和琐罗亚斯德教有联系，一方面是因为太阳本身就是光和热的源头，另一方面则是因为地球上的万事万物都依赖太阳而存活。同样，对一些山峰的崇拜仪式得以保留，也被称为“太阳峰”。在特定日子里，朝圣者会攀登高山，比如鲁米耶山、卢马的扎里卡山、托莫利山和肯德拉维查山。在这些节日里，人们点燃篝火，等待日出，他们相信火能增强太阳的能量。无独有偶，在传奇史诗里对英雄的敌人最狠毒的诅咒是“你将失去太阳赐予你的力量”。

人们在阿尔巴尼亚很多地区发现了“对蛇崇拜”的迹象，尤其是被视为保护神的草蛇。古代伊利里亚人也崇拜蛇，以达尔马提亚人为甚。过去，住在山地的人们相信每家每户都有一条保护蛇。

传奇史诗中还提到了其他保护神，比如俄瑞阿德（山岳女神）、仙女和德瑞阿德斯（树精）。山岳女神可以保护一个人、一个家庭甚至整个宗族。仙女很漂亮，勇敢好战。人们相信，她们在洞穴中和森林深处生活，在溪水的阴影里、在高山之巅休憩。神话学者认为，仙女同伊利里亚人的森林和泉水之神有关，在罗马神话中被称作狄安娜。

龙被视为超自然生物，拥有无穷力量。它最大的功劳是打败了九头蛇，收回被夺取的水源。人们相信很多时候刮龙卷风是因为龙在作战，龙常会用狼牙棒、矛和弓箭，会在石头上，特别是犁和轭上打孔，能够从山上移动大树和巨石。

神话中的九头蛇被看作是自然中破坏性元素的象征。据说，它是一条长了3、7、9或12个头的水蛇，会喷火。九头蛇常在泉水附近阻挡水流，让人们饱受干旱之苦。

阿尔巴尼亚丰富的神话同其历史紧密相连，这使传统文化中多个领域产生关联，比如后面介绍的阿尔巴尼亚英雄史诗。

手工艺品

手工艺品是按照古代伊利里亚和阿尔巴尼亚的传统进行制作的。在近三到四世纪，手工艺发展和国家的历史社会状况密不可分，比如奥斯曼帝国的长期统治在宗教和文化层面产生了影响。奥斯曼艺术的精华在阿尔巴尼亚找到了良好的发展根基，在多领域出现了繁荣的“阿尔巴尼亚的奥斯曼风格”艺术品，像建筑遗迹（吉诺卡斯特和培拉特拥有知名的“奥斯曼”建筑，被联合国教科文组织列为世界遗产）。

直到20世纪上半叶，在阿尔巴尼亚乡村，依然有人用木头制作日常生活需要的小物件。牧羊人会做钩子、木碗、陀螺、卷线杆（用于纺纱）等。更有经验的村民能制作传统样式的长凳和椅子，在杜卡吉尼、普克和米尔迪塔地区，也有村民能够制作婴儿摇篮、乐器和用作嫁妆的柜子。

一些地区的木工技艺达到了精湛的水平。13世纪—19世纪，一部分木制品保存完好，比如宗教建筑、城市和乡村住房的内饰等。位于佩尔梅特的莱乌斯村有一座东正教堂，教堂中建于18世纪末的圣障就是最好的例子。人们可以看到植物是主要背景，无数的树叶和树枝间夹杂着或真实存在或仅是想象的动物形象，还有鸟及各式基督教符号。

有的房屋内饰是精美的木制品，天花板、嵌入式柜橱、窗套和花格窗等，在吉诺卡斯特、培拉特、爱尔巴桑、斯库台和科索沃的普里兹伦都有。

银工艺品的制作在17、18世纪进入繁荣时期。在斯库台、爱尔巴桑、培拉特、沃斯科波亚等多个城市的博物馆中收藏了刻有制作日期的银制品。这些制品或是十字架、酒杯、福音封面等宗教用品，或是人们佩戴的装饰、家用器材等日常用品，大多有很高的艺术价值。

18世纪—19世纪，城市中技艺精湛的银匠尝试在来复枪、手枪、弯刀（土耳其剑）和子弹盒上镀银。这些物品曾是男人们必要的装备，现在保存在各博物馆里。有一部分物品镀的是黄金。

在用敲打、铸造等不同工艺锻造的银制品中，银的精美在高超的掐丝环节中得到体现，这是大师级银匠所擅长的。此类银制品多见于北方城镇。

几个世纪以来，阿尔巴尼亚的农妇一直编织各类样式的布料，用来做衣服，或者是日常使用的床垫、毛巾、被褥、餐巾、桌布等。

比起其他巴尔干国家，阿尔巴尼亚生产和使用的各类丝织品更多，这或许是得益于适宜养蚕的气候条件，桑树在很多地区种植很广泛。

生产地毯等羊毛纺织品需要一系列工艺技术，而羊毛织物浓厚的地方特色也使得每个地区的产品各不相同。

有特色的手工艺品还包括各式各样的针织品、蕾丝织物和刺绣。阿尔巴尼亚刺绣很有名，有农妇缝制的简单乡村版刺绣，也有收藏价值极高的、由刺绣大师用金银丝制作的精美刺绣，甚至还有来自修道院的刺绣。在众多工艺品中，1373年制作的“格拉维尼察披肩”（格拉维尼察靠近培拉特）这样巧夺天工的作品极为罕见。一些日常使用或是用于宗教的针织品上也有精美的刺绣。

传统服饰

民族服饰是传统文化中最具表达力的展示。服饰传承了自古代和中世纪流传下来的元素，与此同时也表现了千百年来阿族人同其他民族的文化交流。19世纪英国著名诗人拜伦曾不止一次收藏、穿戴阿尔巴尼亚民族服饰，并向世界展示。

阿尔巴尼亚流行的男式服装的主要类型有褶裥服饰、长衫和长袍（斗篷）、灯笼裤、马裤和类似灯笼短裤的服装（及膝短裤）。在阿尔巴尼亚乡村，男人们会穿宽大的短裙和裤子，短裙比其他服饰更早出现。背心、马甲既是主要的装饰物，也是节日服装。阿尔巴尼亚男人也会搭配不同的银制物品，比如胸牌、戒指、烟斗和烟草盒，穿带有银制装饰扣的背心，除了这些，他们作战用的武器（剑、刀和枪）都镶有装饰物。

女士服装的主要类型包括下半部分为钟形的无袖罩衫、外配粗绒布短上衣的长袍、前后都带围裙的长裙、宽松外衣以及最常见的外裙（在腰部收紧，形成褶皱）。

服装的颜色和配饰会随着穿着者的年龄有所变化。年轻人和孩子的服饰一般较为简单。不同于巴尔干其他民族，阿尔巴尼亚的女孩子到了婚龄穿戴较朴素，没有特别的饰品，可能会用头巾把头发仔细地包起来，但不能穿红色衣服。

婚礼服饰是新娘和新郎最隆重的服饰。新娘出现时会佩戴繁复的金属配饰，这不仅仅是为了看着漂亮，也是因为人们对配饰赋予了神奇的属性。最关键的部分是新娘的头饰。婚后几年，他们衣服上的配饰会减少。

依照风俗，人们为悼念死者也会穿上最好的丧服。由于通常是女人服丧，所以需要穿黑色衣服并佩戴大量装饰，而男人们在服丧期主要穿黑白两色。

现有研究表明，传统服饰受到地域、历史时期等多重影响。有受拜占庭和东方影响的中世纪服饰，也有源自古代、同伊利里亚文化相关的服饰。在这方面，我们可以对比现代阿尔巴尼亚民间服饰和伊利里亚“达尔马提亚”地区的服饰的关系以及阿尔巴尼亚人和伊利里亚人在头巾、围巾（披巾）、平底鞋等方面运用的相应设计元素，发现正是得益于这些在历史发展中从伊利里亚文化和中世纪阿尔巴尼亚文化中继承而来的元素，民族服饰才拥有了一系列原始特征，可以呈现民族的价值，让阿尔巴尼亚服饰和其他民族服饰有所区别。

世界文学史上杰出的人物也曾对阿尔巴尼亚传统服饰很感兴趣，其中就有著名诗人乔治·戈登·拜伦（拜伦勋爵），他曾被称作“阿尔巴尼亚题材的发现者”。

作者：安德洛马奇·杰尔吉

史诗

阿尔巴尼亚北方人的史诗，或者叫英雄叙事诗，早在一百多年前就引起了学者们的注意。民族复兴时期被称作是“史诗崇拜”的世纪，正是在这一阶段的尾声，史诗得以彰显。

阿尔巴尼亚史诗也被称作“英雄诗歌”,《献给英雄的诗歌选集》最早于2004年由加拿大的罗伯特·埃尔西和贾尼斯·马修·赫克翻译成英文。

阿尔巴尼亚文学的产生和发展同英雄文学密不可分。一些并不了解英雄史诗这种口头文学传统的人曾想要创作“虚构史诗或想象史诗”，以此来介绍口头文学遗产。后来，又有人尝试按照古代诗歌的形式再创作完整的史诗，19世纪阿尔巴尼亚人对于史诗的概念主要受詹姆斯·马克弗森的神秘化风格影响。由于“英雄史诗”的概念还没有得到认可，所以最著名的诗人（德·拉达）都将他们的创作称为“叙事诗”。浪漫主义神秘化文学一直延续到20世纪中期，乔治·费施塔完成了珍贵的史诗巨著《高地拉胡特琴歌》，马克西米利安·兰贝茨认为这部作品是阿尔巴尼亚人“伟大的叙事诗”。

和其他史诗一样，阿尔巴尼亚史诗中的时间和人类生活中的日历时间不同，就像在《吉尔伽美什史诗》中，神明的一天相当于人间的一千年那么长。阿尔巴尼亚史诗中的神话英雄在死了一百年后，会站起来说“我刚刚打了个盹儿”；史诗中的主要英雄人物穆伊曾说自己“可以看到草在生长”。史诗中的过去是遥远无边的，正如神话想象中的时间并不会仿效人类的时间。他们并不认为自己是英雄，学者们给了他们另一个称谓——阿迦（奥斯曼军队中的贵族头衔）。不过史诗里依然存在一些英雄名号。其中一个是“乔治·埃莱兹·阿里”，他要保护父辈的土地不受“来自大海另一边的威胁”。这种威胁是通过西方王国特别是威尼斯的野蛮来呈现的。史诗中，圣马可共和国的执行官们变成了怪物，密使和公使是巨人，特使是魔鬼，教皇使节是幽灵。

所谓“来自大海另一边的威胁”和“摩尔黑人”这个称呼有关，就像是西班牙《西迪之歌》中的摩尔人和法国《罗兰之歌》中的莫瑞纳人。摩尔黑人这一名字也以其他形式出现，比如哈拉姆巴什、阿拉伯帕夏和阿拉伯黑人等。

对于“狄俄斯库里兄弟”——穆伊和哈利尔这两位英雄，兰贝茨认为他们保护自己的国家免受来自其他地方的威胁。这里展现了永恒而普遍的冲突，如同《圣经》中的贝希摩斯和利维坦之间的争斗、《列王纪》中的伊朗和图兰之间的冲突、古代和现代地缘政治中制海权和制陆权之间的较量。

阿尔巴尼亚北方神话中的两个重要特征证明了阿尔巴尼亚史诗的古老性，即母系社会和地下神灵。这也是创造史诗的人们究竟是土生土长还是来自外来民族这一问题的另一个方面。相比之下，希腊神话中的神明有母系社会特征也有父权社会特征。他们有共存和冲突，有胜利和失败，有对权力的争夺和保护。阿伽门农的苦难在俄瑞斯忒斯的悲剧困境中结束，后者打破了旧有传统而建立了新的制度，即保护父权、反对母权。阿尔巴尼亚史诗中的英雄是阿伊库娜的儿子。民谣中出现的“智慧的老妇”建议牺牲新娘以修建大桥，这是父权的体现；不同于此，在阿尔巴尼亚史诗中并没有父权。史诗中穆伊第一次以父亲的身份出现，是讲述奥梅尔的故事。在其中一篇诗歌中，奥梅尔必须从国王的监狱中释放“父亲和叔叔”。吟游诗人将这篇诗歌称为《来自穆伊的奥梅尔》，这也是唯一一个体现父权的细节。阿伊库娜扮演着核心和权威的角色。穆伊和哈利尔并没有一般意义上的父亲，他们有共同的母亲，母亲掌管整个家庭，而他们俩的力量来自神明。奥梅尔之后，再也没有英雄出现，他们的力量和荣耀无人继承。

传奇史诗中神话形象的母权特征在描述乔治·埃莱兹·阿利亚的狂想曲中得到更加充分的体现。普遍的观点是在这首歌中，大地的力量同海洋的力量相当且相斥（“黑色的巨人从大海中升起”）。这里有拜占庭文化的痕迹，比如巨人索要贡品的描写就和帝国政府索要贡品的法律一样。事实上，乔治·埃莱兹·阿利亚的狂想曲主要源自人类（女性）为战争、贡物而牺牲的时代的终结。阿利亚从临终之榻上站起来，拯救了一个时代，那是继承自遥远古代的道德，那是人们依然愿意牺牲性命的时代，比如在巴尔干民谣中有把妻子砌在墙里祭祀的故事（斯库台罗扎发城堡的传说）。他打败了要求每天“一只烤全羊”和“一个年轻新娘”的巨人。战胜巨人标志着合法牺牲女性的习俗的终结。乔治·埃莱兹·阿利亚将女性永久地从献祭中解放出来。

阿尔巴尼亚史诗中神明居于冥界的特征解释了阿尔巴尼亚人生于斯长于斯的特征。不同于荷马史诗中神明有多重等级（地下、半地下，例如珀尔塞福涅一半时间在冥界、一半时间在人间），在阿尔巴尼亚史诗中并没有这种等级。阿尔巴尼亚世界里的神话形象都在人间。史诗和故事等民间传说里，“天堂的六翼天使”并不存在。而“居于山林水泽的仙女”等童话形象在阿尔巴尼亚的民间传说中时常出现。

在阿尔巴尼亚史诗中，神话形象来自冥界这一特点，同古希腊文学中“神明来自奥林匹斯山”的观念是对应的，并且这些形象保留了关于信仰的重要特征。这比“神话人物来自天堂”这一说法出现的时期稍晚，却比阿里斯托芬的喜剧中希腊众神成为笑柄的时期又早一些。

史诗和人类历史中存在的“两种历法”的时间同古代和现代对神话时间理解的差异有关。民间传说中一个很有意思的地方是以时间表达空间和以空间表达时间，这被视作史诗的普遍特征。在阿尔巴尼亚史诗中，常用“九栋房子那么远”或“九年旅行那么久”来表达距离。这同苏美尔人的文学习语很相像，他们也不用空间单位丈量距离，而是用时间单位，“山鹰用铁爪抓住我，带我在四小时的空间中盘旋”，或是“我们无论走向哪里，有四十小时那么远，直到我们辨别出大地的尽头”。将时间和空间互换使用同人类世界的精神发展水平有关，当时人们对于从过去到现在的运动过程还只能理解为线性的。因此，时间和空间几乎毫无差别地在这一维度中得以统一。这些古代思想构成了关于阿尔巴尼亚史诗起源和时间的争论的主要艺术依据。阿尔巴尼亚英雄史诗包含了古代和中世纪欧洲史诗的特征，其中来自古代史诗的元素更多。有许多证据可以证明史诗中相对的年份元素，包括从伊利里亚人到阿尔巴尼亚人、从伊利里亚语到阿尔巴尼亚语以及从浪漫主义末期到斯拉夫人入侵的过渡时期。

这些创造了英雄的群体缺乏民族和国家的身份认同感。“英雄”被分为“他们的”和“其他人的”。他们的“英雄”是本地人，其他人的英雄则是有着不同语言、习俗和居所的人。这是早期辨别群体的方式。史诗中并未提及阿尔巴尼亚语，只是将其称为“他们的语言”。其他人的语言则通常是借由各民族的名字来区分的。故乡（阿尔巴尼亚）在现实中并不存在，只存在于史诗中。传奇颂歌具有典型的福音传道的特征，本质上是体现基督教精神的。“金发拉丁少女”让人想到古代的拉丁语名字。优雅的“耶弗蕾尼娅”（Jevrenija）和“亚胡迪娅”（Jahudija）让人想到犹太民族的名字（斯拉夫语称犹太人为jevrej，土耳其语为jahudi），“耶利尼”（希腊人）和“贝扎德亚”（一半奥斯曼土耳其血统、一半波斯血统）也是依靠名字来辨别民族身份的。史诗中有一些人物会让人联想到历史上模糊的概念，比如“三只金角山羊”（传道者，也有人认为是科曼人、科曼文化的继承者）。“伏兵”和“土匪”等同于斯拉夫的士兵，他们的歌曲被称为“英雄诗歌”和“绿林诗歌”。值得一提的是，在巴尔莱蒂的著作《斯坎德培传》中经常出现“我们的人”和“敌人”这对词，而没有具体使用阿尔伯利亚人、伊庇鲁斯人或是阿尔巴尼亚人这样的民族语言专用词汇。

由于意大利的阿尔布莱什人的坚持，战士史诗为传奇诗歌所代替，被献给乔治·卡斯特里奥蒂。卡斯特里奥蒂在史诗中有时具备摩西的特征，斯坎德培劈开石头，让海水流走，带领自己的军队前进，如同先知摩西在沙漠中的时候；有时他很像圣·乔治；有时又像耶稣，斯坎德培死去时人们的哭声和福音派文学作品中耶稣被钉在十字架上人们痛哭的场景几乎一样。

英雄史诗和斯坎德培诗歌标志着历史类史诗的开端，其基本冲突是反抗奥斯曼帝国，更早期的冲突还包括同移居的斯拉夫人的冲突。

在斯拉夫学界，北方诗歌被认为是对塞尔维亚–波斯尼亚史诗主题的再创作，之后约从18世纪起，主题是大批阿尔巴尼亚人的伊斯兰化。一些本地学者认为阿尔巴尼亚史诗属于“拜占庭时期”，其起源必然同古希腊史诗《迪杰尼斯·阿克里塔斯》的创作有联系。学者们时不时地或直接或含蓄地提出将阿尔巴尼亚史诗同斯拉夫或拜占庭史诗的诞生捆绑在一起的观点，而这些观点通常带有特定的目的，缺少了对事实的尊重，将阿尔巴尼亚史诗的形成期推至比实际要晚很久的时期。

阿尔巴尼亚史诗的整体文化发展资料表明，北方史诗创作于一个不同的发展时期。这一时期阿尔巴尼亚族的领土分为了南北两部分（盖格和托斯克），而事实上在什昆比尼河以南也从未发现任何史诗的印记。在这期间，南方出现了复调音乐，而北方则是主调音乐。也正是此时，盖格方言中保留了“a”，托斯克方言则改为用“ë”。从文化的角度看，史诗的出现同阿尔巴尼亚文化两个最重要的分支——盖格和托斯克的出现时期吻合，但这并不表示史诗仅存于北方的民间传统。大量资料证明，北方史诗并没有走到自我隔离的地步，其中很多核心主题也以叙事诗、故事和传奇的方式出现在了南方的民间文学中。

从历史的角度看，史诗并不是在任意时间或任意条件下出现的。阿尔巴尼亚史诗本身是因为当地人民和移居巴尔干的民族之间的冲突而兴起的，它承载了斯拉夫人入侵的印记。阿尔巴尼亚史诗并没有将同新定居民族的接触作为创作的构思，而是将听众的注意力引到其他地方，那是在“人们效忠于国王”之前就已经发生的事情。另一种研究则将史诗时间同罗马统治时期对等。这些研究和论证都让人得出这样一种观点，就是不管史诗具有怎样的多层性，其中必定存在一个“出发点”。这同七八世纪民族文化内部出现重要分化的时期一致，文化出现了性质上的转变，比如从伊利里亚人过渡到阿尔巴尼亚人以及盖格方言和托斯克方言的确立（二者为共同语，并非狭义的部落语言）。这一分化过程具有进步性，因为通过北方方言从南方方言中分离出来的过程，二者之间出现了融合和衔接，就像希腊语言在古代时发展出四种方言一样。也是在这一时期，本地人遭受了巴尔干半岛上斯拉夫人的入侵。此外，也有资料显示，史诗里有关神话中地点的概念起源也和这些重大的转变期有联系。如果研究者想要探寻史诗世界中人物或事件发生的史前“栖息地”，或是探寻“精神家园”和“史诗故土”的话，或许能在祖先的大地崇拜、当地的神话和对土地的神明化中找到踪迹，日耳曼人用“土地”这个词来表达这些含义。虽然受到一定限制，但是当地人民族上的分离特征也在阿尔巴尼亚人的精神世界中得到继承。首先就是“我们—他人”的区别，这是群体意识最早的标志。“战士—敌人”的区分等同于古希腊人所用的“古希腊人—野蛮人”的区分。也有人会提到土地的概念、故土、阿尔巴尼亚人的伊萨卡，正如意大利的阿尔布莱什人在传诵历史的歌谣中所用的“居住地”的概念，而并非是规定好的某个地方，然而尽管如此，关于故乡的意识依然让史诗的传承者感到像是“在自己家里”一般。古希腊史诗中，故乡曾表达过这两种意义，奥德修斯无法获得安宁，直到他回到了“故乡”——伊萨卡。

阿尔巴尼亚史诗中体现了古代文化，特别是古希腊—罗马文化，这也证明了史诗本身的古老及其同这些古代文明的邻近关系。兰贝茨认为北方史诗包含了同史诗《迪杰尼斯·阿克里塔斯》“相似的四十多个主题”。穆伊拥有力量和权力，其角色同赫拉克利特一样。在一首有名的阿尔巴尼亚诗歌中，小奥梅尔必须把“父亲和叔叔”从监狱中解救出来，而在史诗《迪杰尼斯·阿克里塔斯》中阿穆尔普罗斯（小阿穆尔）也做了同样的事。基于这些分析，阿尔巴尼亚北方史诗，从它同当地整个民间文学的关系上看，并不只属于北方，也没有像人们认为的那样受到限制。历史地理的角度在这里并不重要。

史诗基于角色类型的分层是极为重要的。神话角色属于人类的婴儿期，因此需要更多的关注和深度的研究。史诗的主要英雄（穆伊）代表了对力量的崇拜，就像《荷马史诗》中的阿基里斯，对知识和工艺崇拜（即奥德修斯崇拜）而没有进一步体现。阿尔巴尼亚史诗的重点在于描绘战争英雄，而和平英雄，也是“第二英雄”的哈利尔则更倾向于被作为对美的崇拜。在古希腊史诗中，奥德修斯必须抵抗来自冒险和逃跑的诱惑，他远离自己的祖国，因而不得不用智慧来解决困难。在阿尔巴尼亚史诗中，哈利尔在自己的祖国生活，他必须通过展现人类的温柔善良来赢得“姑娘们”的芳心。

史诗通常用阿尔巴尼亚人的拉胡特琴或斯拉夫人的古斯莱进行演奏。在拉胡特琴不流行的地方，史诗在艺术上被拆解和阐明，从十音节（也称皇帝诗歌，或传教士诗歌）转变为阿尔巴尼亚民乐中广泛流传的八音节。拉胡特琴也被称作“阿尔巴尼亚民族乐器”，但事实证明并非如此，因为拉胡特琴出现在一千年末，产生于阿尔巴尼亚同伊斯兰阿拉伯文明接触之后。同样的，意大利语的“laudo”、罗马尼亚语的“lautari”、西班牙语的“lut”都有阿拉伯语词“al laudo”的成分（有人认为这个词来自中东的一种树的名字“aloes”）。

美国的录音收藏学家米尔曼·帕里和艾伯特·洛德收集和录制了来自阿尔巴尼亚北部和南斯拉夫的阿尔巴尼亚语与斯拉夫语的双语传奇英雄史诗。米尔曼·帕里也将这些录音收藏在了哈佛大学。伊斯玛依尔·卡达莱曾在小说《H档案》中以此为原型进行创作。史诗中有一部分被匈牙利著名作曲家贝拉·巴托克改编成音乐，也借此赋予了阿尔巴尼亚史诗巨大的国际价值。有一组学者正在记录史诗，将其作为联合国教科文组织的非物质文化遗产项目。

作者：沙班·西纳尼

参考文献

艾伯特·洛德. 故事的歌手. 剑桥：哈佛大学出版社，1960.

贝恩达丁·帕拉伊，多纳尔特·库尔蒂. 民族宝藏，1937.

埃尔内斯特·科利奇. 阿尔巴尼亚民间诗歌. 佛罗伦萨，1957.

米尔曼·帕里. 口头创作的史诗技巧研究：荷马和荷马风格//哈佛研究古典语言学. 41：80，1930.

马克西米利安·兰贝茨. 阿尔巴尼亚民谣. 莱比锡，1958.

文学

阿尔巴尼亚长久以来一直处于文明和地缘政治利益的交叉口。从伊利里亚时期到斯坎德培时期，再到斯坎德培死后受苏丹统治的时期，阿尔巴尼亚文化不断发展和演变，却也时常遭到破坏。15世纪后，国家几乎在社会和经济领域陷入倒退。由于奥斯曼帝国的统治，主要的知识分子开始追随欧洲人文主义的脚步，离开阿尔巴尼亚，定居西方国家。在离开的知识分子精英里，很多人在人文主义领域成为了知名人物，比如马林·巴尔莱蒂（1460—1513），他在罗马出版了《斯坎德培传》，这本书随后被译成多种欧洲语言。其他在国外出名的作家有马林·贝奇凯姆（1468—1526）、金·加祖利（1400—1455）、莱奥尼克·托梅乌（1456—1531）、米·马鲁力（15世纪）和米·阿尔蒂奥特（1480—1556），他们在科学、艺术、哲学等不同领域做出了贡献。

与此同时，国内的文化生活正在经历衰退。大量物质和精神文化方面的档案在战争中被损毁，甚至宗教结构也产生剧变（被占领的地区出现伊斯兰教）。事实上，阿尔巴尼亚文化在长达几个世纪的占领下受到来自伊斯兰教和东方世界的影响，努力寻求发展。虽然奥斯曼帝国的占领对阿尔巴尼亚文化产生了深远而广泛的影响，但是并没有压制阿尔巴尼亚所继承的文化。

文化领域的反抗最初是通过在教会经文和出版物中使用阿尔巴尼亚语的途径表现的，主要是在北方天主教教区和南方东正教教区。

新教改革点燃了地方语言和文学传统发展的希望，乔恩·布祖库神父将天主教祷告文翻译为阿尔巴尼亚语，并希望像路德为德语那样，为阿尔巴尼亚语做出贡献。

乔恩·布祖库所写的《弥撒祈祷书》于1555年出版，被认为是第一本用阿尔巴尼亚语撰写的书，其精准的语言和正字法是阿尔巴尼亚语文学早期传统的体现。

已知的最早记录要追溯到公元1332年，古格列尔·阿代是法属多米尼加提瓦尔大主教，他用拉丁语在一份报告中写道，阿尔巴尼亚人在他们的书里用拉丁字母，虽然他们的语言和拉丁语相去甚远。都拉斯主教帕尔·恩杰尔于1462年将《洗礼经文》的拉丁语原文改用阿尔巴尼亚语书写，这也证实了前文提到的意义。另一份记录了阿尔巴尼亚语词汇的重要词汇表是1497年在阿尔巴尼亚旅行的德国人阿诺德·冯·哈尔夫所写；14世纪《圣经》中引自圣·马修的一段话也以阿尔巴尼亚语书写，用的是希腊字母。

这几个世纪的阿尔巴尼亚语著作不只是宗教书籍，也有编年史。人文学家马林·巴尔莱蒂曾在他的作品《围攻斯库台》中提到过这些书，并表示自己阅读了这些用方言书写的编年史。

尽管奥斯曼帝国采取了反改革措施，阻碍基督教文学中民族语言的发展，但是民族语言的发展进程并未被打断。16世纪—17世纪，很多伟大作品用阿尔巴尼亚语出版，教义问答方面的书有莱克·马特伦加的《基督教信仰》（1592）以及第一位阿语作家和诗人皮耶特尔·布迪的《基督教教义》（1618）和《罗马仪式》（1621）。在这一时期，弗朗格·巴尔齐出版了第一版拉丁语–阿尔巴尼亚语字典，并用拉丁语发表了一篇向乔治·卡斯特里奥蒂致歉的文章；而中世纪最有名的阿尔巴尼亚人皮耶特尔·博格达尼在17世纪下半叶出版了《众先知》（1685）。

博格达尼的作品是神学和哲学原作，融入来自不同素材的信息，主要讲述神学问题和全面的《圣经》历史以及复杂的经院哲学、宇宙起源、天文学、教育学等。博格达尼将人文主义精神带入阿尔巴尼亚文化，赞美知识和文化在人类生命中的意义。他的语言优美的作品标志着阿尔巴尼亚文学史上的转折点。

18世纪，东正教和伊斯兰教中忏悔文化的文学有了长足发展。爱尔巴桑的一位匿名作者将《圣经》的若干章节翻译成阿尔巴尼亚语，同样是来自爱尔巴桑的菲利皮翻译了《旧约》和《新约》。这些成果在接下来的一个世纪中继续增加。1827年，吉洛卡斯特利蒂出版了《新约》全文，康斯坦丁·克里斯托弗里齐（1830—1895）将大量基督教文集翻译成两种阿尔巴尼亚方言。这些作品推动两种方言合并为统一的标准语，并为阿尔巴尼亚人在教堂用阿语祷告建立基础。

虽然沃斯科波亚的文化和上述趋势方向不同，依然值得一提。17世纪时，这里成为了巴尔干半岛文明的中心，沃斯科波亚所拥有的一所研究院、一家印刷厂以及泰奥多尔·卡瓦廖蒂、哈奇乌、格里戈尔·沃斯科波亚里等在知识、语言学、神学和哲学领域著作颇丰的名人们，为当时的阿尔巴尼亚树立了一个进步的形象。

尽管在沃斯科波亚发展的文学多用希腊语，但是人们经常使用民族语言来避免完全伊斯兰化，也激励了民族文化的发展。沃斯科波亚的学校在教希腊语时也会使用瓦拉几亚语和阿尔巴尼亚语，而当地的出版社也会印刷瓦拉几亚语书籍。

沃斯科波亚作家和学者的作品中引入了一些欧洲启蒙运动的思想元素。他们中最杰出的是泰奥多尔·卡瓦廖蒂，德国的阿尔巴尼亚学家瑟曼曾写道："卡瓦廖蒂大部分作品都没有发表。"他的作品探讨了几乎全部的哲学学科，体现了柏拉图、笛卡尔、马勒伯朗士和莱布尼茨对他的影响。

伊斯兰教和侵略者的文化所带来的影响出现在18世纪，涌现了一种诗歌流派，用阿拉伯字母书写阿尔巴尼亚语。N.弗拉库拉、M.屈曲库、S.纳伊比、H.Z.卡姆贝利、Sh.弗拉舍里、D.弗拉舍里、谢赫·马拉和其他作家从东方文学中借鉴主题，用受东方主义影响的语言书写宗教类文章和诗歌，并发展了有关宗教的抒情诗和史诗。这一学派并没有存在很久，也没对后来的文学发展产生任何特殊影响。

为了更完整地介绍17世纪—18世纪阿尔巴尼亚文化发展的框架，还应该提的是著名画家奥努弗里和他的儿子尼科拉（16世纪）以及康·什帕塔拉库和大卫·塞莱尼察（18世纪），后者继承了后拜占庭时期宗教艺术传统，也受到欧洲文艺复兴的影响。然而，多数的穆斯林宗教建筑反映的依然是伊斯兰文化。

19世纪是巴尔干民族运动时期，当时一场名为阿尔巴尼亚民族复兴运动的有组织的思想文学运动开始出现。运动受到民族浪漫主义和启蒙主义思想的启发，由阿尔巴尼亚学者圈发起，他们主要是来自意大利的阿尔布莱什人，后来更多则是来自伊斯坦布尔、布加勒斯特、美国、索非亚和开罗。民族复兴运动的目标，是让阿尔巴尼亚语成为文化的语言，组织民族教育，建立丰富的多领域民族文化和文学，实现国家独立。这些目标催生了阿尔巴尼亚浪漫主义流派的诞生，属于典型的巴尔干浪漫主义，饱含民族解放精神，带着海外移民的思乡之情以及唤起阿尔巴尼亚人对乔治·卡斯特里奥蒂·斯坎德培的悲怅追思。这一文学流派在诗歌领域的发展最为深远。在主题和诗歌形式上，英雄人物是有道德的人，是战斗的阿尔巴尼亚人，而较少以悲剧者的姿态出现。这一点和民间传统联系紧密。创作的黄金期始于德·拉达的《阿尔巴尼亚诗歌狂想曲》（1866），随后是泽夫·尤巴尼的《阿尔巴尼亚民间歌曲和诗歌集》（1871）以及西米·米特科的《阿尔巴尼亚蜜蜂》（1878），这些作品成为了加强阿尔巴尼亚人文化认同的民族复兴运动中文化领域的重要部分。

耶罗尼姆·德·拉达和纳伊姆·弗拉舍里是19世纪阿尔巴尼亚浪漫主义最伟大的两位代表人物。德·拉达（1814—1903）在意大利出生、上学、去世，是一位在欧洲浪漫主义思潮中成长的诗人。纳伊姆·弗拉舍里（1846—1900）生于阿尔巴尼亚，在约阿尼纳的佐西梅亚上学，是一位受东方诗歌特别是波斯诗歌影响的浪漫主义者，其作品也同时拥有西方浪漫主义诗歌的精神。

德·拉达以阿尔巴尼亚狂想曲的形式创作了一系列叙事抒情诗：《米洛萨奥》（1836）、《塞拉菲娜·托皮亚》（1839）和《斯坎德培》（1872—1874），带着为斯坎德培创作民族史诗的雄心。

追随着赫尔德的足迹，德·拉达在他的诗歌中表达了对民间歌曲的热爱，并将其渲染上民族色彩。他的作品反映了阿尔巴尼亚人生活中特有的习俗和心态，他还创作了反映不屈不挠的阿尔巴尼亚民族在15世纪陷入奥斯曼帝国统治枷锁的戏剧。个人幸福和民族悲剧间的冲突，河边的美景，在田地收获麦子的妇女，准备去打仗的男人和为他绣制腰带的妻子，一切都以微妙的抒情手法得到呈现——这些诗歌场景出自这位成长于阿尔巴尼亚民族运动的政治环境和卡拉布里亚浪漫主义文学氛围中的浪漫主义诗人的作品中。

纳伊姆·弗拉舍里写了伟大的田园诗《畜群和耕地》（1886），一部哲学、爱国、爱情抒情诗集《春花》（1890），一首关于斯坎德培的英雄史诗《斯坎德培的一生》（1898），一首宗教史诗《切尔贝拉亚》（1898），两首希腊语诗歌《哦，爱情》和《阿尔巴尼亚人的真正愿望》以及《梦》等众多波斯语抒情诗和阿尔巴尼亚语著作。他被认为是阿尔巴尼亚最伟大的民族诗人。

弗拉舍里在阿尔巴尼亚诗歌领域开创了现代抒情诗的先河。如同维吉尔在《牧歌集》和《农事诗》中所传达的精神，弗拉舍里也在《牧群和农业》中歌颂了农民和牧群，他通过创作最好的阿尔巴尼亚赞美诗，表达了海外诗人的思乡情及作为阿尔巴尼亚人的自豪感。通过他的抒情诗，可以看到虽然他生活在奥斯曼帝国的中心伊斯坦布尔，却始终心系祖国的命运。对家乡、阿尔巴尼亚的高山和平原、祖先的坟墓的思念以及关于童年的记忆在两百多年来滋养着阿尔巴尼亚人，无论他们身处何方。

作为一个崇尚自然的贝克塔什教徒（穆斯林），弗拉舍里属于玄学派诗人，将他的抒情沉思同古希腊神话和古老的东方伊斯兰教融合在一起。身处东西方哲学和诗歌传统的交叉口，弗拉舍里将二者彼此融合的同时，并没有压抑他阿尔巴尼亚人的天性。西方文化和文明决定了弗拉舍里作品中启蒙思想的底蕴，而阿尔巴尼亚世界则是他作品的骨架，但是人们也可以在他的作品中感受到法国大革命的精神。弗拉舍里精通法语，崇拜伏尔泰、卢梭等思想家和拉马丁一样的诗人，在他的构想中，未来的祖国会像西欧国家一样，正如他曾写道："从日落的一边升起。"弗拉舍里的浪漫主义在这一点上同希腊或土耳其的浪漫主义并无不同，都是在追随法国的足迹。

纳伊姆·弗拉舍里是阿尔巴尼亚民族文学和民族文学语言的奠基者之一。他将阿尔巴尼亚语提升到现代文化语言的高度，并发展出了阿尔巴尼亚语的普通话模式。

泽夫·塞雷姆贝的诗歌将浪漫主义英雄充满激情的内心世界带入了阿尔巴尼亚浪漫主义文学。而生活在文艺复兴时代晚期的恩德雷·米耶达和安东·扎科·恰佑比的诗歌在阿尔巴尼亚文学浪漫主义体系中则与众不同。

安东·扎科·恰佑比（1866—1930）是一位乡村诗人，是民间的吟游诗人，被称为"阿尔巴尼亚的米斯特拉尔"。他将风俗中的喜剧和历史主题的悲剧带入阿尔巴尼亚文学。从亚历山大（埃及）法语大学的学生，到日内瓦大学法律系毕业的硕士，恰佑比了解了很多关于法国文学的知识，也是最早将拉封丹寓言翻译成阿尔巴尼亚语的作家。他所做的努力开创了用阿尔巴尼亚语翻译和借用世界文学中其他作品的先河，至今这仍然是阿尔巴尼亚人同世界文化交流的主要途径。

随着1912年阿尔巴尼亚国家独立，曾被民族运动用作基本理论的浪漫主义学派失去了其历史基础。民族思想让路给人文思想，阿尔巴尼亚文学发展也出现了新趋势和新风格。

两次世界大战期间，阿尔巴尼亚文学的主要方向是现实主义，但也体现了感情主义（福・波斯托利）和浪漫主义的部分元素。

乔治・费施塔（1871—1940）写了长篇民族史诗《高地拉胡特琴歌》，其中充满了浪漫主义思想和爱国主义的感伤，他描述了北方山民对斯拉夫人入侵的反抗。

因为作品的原因，他被认为是阿尔巴尼亚最伟大的史诗诗人。作为方济会修士、博识之士和意大利皇家学会会员，乔治・费施塔是阿尔巴尼亚文化中具有多面性的人物：叙事抒情诗诗人，时事评论员和讽刺作家，剧作家和翻译以及两次世界大战间阿尔巴尼亚文化、政治生活积极的参与者。

他的主要作品《高地拉胡特琴歌》有一万七千多诗节，本着历史和传奇史诗的精神书写，反映了阿尔巴尼亚人的生活和精神。这是高地人民历史和传奇、传统和习俗的诗歌镶嵌画。费施塔的诗的卓越之处在于运用了丰富的语言和高地人民的口语、大量生动的措辞和清晰而多样的语法结构，这都为诗歌表达注入了生命和力量。

诗歌集《仙女的草地》中的爱国诗篇和《帕里斯之舞》中关于宗教精神的诗篇都呈现出费施塔是一位语言精美的抒情诗人，而其他的作品《帕纳塞斯的茴香》和《巴巴塔斯的毛驴》则表现出他无法被模仿的讽刺诗人的一面。在戏剧方面，《尤达・马卡贝》和《伊菲姬尼在奥利德》

是他的悲剧作品，主题是圣经和古代神话。

两次世界大战期间的阿尔巴尼亚文学并没有缺少感情主义（如福·波斯托利、格拉梅诺的作品）和古典主义的特征，特别是体现在哈吉亚德米的戏剧作品里。印象主义、象征主义等现代潮流的表现则只是局限在一些作家如米杰尼、波拉德茨和阿斯德雷尼的作品中的现象，但并没能形成一个学派。深远的变化出现在了体裁领域，散文（米杰尼、范·诺利、法伊克·科尼察、埃尔内斯特·科里奇、米特鲁什·库泰利等）、戏剧和讽刺文学（乔治·费施塔、克里斯托·弗洛奇）发展到和诗歌平等的地位。

米吉安尼（米洛什·乔治·尼科拉）

米洛什·乔治·尼科拉（1911—1938）

典型的现实主义代表人物，以米吉安尼这个名字著称。他的诗歌《自由诗篇》（1936）是阿尔巴尼亚文学史的瑰宝。他的文章中贯穿了对当时社会中个体的悲剧命运的现实主义关切，而他作品里的角色都是来自阿尔巴尼亚社会最底层的人。

米吉安尼的一些短篇小说，主题多反映个人同组织、同宗法和保守道德间的冲突。米吉安尼天赋中的叛逆本性打破了阿尔巴尼亚诗歌和叙事文学的墨守成规的现状，将新的风格和形式带入其中。他是阿尔巴尼亚文学伟大的改革者，是现代阿尔巴尼亚第一位伟大的作家。

拉斯古什·波拉德茨（1899—1987）的诗歌天赋则全然不同。他是抒情诗人，所写的诗歌柔软而温暖，却也包含深刻的思考和音乐的美感，比如《星之舞》（1933）和《心中的星辰》（1937）。

范·诺利

范·诺利（1882—1965）

非常多才多艺的人物——杰出的诗人、历史学家、剧作家、美学家、音乐学家、评论家、阿尔巴尼亚语翻译大师，也是政治家和外交家。他是20世纪也可能是有史以来阿尔巴尼亚文化界的天才人物。他出生在曲泰泽的埃德雷内地区，年轻时为了讨生活做过很多奇怪的工作。1906年，他远赴美国，将阿尔巴尼亚各团体聚集在"瓦特拉"（有"温床、壁炉"之意）联盟里，两年后他被任命为神父。他提出建立阿尔巴尼亚东正教自主教会，独立于希腊东正教会之外，并于1922年建立此教会。1910年—1912年，他也支持武装部队和起义活动。

国家宣布独立后，诺利于1913年返回阿尔巴尼亚，并为发罗拉的民族政府出力。在1920年—1924年间，他曾提出关于阿尔巴尼亚国家应如何组织以及基于西方民主原理如何实施国内外政策等想法。带着这样的远见，他成为了阿尔巴尼亚反对党的领导人。他在议会任反对党党首，并在"六月民主革命"之后当选民主政府的领导者，但很快因为艾哈迈德·索古（后来成为国王）的政治阴谋而下台。

1924年革命失败的经验激发了范·诺利的灵感，他创作了一系列以《圣经》为主题的抒情诗，收录在《文选》一书中。1947年，他用英文发表了《贝多芬和法国大革命》。他翻译过大量宗教礼拜方面的书籍和世界名著，包括将伽亚谟、莎士比亚、易卜生、塞万提斯等作家的作品翻译为阿尔巴尼亚语，丰富阿语的表达力。借由诗歌、非小说作品、科学和宗教文章以及翻译著作，诺利在现代阿尔巴尼亚语的发展中扮演了奠定根基的角色。在作为政治流亡者旅居欧洲后，1932年，诺利在美国定居直到离世。

这一时期优秀的散文作者还包括埃尔内斯特·科里奇（1903—1975）、米特鲁什·库泰利（1907—1967）和法伊克·科尼察（1875—1942）。科里奇写的文章很精妙，充满了他家乡斯库台的地方特色，比如《卖旗子的人》（1935）。库泰利堪称阿尔巴尼亚语的魔术师，是一位能将民间叙事风格转换成迷人散文的作家，写有《阿尔巴尼亚之夜》（1938）、《阿戈·亚库皮》（1943）和《沙班·什帕塔的卡普兰先生》（1944）。

法伊克·科尼察

法伊克·科尼察（1875—1942）

赋予阿尔巴尼亚语散文以现代形象的文学大师，是将适用的西方意识带入阿尔巴尼亚文化的知识分子。他出生在阿尔巴尼亚小镇科尼察，依据1913年伦敦会议的决定，小镇被划入希腊领土。他出身世家，继承了“贝”的头衔（奥斯曼帝国对地位高的人的尊称），而他精英阶层的思想也在他的生活和作品中得到强烈体现。科尼察在斯库台的耶稣学校读了一年，随后去了伊斯坦布尔的皇家学院，后来在法国第戎大学修文学和哲学，1912年，他在哈佛大学完成了更高级的学业，获得文学硕士学位。科尼察学识渊博，精通欧洲所有主要语言和一些东方语言，是纪尧姆·阿波利内尔的好友，被称为“活字典”。他是研究阿尔巴尼亚文化的西方学者参照的典范。科尼察从青年时期就献身于民族运动，不同于民族复兴运动神话般、理想化和浪漫化的感情，他带来的是批判主义精神。

科尼察创办了《阿尔巴尼亚》杂志（布鲁塞尔1897—

1900，伦敦1902—1909），这是民族复兴时期阿尔巴尼亚最重要的出版物。他是评论家、诗人、散文家、翻译家和文学批评家，此外，他发表了学术文章《阿尔巴尼亚和土耳其人》（巴黎，1895）、《论阿尔巴尼亚民族运动》（布鲁塞尔，1899），小说《祖鲁大使在巴黎》（1922）和《吉尔佩拉医生》（1924）以及在他去世后1957年在马萨诸塞州出版的历史文化作品《阿尔巴尼亚——东南欧的石头花园》。科尼察的两部小说用讽刺精神和比喻手法表现无知和博学、落后的东方思想和现代的西方思想之间的冲突。他的非小说作品和小说散文都是阿尔巴尼亚文学的经典，内容精炼，风格典雅。

晚年时（1926—1939）科尼察任阿尔巴尼亚王国驻华盛顿大使，1942年去世。后来，他的遗体被运回阿尔巴尼亚。

两次世界大战期间，意大利的阿尔巴尼亚文学延续了19世纪浪漫主义学派的传统。泽夫·斯基罗（1865—1927）试图通过他的作品《回归》（1913）和《在他乡》（1940）唤起自15世纪斯坎德培死后移居海外的阿尔巴尼亚人的历史记忆。

在阿尔巴尼亚人民反法西斯期间（1939—1944），新的反法西斯文学得到发展，由当时的阿尔巴尼亚共产党以非法的途径出版。这类文学作品主要是非虚构文章、文学、笔记小说和游击队歌的歌词等。作者都是年轻一代的反法西斯战士，如谢夫切特·穆萨拉伊、阿莱克斯·恰奇、法特米尔·贾塔、科勒·亚科瓦和恰米尔·布杰利。

二战后，阿尔巴尼亚文学实现了长足发展。这一时期文学和艺术的主要特点是以意识形态为导向的发展以及各种体裁的扩展，特别是小说在缺乏传统基础的情况下走到了文学发展的最前沿。

最受欢迎的小说类型是以社会主义现实主义手法描写历史人物的小说，主要作家有亚科夫·佐扎、斯泰廖·斯帕塞；结构简单、主题有诗意和哲理的小说，主要作家有伊斯玛依尔·卡达莱、佩特罗·马尔科；讽刺小说，主要作家有德里特洛·阿果里、恰米尔·布杰利。

长远来看，齐·舒特里奇、纳乌姆·普里弗蒂、齐亚·切拉、泰多尔·拉齐、齐梅特尔·朱万尼和纳西·莱拉等人也推动了短篇小说和长篇小说的发展。

戏剧和喜剧也得到了发展，虽然程度稍低一些，有科尔·亚科瓦的《我们的土地》（1955）和斯皮罗·乔莫拉的《科尔察狂欢》（1961）。

此外，还有诸如卡达莱、米努什·耶罗、科乔·科斯塔等作家尝试以社会主义现实主义的方式提出创新思想。

伊斯玛依尔·卡达莱

伊斯玛依尔·卡达莱（1936— ）

突破了时代的限制，将阿尔巴尼亚文学的形式和主题融入现代世界文学的潮流中。卡达莱的作品以百科艺术全书的方式展现了阿尔巴尼亚人的生活，将历史和当代事件融为一体，传达了一种哲学态度，有时他直抒胸臆，有时则使用伊索寓言一般的表达方式。阿尔巴尼亚人的哲学、信仰、戏剧和历史文化传统通过作家艺术思考的加工，在作品中展现了阿尔巴尼亚人民的民族身份认同和非物质文化是人民反抗和生存的重要因素。

卡达莱通过借古喻今、词汇联想以及对民族传奇和神话的广泛运用来创作现代散文。他的作品具有诗意，有交叠的时代、多层次的艺术语言、真实和虚幻。卡达莱的作品带有地中海和巴尔干特色，并将地区内的民族文化特征融入其中，使之更为丰富。从中世纪传奇和民谣的史诗世界里，卡达莱的文章超越了时间和空间，将我们这个时代的艺术和思想带入遥远的中世纪。通过对古代民间传统的再创造，卡达莱的散文和诗中传达的信息既有历史深度，又有人类的普世价值。

卡达莱，一个带有强烈批判意识的作家，不仅赞美了诗歌中民族精神的价值，还批判了阿尔巴尼亚社会过时的传统、老旧的思维方式、狭隘的心理和诸多落后的生活习惯。《亡军的将领》《围城》和《三孔桥》等作品是广为人知的世界名著，许多作品被译为多国语言。

卡达莱的作品在翻译成各种语言的国家广受欢迎，享有国际赞誉。他是世界文学当代作家中杰出的代表，荣获过很多奖项。现在，卡达莱是世界上最优秀的阿尔巴尼亚文化的代表。

德里特洛·阿果里

德里特洛·阿果里（1931—2017）

散文诗人和讽刺作家，他将一种自发的、沉思的新鲜感注入诗歌，将精妙的大众幽默融入作品。

20世纪最后20年间，其他有名的阿尔巴尼亚诗人中，有才华的女诗人数量明显增加：约尔戈·布拉奇、维萨尔·日蒂、科奇·佩特里蒂、弗雷德里克·雷什皮亚、恩多茨·帕普莱卡、杰瓦希尔·斯帕休、米莫扎·艾哈迈迪、娜塔莎·拉科、巴尔聚尔·朗多、鲁多尔夫·马尔库、普雷奇·佐加伊、弗鲁图拉·阿奇卡、鲁列塔·莱莎娜库、琳迪塔·阿拉皮、盖尔特·帕沙伊和埃尔文·哈蒂比等。

在科索沃、西马其顿等阿尔巴尼亚人生活的地方，阿尔巴尼亚语文学也出现了许多作家，如埃·梅库利、安·帕什库、阿·波德里米亚、拉·凯尔门迪、雷·乔斯亚、丁·梅赫梅蒂、穆·伊萨库等。

二战后，在欧洲的阿尔巴尼亚人聚居地并没有出现任何有组织的文学运动。当时欧洲最有名的阿尔巴尼亚作家是马·察马伊（1925—1992）。他试图通过诗歌和散文找到阿尔巴尼亚移居海外者身份认同的根系。

在转轨后的18年中，阿尔巴尼亚文学体验了向世界开放的优势，但在这种情况下，也面临着用民族文化保留自己的身份认同的难题。

作者：约尔戈·布洛

卡农法典

“信义”是自神话时代起阿尔巴尼亚人就有的道德圣约。

卡农法典（阿尔巴尼亚语为“kanun”，希腊语为“canon”）是阿尔巴尼亚人关于文化和传统的习惯法。至20世纪，阿尔巴尼亚人继承了两部卡农法典，德林河以北地区使用的《莱克·杜卡吉尼法典》以及在其他阿尔巴尼亚北方地区使用的盖格卡农法典——《斯坎德培法典》。《莱克·杜卡吉尼法典》是由方济会神父什蒂耶芬·杰乔维收集的，最终于1913年编纂成完整法典并出版。1950年—1960年间，另一位天主教神父唐·弗拉诺·伊利亚收集、编纂了《斯坎德培法典》，但由于当时无神论是国家政策（1976），所以法典直到1993年才出版。近二十年间，《普克法典》（普克是北方小镇）、《迪勃拉法典》（迪勃拉是阿尔巴尼亚人聚居区，但现在被阿尔巴尼亚和马其顿一分为二）以及许多介绍传统民族法律条令的书籍也相继出版。

在南方地区，传统习惯法只保留下了一些片段，比如《茹利主教法典》。

《莱克·杜卡吉尼法典》和《斯坎德培法典》是对15世纪及之前那段时期的习惯法的总结。直到15世纪，阿尔巴尼亚的城镇才接受书面法律条令管理，这些条令包括“法令和大会”（见城市法规部分）、“宪章和规定”以及其他被称为“章程”的次级法令。这两部法典对应着阿尔巴尼亚北方两大族群的划分，分属乔治·卡斯特里奥蒂和杜卡吉尼的领地。两部法典最基本的区别是对血仇是否采取复仇行动。《莱克·杜卡吉尼法典》中称“血债同族还”，也就是说不仅杀人者需要受到惩罚，他的同族也需要受到惩罚。而《斯坎德培法典》中则写着“血债凶手还”，意思就是杀人者是唯一被惩罚的人。《斯坎德培法典》中对于血仇等民族法律的规定属于稍晚的时期，因为当时复仇使用的是枪支，更早期使用刀剑。蒂姆·尤达赫等学者认为《莱克·杜卡吉尼法典》的名称有可能是对罗马成文法《十二表法》名称的阿尔巴尼亚化。然而法典不可能是对《十二表法》的改写，因为在《莱克·杜卡吉尼法典》和《斯坎德培法典》中体现了不同时期《圣经》和罗马、拜占庭教规所赋予人的权利，受到沙皇杜尚的《斯特芬·杜尚法典》和奥斯曼帝国的影响。更不用说还有本土的传统精粹的影响。

《莱克·杜卡吉尼法典》是基于阿尔巴尼亚人生活中传统组织的最完整模式。诚然，如果没有习俗、长者和祖先或是没有那些聚在一起执行法律的人们，这部法典毫无价值。“法令和大会”正是这本阿尔巴尼亚习惯法的核心。“卡农”这个词是从希腊语的“canon”借用而来的，意为规则。同样，“大会”这个词意为“议会”，是从表示“同意”的近代拉丁语词根“convente”借用而来的。

解决法律问题的地方传统证明了阿尔巴尼亚历史的悠久和社会的复杂。而且，这种经过所有人同意的共存方式可能需要几个世纪才能达成统一的标准。因此，卡农法典也表现了公民生活和早期社会自我意识的存在。

以莱克·杜卡吉尼命名的高地法典事实上在很多方面比这个著名的历史人物年代更久远。这部卡农法典是一个古老的法律世界，其各领域的源头要追溯到古代。比如发誓时并不会提到神明的名字，而是用诸如“对天地”“对这个砝码”“对这块石头”“对这块面包”等神话信仰来表达。只有具备伟大价值的事物才能抵挡几个世纪的洗礼，留存至今。这些誓言和古希腊的很像，比如“对乌拉诺斯（对天）”“对得墨忒耳（对地）”等。《新约》直接禁止人类这样发誓。提到“对这块面包”发誓，会让我们想到希伯来仪式中神圣的天降食物“吗哪”。

卡农法典不只是管理社会习俗的法律，也是婚姻法、民法、劳动法和程序法，是法律整体。而个人同家庭、宗族、友谊、县镇、祖国的关系都紧密建立在卡农法典的基础上。

在圣书（《圣经》《古兰经》等）中，不同群体的道德价值和生活方式准则是依照其所属宗教信仰而定义的。而阿尔巴尼亚人并非如此，这个民族具备的荣誉、尊严、尊重、品行良好和好客等基本品质都建立在“他们父辈所定的规则”之上。

卡农法典中的平等与不平等

卡农法典除了对违反规则的行为处罚很严格，也部分地体现了在规则面前人人平等的原则。这在习语中也有体现，如“即使是焦马尔克”，其意思是就算这个人负责管理卡农法典，他也需要尊重法典。在卡农法典里，“一个好人的命”和“一个坏人的命”是平等的。另一则习语“每个人手指流血的方式都一样”也有类似含义。

卡农法典在另一种意义上也有偏离平等的情况，就是在惯例中赋予了神职人员特权地位。卡农法典中提到，“一位牧师不能受到血仇的伤害，同样，别人也不能让他发誓”（4篇，10节），“即使出现了牧师需要发誓证明自己的清白或者作为证人的情况，他的证言将被视作等同于24个人的证言（同上）”。教会在卡农法典中也是受到类似优待的机构。“教会不能被罚款，而且谁都不能审判教会”（1篇，2节）。教会因此保持了高于法典的地位。

和其他卡农法典一样，《莱克·杜卡吉尼法典》是封建法律的代表。平等原则中的两个例外（一个是教会在社区不承担责任，另一个是卡农法典将女性排除在外）继承自中世纪。除了教会和女性，其他人“即使他们来自族长（首领）的家庭”，也需要遵循同样的规则。“无论这个人是贵族还是首领，倘若有任何对他的抱怨，那么对他的审判将由长者和百姓评定。”（141篇，1014节）此外还有“一个人生命的价值同其他所有人的相等”（124篇，1887节）和“每个人的价值相同：400金币”（889节），这样的表述也包含对人类平等关系的粗略描述。

可以说，卡农法典中提到和维护的这种平等所体现的价值观的确同中世纪之前的价值观有相似性。

另一方面，法典中的特权和不平等两者之间也有关系。在阿尔巴尼亚传统中，卡农法典和习俗之间存在紧密的联系。一方禁止的，另一方可能允许；一方允许的，另一方可能取消。虽然卡农法典蔑视女性，不允许女人与男人共处一室参与讨论，但是依照社会习俗通常允许女人加入男人的讨论，并借此赞美女性的智慧和判断力。

卡农法典中的“好客”

卡农法典明确规定了阿尔巴尼亚人要对客人崇拜。崇拜客人最好的表达就是将房屋定义为“是神明和客人的”（阿尔巴尼亚人的家属于神和客人）。在卡农法典中，神和客人同房屋的关系是平等的，不可能有比这更高的对客人的定义。对客人的崇拜还体现在下面这些表述里：“阿尔巴尼亚人的房屋属于客人和旅者”，“房屋的大门向所有站在门口台阶的人开放，即使这个人是乞丐”。这些表述中涵盖了来自基督教之前的时代以及犹太教和基督教的思想，在那些时代中先知曾身穿流浪者的衣服出现在信徒家门前。在阿尔巴尼亚人的意识里，当客人敲响大门时，就应该以全部荣耀欢迎他，因为“没人能确定他是乞丐还是圣人”。

在阿尔巴尼亚传统中，客人进入一所房子并不需要请求许可，他只需要“在门口出现”就理应获得进门的权利。

卡农法典赋予人的最大特权是庇护。意思是说，法典不允许客人受到血仇的伤害，并且只要“他依然得到房屋主人的款待”，他就受到保护、不受敌人伤害。如果客人遭到敌人的埋伏，他只需要大喊“我在某某人家吃住”或者“我受到某某人庇护”即可被释放，因为主人所提供的庇护能保障客人的安全或给他一条生路。

卡农法典中的“荣誉”

卡农法典中对荣誉的崇拜源自古代。阿尔巴尼亚人的荣誉同欧洲文艺复兴之前的骑士精神有所不同，指的是男人的荣誉，而且这种荣誉因其粗糙、不加修饰的特质而更加高贵和伟大。法典中的荣誉不属于狭义上的道德分类，而和法典里其他的禁令有关。例如，在接受一桩新的联姻之前，需要确定两个家庭父母两方的超过七代的血缘关系，一些地区甚至超过十二代人，否则双方不能结婚。

由于居住在高地的人们崇拜荣誉，对慷慨（面向客人）和智慧（来自长者）的推崇在此合二为一。法典里连续两章提道：

“被玷污的荣耀需要以血来偿还。”（598篇）

“如果在全体集会时（村庄、镇子里所有男人参加的会议）一个人被他人指责撒谎，那么这个人就失去了荣誉。”

男人们的集会有其占主导地位的道德标准，这些标准构成了法典的一部分。集会只召开一次，从不重复，通常也不会提前做好决定。道德规范创造出思想的严谨，高地人在谈话中展现出贵族礼仪、智慧、教养以及实事求是的精神。

“阿尔巴尼亚人活着是为了享受额头上两指的荣耀”，“两指荣耀和一张干净的脸”是卡农法典中有关荣耀的两个基本条件。这里的“两指”是测量概念，指的是额头。

在阿尔巴尼亚习惯法中，与荣誉相对的是耻辱。如果将卡农法典中荣誉和耻辱的“区域”进行比较，结果就是荣誉所占据的空间过于狭小，而阿尔巴尼亚人则必须在荣誉所属的空间里创造属于自己的身份认同。正是因为如此，卡农法典包含了一系列禁止和禁忌，保护个体不进入“耻辱区域”。

卡农法典中说，“荣誉造就房屋”，但是“一栋房屋并不是由一代人建成的。”“建一座房屋需要一张脸”，这句话在阿尔巴尼亚语里的意思是指需要“连续三代人的荣誉”。

对于阿尔巴尼亚人而言，荣誉的力量要高于教会和国家的力量。

卡农法典中的“信义”

我们第一次发现“信义”这个词是在《斯库台法规》中，这部法典用威尼斯语写成，1466年最后一次编辑。城市中这部法典的编纂者无法将这个词翻译成自己的语言，只能沿用它本身的语言，强调是“阿尔巴尼亚人的习惯语”。《斯库台法规》里有一个口头语为“besare”，意思是“给予信任”。阿尔布莱什人使用“besa”这个词时，意指“信仰”。在卡农法典习语中也出现了同样的词，“Besëlidhja e Re”意即《新约》。很多学者将这一词汇的根源从阿尔巴尼亚语联系到马其顿语、塞尔维亚语、保加利亚语和罗马尼亚语，由词根“be”延伸出来了表示信仰的词“besim”和表示发誓的词“betim”。甚至萨米·弗拉舍里使用“besete”一词时也只用于表达阿尔巴尼亚人的“宗教信仰”或“信条”的概念。

毫无疑问，“besa”一词含有信条、法典以及潜在的民族习惯等多层含义。

对荣誉的崇拜与对承诺的崇拜有关，或者说，同阿尔巴尼亚对“信义”的崇拜有关。这个词在世界上多数语言中都不存在。通常“besa”由阿尔巴尼亚语翻译到别的语言时没有意思等同的词语或习语，因此通常会伴有注释，这也是阿尔巴尼亚人世界中的独特存在，是阿尔巴尼亚学研究的一部分。

乔治·费施塔（1871—1940），帮助出版卡农法典的阿尔巴尼亚民族之父

信仰，或者说对承诺的崇拜同《圣经》中的语言有关——“太初有言!”在文字、契约、协议、公证、法庭、国家、民族、人类和世界出现之前，语言早已存在。这种伟大的崇拜在西欧各民族逐渐具备了神圣的宗教语言的特征，而阿尔巴尼亚人则保留了这一崇拜的源头。

口头上的约定在卡农法典中具有最高权威。所有人类关系，包括在家庭、宗族、教区、县镇和各类民族团体中，甚至不同种族之间的关系，都由语言维系。

自神话时代起，“信义”就是阿尔巴尼亚人的道德圣约。以砌墙和复活为主题的阿尔巴尼亚民间传说中有两首最重要的民谣都同信守诺言有关，如：为了修建一座新的桥而需要祭品，因此将人砌在桥墩里；康斯坦丁为了信守承诺而从坟墓里站起来，只为将他的妹妹带回母亲身边。这也是为什么在巴尔干半岛流传着这样一句话，当人们做出承诺时会说："我给你阿尔巴尼亚人的承诺。"

卡农法典中说："言语是做完的事情。"意思就是，承诺的事情必须完成。

在表达阿尔巴尼亚人的"besa"（信义：信仰、保证、发誓）一词的意思时，保加利亚人和罗马尼亚人直接使用"besa"这个词，而南斯拉夫人则用"arbanaskavjera"（字面意思是"阿尔巴尼亚人信仰的事物"），这也是阿尔巴尼亚人从自己祖先那里继承来的传统美德。

卡农法典——阿尔巴尼亚人的法律

阿尔巴尼亚曾被奥斯曼帝国占领五个世纪，然而奥斯曼人并没能征服卡农法典。19世纪时，斯库台有一个名为"吉巴利"的特殊办公室，负责调查帝国法律和伊斯兰教法在哪些地方同卡农法典不匹配，在发生冲突前处理或撤回决定等。阿尔巴尼亚的习惯法或许是巴尔干各民族中唯一同帝国法律具有同等地位的"平行法律"。著名的阿尔巴尼亚作家伊斯玛依尔·卡达莱曾在文章中形象地将卡农法典比作"阿尔巴尼亚人的法律"。

早在1935年，埃奇雷姆·恰贝伊曾在他的著作《阿尔巴尼亚文学和语言中的元素》中将卡农法典纳入用作学校教材的文学选集中。他曾提议，卡农法典应该被视为具有法律封闭性和丰富艺术世界的作品。依靠语言和民俗机制，卡农法典代代相传。如今，卡农法典是一部已经永远"完成的作品"，是一个"封闭的世界"。

直到20世纪初年，卡农法典才得以出版。这件事自有其原因，不应该忘记的是，高地的习惯法始终没有得到官方权威的认可，不管这些政权如何快速更迭。除此之外，卡农法典依靠口传心记，和吟游诗歌、神话、传说等文化的继承方式相同。在此基础上，可以树立和调整道德规范。

如卡达莱所讲，“拥有杰出的立法能力的民族”知道如何自我管理，而这个民族的命运不能以其在短期危机中的表现来评判，需要留待将来再做定论。

卡农法典是整个民族的合著，是古老的历史经验，同15世纪阿尔巴尼亚一位著名君主的名字有关——莱克·杜卡吉尼。历史记载中，杜卡吉尼是抵抗奥斯曼人的杰出人物，是高地人的领袖，同斯坎德培并肩作战。然而即便没有这些品质，没有英勇气概和历史赋予他贵族身份，没有参与保护阿尔巴尼亚土地和民族觉醒的战斗，莱克·杜卡吉尼也依然会被历史光辉地记录在册，因为阿尔巴尼亚民族选择以他的名字作为高地卡农法典的作者，而不是选择让法典作者不详。

这部习惯法如同法律圣约一样世代相传。第一次对法典的规范应该是在中世纪反抗奥斯曼帝国时进行的，人们将这部法典的地位置于其他局限于地区使用的法典之上。为了反抗共同的威胁，阿尔巴尼亚人政治上的联盟或许为法典地位的提升提供了帮助。

埃奇雷姆·恰贝伊曾在书中准确描述了卡农法典：“卡农法典的源头应该追溯到最古老的阿尔巴尼亚传统。此外，我们相信这部法典不应该只同日耳曼法或罗马法做比较，还应该同巴尔干各民族的法律做比较。”

1933年，什蒂耶芬·杰乔维神父首次将卡农法典整合、分类并用阿尔巴尼亚语出版。杰乔维是方济会神父，他住在北方高地，会接触到用卡农法典处理社会关系的事务。杰乔维具备丰富的语言学、神学、考古学和法学知识，他曾将很多世界文学名著译成阿尔巴尼亚语，也曾创作文学作品。他是阿尔巴尼亚第一批考古发现的收藏者，然而这些收藏品的命运不得而知。《莱克·杜卡吉尼法典》最早被翻译成意大利语，之后是塞尔维亚语、法语、俄语、英语，现在还包括许多其他语言。

作者：沙班·西纳尼/根茨·米弗蒂乌

参考文献

唐·弗拉诺·伊利亚. 斯坎德培法典. 布雷西亚，1993.

瓦伦蒂尼. 斯坎德培以及法典. 慕尼黑阿尔巴尼亚研究.

伊斯梅特·埃莱齐. 阿尔巴尼亚法律思想. 地拉那，1999.

迈克尔·施密特. 阿尔巴尼亚高地卡农法典. 历史、文化、文学和政治杂志，1996，第5期。

什蒂耶芬·杰乔维. 莱克·杜卡吉尼法典. 斯库台，1933.

蒂姆·尤达赫. 科索沃——每个人都需要知道的. 牛津：牛津大学出版社，2008.

古抄本

阿尔巴尼亚古抄本是阿尔巴尼亚人民重要的文化财产，也为世界遗产的保存做出了重大贡献。这些古抄本是基督教文明的历史文物，带有阿尔巴尼亚人及其祖先所在地区的基督教印记。对于圣经学家、宗教经典鉴赏家和教会而言，古抄本令他们引以为豪，古抄本不仅是民族心理学、语言学、写作手法、书法艺术、应用具象艺术和肖像学的研究对象，也是货真价实的基督教思想百科全书。

488号藏品收藏在国家档案馆，包括100卷古抄本和17份残卷。此外，还有200份古抄本也收藏在国家档案馆中。这些古抄本按时间顺序编排的目录尚未被发现，并且按内容编排的目录已经破损。希腊学者N. 贝伊思和O. 波利察编纂了两份目录，主要是关于阿德里亚诺波利斯的手抄本。除了国家档案馆，国家图书馆、国家历史博物馆，科尔察的中世纪艺术博物馆以及个人收藏家也收藏了古抄本。

阿尔巴尼亚的古抄本第一次为人所知是通过培拉特主教（阿莱克苏德斯，1868）发表的一篇文章。1886年，法裔比利时学者皮埃尔·巴迪福在一份目录中简要描述了他在培拉特东正教会档案馆和图书馆看到的16份古抄本。巴迪福在文章中抱怨当地修道士“不允许”接触其他更多的手抄本，其中包括阿尔巴尼亚最古老的三份古抄本：《培拉特紫色圣典》（被称为《培拉特圣典–1》）、《安提莫斯金色圣典》（被称为《培拉特圣典–2》）以及《约翰·克里索斯通的礼拜圣典》（字面意思是“雄辩的”）。在此之前，世界上已知的拜占庭基督教文学中以“圣典”形式保存的古抄本数量仅不足12份。随着时间的推移，这份清单上一些记录礼拜仪式的重要作品已经消失，其中便包括曾见于阿尔巴尼亚的《约翰·克里索斯通的礼拜圣典》。

《培拉特紫色圣典》的全称是“Codex PurpureusBerantinus 043”,《安提莫斯金色圣典》的全称是“Codex AureusAntini 1143”。有关这两部圣典的描述出现在格雷戈里—阿兰德的目录之中以及所有世界上早期最重要的教会古抄本目录中。

阿尔巴尼亚古抄本对于研究世界上古代圣经、基督教福音派、礼拜和圣徒传记（来自希腊语“agios”，神圣的）等文学历史的发展具有重要意义。这些古抄本按照年代顺序贯穿15个世纪之久（从6世纪—20世纪）。

《培拉特紫色圣典》比圣·耶柔米所著的《圣经》拉丁文译本《武加大》晚一个半世纪，其中一份古抄本对于研究《圣经》文学的起源具有重要的历史参考价值。圣经学家和古文书学家考证了这份古抄本的笔法，认为其写作不会晚于6世纪。《培拉特圣典-1》和《培拉特圣典-2》是世界上仅存的七本紫色圣典中的两本。《培拉特圣典-1》代表了基督教早期三大“学派”之一的思想，这一学派融合了叙利亚-巴勒斯坦学派和西方学派的观点。古抄本中的福音传道经文开始时属于东方学派，之后则发展为西方学派。依照巴迪福的看法，这部古抄本中有“异文合并”的段落，这表明古抄本具有文本早于正典的特点。研究圣经诠释学和圣典翻译的学者一直以来坚持认为这部古抄本中不存在纽姆记谱法（一种早期记乐谱法）。然而近来的一份研究表明，在古抄本第156页中有和语言同时的乐书出现，而且主题相似。在另外两页上还有一篇乐书（用黑色颜料书写）。这一事实令《培拉特圣典-1》在世界范围具有重要意义，因为在此之前学界一般认为乐书首次见于记载是在公元8世纪的时候。

阿尔巴尼亚国内的学者，比如塞奥凡·帕帕、伊洛·米特卡·恰弗泽齐、阿莱克斯·布达和科斯塔·纳乔等人对这些古抄本的研究非常深入且颇有名气。

《培拉特紫色圣典》同著名的古抄本《圣彼得堡圣典》《维也纳圣典》和《希诺潘西斯圣典》同属一个时期，奠定了教会文学的基础。《培拉特圣典–1》是一份非常珍贵的古抄本，它使用“安色尔体”书写（这种字体常被误认为首字母大写）。紫色羊皮纸和金银制作的颜料在当时是极其昂贵奢侈的。一些研究者认为《培拉特紫色圣典》起初保存在费里的阿波罗尼亚，这一点在《新约》中也有提及；之后的几个世纪则保存在拜利斯的格拉维尼察；古抄本最终于10世纪—11世纪成为了培拉特基督教会的财产并一直留存至20世纪，随后便作为民族遗产一直收藏于地拉那的国家档案馆中。

最新的研究成果表明，两部古抄本（《培拉特圣典–1》和《培拉特圣典–2》）是用羊皮纸（经过鞣制和染成紫红色的山羊皮）书写的，紫色圣典由此得名。在基督教初期，古抄本的这种颜色被称作“皇家的颜色”，之后又被称为“神圣的颜色”。几个世纪过后，颜色逐渐褪去。圣典文本中一些重要部分用金色颜料标注。大写字母通常是金色的，文本中还有表示基督教神“上帝”的“θεος”和异教徒神的“Κυριως”。这也表明了《培拉特紫色圣典》十分古老，因为它同时沿用了两种“神”的写法，第二种异教徒使用的词后来被基督教会禁止。古抄本所用的字体是小体的大写字母。古抄本的封皮由金属制成，带有圣经纹饰，但这一装饰被认为比古抄本成文要晚几个世纪。

古抄本是依照古老的连续写法写就，也就是词与词之间并不断开，没有任何重音符号或其他标记来区分单词。古抄本页面背景中画有心形图案，每颗心里都装饰有三瓣玫瑰（或是杜鹃花）的花朵图案。装饰图案在两段并列的文字中间，图案呈水平直角状。垂直线条可以解读为神圣的奉献与祈祷，水平线条则象征凡人由生到死的命运。圣经学家们相信，阿尔巴尼亚古抄本中的这种图案象征了个体的精神平等，这些图案之后亦被用于《圣经》、礼拜仪式或是圣徒传记中。

在位于培拉特城堡的圣乔治教堂中的双联板上第一次提及《培拉特紫色圣典》，其中有一条便引用自古抄本，引文提到1356年时这本圣典曾面临危险，当时塞尔维亚人包围了培拉特城。据说，入侵者看中了福音传道者修道院和圣乔治教堂里这一最宝贵的城市遗产。培拉特中世纪时一位颇有名气的阿尔巴尼亚贵族名为斯库里佩基斯，一位真正的基督徒。斯库里佩基斯“和伯爵夫人一起”成功挽救了这份珍宝，像修道士一般谨慎地将古抄本藏在了城堡的一座高塔之中。

1943年秋天，法西斯军队也曾想霸占两份培拉特圣典。当时纳粹德国要求阿尔巴尼亚政府交出国家银行的黄金、犹太人名单和两本培拉特法典。阿尔巴尼亚人保住了法典和犹太人，但失去了黄金和硬币。据说，那时纳粹军官要求神父交出《培拉特紫色圣典》，但是神父说教堂里没有圣典。等到纳粹军官离开后，神父走到耶稣圣像面前说：“上帝，请原谅我没说实话。”神父们将法典放在了一个金属箱子中，并将箱子藏在祭台下面。在随后的几年里，《培拉特圣典–1》和《培拉特圣典–2》一直被报丢失。直到1968年，人们才在城堡教堂里再次找到了损毁严重的圣典。

1971年，通过政府间的协议，《培拉特紫色圣典》和《安提莫斯金色圣典》被运送至中国考古研究所进行修复，当时还复制了一份相同的圣典。原先的两本损毁的部分得到了修复，此后便被收藏起来。现在每页纸都单独密封在两边真空的玻璃板中，这保证了圣典能够保存很久。完成修复后，《培拉特圣典–1》被分为了9部，《培拉特圣典–2》则被分为21部，现存于地拉那中央档案馆。

圣典曾在梵蒂冈教廷图书馆举办的“人民的福音书”展览上展出，

时值基督教2000年大赦。经过政府高层允许，圣典又得以在阿尔巴尼亚国内展出。这是仅有的两次。

阿莱克苏德斯主教相信，《培拉特紫色圣典》由圣·约翰·克里索斯通（雄辩者）亲手所写。巴迪福则认为，“圣典看上去并不像圣·约翰·克里索斯通亲手所写。”圣·约翰·克里索斯通是基督教会的宗主教，他被证实在巴尔干腹地伊庇鲁斯度过了晚年。但是，他是在5世纪初去世的，古抄本则属于6世纪中期。或许这表明了圣典是由圣·约翰·克里索斯通创作，而最终由他人写就。

阿尔巴尼亚档案馆中收藏的一百多份“圣典”类的古抄本，其中有自15世纪开始抄写的神圣著作的复本，比如《圣经》、福音书和其他教会书籍，人们相信这些均出自当地修道士之手。这些古抄本创造了新的教会文学的形式，这一点也得到了其他证据的支持。

圣·尼凯塔和圣·耶柔米丰富了西方基督教文化，他们和同时代为丰富东方基督教做出贡献的人一样，翻译了古希腊语福音书，并将其制作为“圣典”形式的古抄本。

《培拉特紫色圣典》已经被列入《世界记忆遗产名录》，也获得了联合国教科文组织的世界遗产称号。《培拉特圣典–1》有190页，《培拉特圣典–2》有420页。

《培拉特圣典–2》，因为内页中字母呈金色故而也被称为《安提莫斯金色圣典》，圣典是公元9世纪的作品。圣典包括四本福音书，即《马太福音》《马可福音》《路加福音》和《约翰福音》。圣典中曾有这四位圣徒的画像，但是马太的那份现已遗失。圣徒画像周围有花朵和几何图案构成的画框。这本圣典同收藏在圣彼得堡的俄罗斯国家图书馆的一本圣典风格相似，德国学者库尔特·维兹曼据此认为这两本圣典同属9世纪。圣彼得堡的圣典被称为《希腊圣典53》。

除了《培拉特圣典–1》和《培拉特圣典–2》，阿尔巴尼亚还有十几份古抄本，它们是按照发现城市的名字命名的。其中有10世纪的《发罗拉圣典》、14世纪的《佩尔梅特圣典》和《斯库台圣典》、16世纪的《吉诺卡斯特圣典》以及19世纪初期的《费里圣典》(也称《圣·科西莫圣典》)。

12世纪后的圣典包含有关民族的信息、日常生活的规则、起名字、通过订婚或解除婚约而继承财产以及改变宗教信仰后的地位改变等内容。在最近两个世纪的古抄本中，世俗问题则占据了重要部分。在科尔察的一份18世纪的圣典中，处于核心位置的几个基本问题包括：智慧和博学的区别、智者和学者如何看待上帝、学者对宗教的看法、来世和自由以及学者对善良之人和美德的看法等。

阿尔巴尼亚的圣典有《圣经》、福音书、教父著作集、圣徒传记、礼拜仪式和音乐等不同内容。1292年的古抄本被称为《培拉特圣典23》，学者们普遍认为这是实际含有第一个完整八度音阶的文献材料。2007年，伦敦的联合圣经公会在文章前言中写到，约翰的福音传道者赞扬并感谢阿尔巴尼亚人民保护了这份重要的世界历史遗产。

1968年，维也纳图书馆向阿尔巴尼亚政府出价100万美元，想要买下紫色圣典。阿尔巴尼亚当局回绝了奥地利的出价，相反却向中国科学院请求帮助。《培拉特紫色圣典》具有极高的价值，因为它处于《圣经》尚未被统一的年代。圣典中的两本福音书均同标准版本有出入。

阿尔巴尼亚圣典也被视为当地的写作流派。中世纪时，本地作家有自己的会客室，他们在此进行专业的创作。阿尔巴尼亚圣典含有许多贵族家庭的信息，比如巴尔沙伊、斯库拉伊、穆扎科、阿利亚尼特–科穆内内等。本地阿尔巴尼亚基督徒的书写风格具有明显的普世教会主义特征：有西方基督教为满足东正教会的需求而翻译的内容，在拜占庭教会的福音书和礼拜仪式书籍上有典型的威尼斯装饰物，基督教古抄本里有用奥斯曼语写的内容。当地人民对这些文本的成功保护以及文本中普世教会主义等特征更使得这些圣典成为了阿尔巴尼亚和全世界的重要遗产。

作者：沙班·西纳尼

参考文献

阿莱克苏德斯·安希穆斯. 贝尔格莱德，今培拉特城的神话历史简介. 克尔基拉，1868.

皮埃尔·巴迪福. 阿尔巴尼亚培拉特紫色圣典. 巴黎，1886.

皮埃尔·巴迪福. 培拉特紫色圣典福音书. 考古学与历史研究，1885，第五辑。

格雷戈里·卡斯帕·雷内. 新约文本批判（1-3部）. 莱比锡，1900—1909.

阿尔巴尼亚圣典. 地拉那，2003.

人民的福音书. 梵蒂冈，2000.

塞奥凡·波帕. 阿尔巴尼亚中世纪微型画和绘画——10世纪—14世纪. 地拉那：科学院出版社，2006.

城市法规

阿尔巴尼亚人对欧洲人文主义最重要的贡献包括城市和教会的法规。这些法规是公共权利的基本法令，对奥斯曼人到来前的中世纪阿尔巴尼亚城市和社会生活进行规范。这类法规证明城市生活进入先进阶段，并且表明在阿尔伯利亚（中世纪的阿尔巴尼亚）贵族统治的地方，世俗和宗教的统一对社会的影响正在逐渐加强。阿尔巴尼亚现存的证据以及在地区内其他中世纪公国（拉古萨、威尼托、那不勒斯）发现的档案都证明了中世纪时期蒂瓦尔、乌尔齐尼、斯库台、都拉斯、达尼亚和德里什特等城市拥有自己的法规。1205年—1212年，都拉斯是公国，根据威尼斯共和国规定，法律和条令为司法机制提供基础。1290年，都拉斯城有了自己的钱币，1294年，亚得里亚海沿岸的拉古萨共和国通过和都拉斯做贸易，复制了这种钱币。一个世纪后的1392年，都拉斯建立了威尼斯模式的共和国，直接沿用了之前的城市法规。最早提到《都拉斯法规》编纂的内容要追溯到1150年。《都拉斯法规》在12世纪初完成了编纂，直到14世纪，至少又有两次修改，分别是1297年和1392年。位于克鲁亚的乔治·卡斯特里奥蒂·斯坎德培博物馆保存了一部分《乌尔齐尼城市法规》。这部法规最后一次修改是在1405年。

《蒂瓦尔城市法规》属于1405年—1445年间阿尔伯利亚反抗奥斯曼入侵时期编纂和确立的一批法规。有证据显示，克鲁亚城也拥有自己的法规，然而只有一小部分保存至今（有证据表明这些法规编纂于1288年）。

《达尼亚法规》经历了威尼斯共和国和乔治·卡斯特里奥蒂的时代，包括597项条款，是被奥斯曼帝国占领前最全面的城市法规。1319

年，法规在阿尔巴尼亚和整个巴尔干地区得到批准。这部法规是用拉丁文撰写的，字体很像印刷体，使用的纸张比A4纸大一些，版面布局是双栏，有大写字母、艺术字和微型画做装饰。法规保存在梵蒂冈城的档案馆，阿尔巴尼亚国家档案馆中保存有一些章节的复制品。

著名的克罗地亚学者米兰·舒夫雷最早表达了对阿尔巴尼亚城市法规原稿的科研兴趣。与舒夫雷合著《阿尔巴尼亚法令》的作者至少七次提到亚得里亚海沿岸的“城市法规”：1.《乌尔钦居民应支付拉古萨居民之前保证的金额》（1376年9月1日）；2.《拉古萨和都拉斯居民达成协议》（1379年7月8日）；3.《塞瓦斯蒂的尤尼乌斯·佩尔沃西承诺支付公共物品款项》（1386年2月8日）；4.《乌尔钦的拉古萨人承诺付款》（1390年3月19日）；5.《同位于威尼斯管辖的都拉斯城……》（1392年3月8日）；6.《乌尔钦同马里尼先生的购船协议》（1405年6月24日）；7.《威尼斯，在君主宫殿内》（1406年5月20日）。

不仅被称作“威尼斯阿尔巴尼亚”的那部分阿尔巴尼亚领土通过法规管理城市生活，整个西巴尔干都具备了这样做的成熟条件。蒂瓦尔和科托尔（从中世纪开始有阿尔巴尼亚人）均拥有自己的法规，同样如此的还有布德瓦、拉古萨（杜布罗夫尼克）、扎拉、卡波季斯第亚斯（科佩尔，斯洛文尼亚）、皮拉尼（斯洛文尼亚）和的里雅斯特等城市。

扎拉（阿尔巴尼亚人定居在此至少三个世纪）的法规全称是《扎拉法规，1563年完成全部修订和改编》，1997年出版的拉丁语—克罗地亚语《扎拉法规》的文献研究共766页，这份著作被视为地方文明的里程碑。第一版《扎拉法规》是1305年编纂的，最后一个版本则于260年后修订。

《斯库台法规》手稿收藏在意大利的柯雷尔博物馆，是阿尔巴尼亚城市法规中唯一完整出版的一份。《斯库台法规》用拉丁语书写，保存完好。倒数第二次编纂早于1392年。共有70页文本内容，分为279章。几年前，这部法规的阿尔巴尼亚语版出版，这可以被视为一次重要的尝试，重现了文艺复兴时期欧洲的城市权利传统和“以人为本”理念传播到阿尔巴尼亚的时代，罗马共和国曾有的公民权利得以恢复。这一现象的出现并非偶然。阿尔巴尼亚民族英雄乔治·卡斯特里奥蒂曾向这些地区派遣使节，加祖利兄弟曾在此地担任大使。

作为早于卡农法典的档案，阿尔巴尼亚城市法规反映了当时文明所处的阶段。在《斯库台法规》中，编纂者认为必须要在拉丁文文本中介绍两个巴尔干世界的术语：阿尔巴尼亚语词汇“besa”（信义，在这份法规中第一次出现）和中世纪斯拉夫语词汇“uražba”（复仇）。两个词均源自民族习惯法。民族学者认为，文本中使用这两个概念解答了为什么拉丁语对于当时的人不够用，并且解释了阿尔巴尼亚词语“besa”和斯拉夫词语“uražba”的使用原因。

相比于卡农法典，中世纪的阿尔巴尼亚城市法规有两个绝对优势：1. 从时间上看，法规要早于法典两三个世纪；2. 法典是农村地区法律权利的表达，也常被称为“高地法典”。

为了理解中世纪法规内容的重要性，这里我们要提到德里什特的城市法规。手稿全称为《德里什特法规》，收藏于丹麦皇家图书馆（珍稀手稿和书籍部），名为《按条款分的德里什特天主教会的法规和管理》。

中世纪时期东方的拜占庭教会通过的法规称为“nomokanone（规则、法规）”，其中包括之前确立的法规和实施的新意见、条例，用于管理教会、法院、政府机构和民众。

编号488的藏品是教会规则、法典和法规。包括：《培拉特圣典51号》《培拉特圣典53号》《培拉特圣典60号》《培拉特圣典65号》《培拉特圣典66号》《培拉特圣典67号》《培拉特圣典68号》《培拉特圣典69号》《爱尔巴桑圣典86号》和《吉诺卡斯特圣典97号》。

不同的是，罗马教会传统中，法规、条令和类似法令的汇编都鲜有留存。在罗马教会统治的地区，法规均属于“城市法规”。只有少数例外情况，比如《德里什特天主教会法规与条令》(简称《德里什特法规》)。事实上，在城市被奥斯曼帝国占领前夕，德里什特教会具备主教座堂的地位，组建了自己的教区，手稿的名字体现出了城市以及周边地区的高度城市化。

2005年1月之前，从没有阿尔巴尼亚学者提及《德里什特法规》手稿，直到最近阿尔巴尼亚学家才注意到。丹麦皇家图书馆珍稀手稿和书籍部门主任伊万·博塞卢普最早提供了1926年由艾伦·约根森编纂的《海牙皇家图书馆中世纪拉丁法典目录》一书的复印件，想借此获得关于法典内容的简要描述信息。约根森的目录最后落款“编号1822收藏品”，是“皇家图书馆目录编号”的缩写，其中包括《德里什特天主教会法规与条令》(1464年由主教恩杰尔批准)。

《德里什特法规》有44页。很长一段时间，这份档案是托马斯·菲利普斯爵士的私有财产(内页有题字“菲利普斯7308”)。1920年，丹麦皇家图书馆购买了这部法规。目录编纂者认为，手稿是由都拉斯主教保罗·恩杰尔批准的，他当时是阿尔巴尼亚统治者乔治·卡斯特里奥蒂公国的主事。约根森表示，在手稿第19页可以找到“保罗·恩杰尔的徽章”。对《德里什特法规》及其他法典的介绍里有一副精美的恩杰尔神父微型画像。画像和装饰性首字母是金色的，其余的文本内容则展现了当时的书写风格。文字属于典型的拉丁语，没有受到哥特、格拉哥里字母或西里尔字母影响，抄写者展示出极高的写作艺术。书写本身具有美学价值，特别是词汇的首字母，此外，页边空白也呈现严格的对称。书写使用了褐色墨水，由同一个人完成。文本使用了在当时非常珍贵的羊皮纸。手稿的封皮是后来制作的，时间不会晚于19世纪。第一页正面可以看到都拉斯主教恩杰尔的画像，他也是法规的确立者。画像是微型画，位于大写的拉丁字母P的半弧里。第四页到第九页没有文本的页边空白处记录了一些信息，内容和法规本身无关，是保存手稿的人记录的时间和个人信息。在文本最后是法典的空白页，有一份众天使名字的目录。完整的法规文本有922行。书写中用于装饰的首字母可以分为紫色、深蓝色和红色。在最后一页，文本内容包含术语为“封面页”的信息，这是伴随着打印技术的发明而出现的。上面提供了法规书写的起止时间、地点、名称、公证人和颁布机构等信息。

法典的抄写有可能是于1468年1月12日完成的，在乔治·卡斯特里奥蒂去世前一周。《德里什特法规》的手稿第一次被提及是在1915年6月德国藏书家卡尔·威廉·希尔斯曼的438号目录里。希尔斯曼想竞拍法规，但没有成功。之后，法规所有者再次在1920年的477号目录中提到了相同的文本。米兰·舒夫雷在1916年从伊万·博伊尼奇齐那里得知手稿的内容和所在地，因为售价太高而没有竞拍。因此，他找到富有的克罗地亚人劳，敦促对方“为萨格勒布大学图书馆购买手稿”。同样的请求也被转达给了著名的阿尔巴尼亚学家霍尔格特·佩德森。然而由于没有得到回应，舒夫雷只得求助他的朋友萨洛奇，建议“维也纳或者布达佩斯研究院”作为买家购买手稿。与此同时，他还向贝尔格莱德的塞尔维亚科学院求助。1920年，他得知手稿以2000马克的惊天高价售出。舒夫雷对此非常担忧，因为手稿依然落在了私人买家手中，而且购买者的名字并没有公之于众。不过，舒夫雷并没有妥协。他希望有朝一日能亲手拿到手稿，出版这份关于“阿尔巴尼亚中世纪城市的无价资料”。1924年，通过他的朋友——阿尔巴尼亚学家巴里克的帮助，他知道了买家的名字——丹麦的托马斯·菲利普斯爵士。在诺瓦克和巴里克两位阿尔巴尼亚学家的帮助下，舒夫雷请霍尔格·佩德森作为中间人联系菲利普斯爵士，以便获得手稿影印件。1925年，舒夫雷终于拿到书稿副本，但并不是完整版。他和诺瓦克一起准备出版手稿，在佩德森的支持下，终于以《关于阿尔巴尼亚古老性、语言和民族的档案资料》为书名出版。

手稿的撰写者是蒂瓦尔的教士、公证人西蒙·德罗马西斯，他于1468年1月12日完成了手稿的抄写和公证。公证人抄写的版本是1464年的官方文本，由都拉斯教士、公证人乔恩·莫罗所写。当时，恩杰尔主教已经过世，但是他在四年前就已经发出确认，通过教皇的法规证明了都拉斯教士莫罗所写的文本，后者曾是恩杰尔主教的秘书。

1456年，教皇卡里克斯特三世同意萨帕主教乔治重新修订《德里什特法规》，“出版法规中的部分条款章节”。教皇卡里克斯特三世和萨帕主教乔治的过世推迟了修订法规的颁布。之后新任教皇庇护二世上任，德里什特教会写信请求教皇并得到了教皇积极的回应。

1463年，多卷的《天主教会圣统制》出版，教皇命令恩杰尔主教及其助手确定之前的《德里什特教规》是否需要修订。恩杰尔主教的助手是斯库台副主教，信件中并没有提到他的名字，但是资料显示他叫萨缪尔，是多明我会修士。两人非常积极地编纂法规、完成终稿。1464年11月21日，在本笃会修道院，修订版的法律效力最终得到承认，恩杰尔主教、斯库台副主教、贵族曼努埃尔和乔治·托皮亚以及教区内其他牧师都在场。

罗马教廷关于修订法规内容的要求以及同教会的通信都只提到了“现有法规”，因此，我们可以知道法规修订的最终日期，但是并不清楚德里什特教会和城市生活的法规条例最早是何时开始制定的，能够确定的是要比最终日期早得多。法规文本中有直接证据可以证明早期法规的存在，比如：“古代法规和我们的法规一样”（第2章），“古代的内部管理规则”（第39章），“古代遵守的法规”（第44章），“依照古代道德和法规”（第46章）。其中还提到不时会有人修改内容。间接的证据是地方牧师等人的通信和描述，表明《德里什特法规》从1397年开始制定。

《德里什特法规》以古代地方权利传统为基础，并继承了阿尔伯利亚广泛存在的对规则和惯例的编纂传统。比如，“年轻人应该如何尊重长者以及长者应该如何关爱年轻人”。法规决定如何选举教区牧师和法官，如何使用教会的印章，如何编纂教廷的文章。法规为准备特定文件提供统一指导，比如协议、条约以及规定如何赋予特权，还包含对盗窃和诈骗的处罚和罚金等法律条款。此外，法规规定了教士的地位，规定他们在谈判、协议中的权利以及违反法规的惩罚；规定如何处理市民的抱怨，如何在成文法缺失的情况下进行制裁，如何诚实地判决；以及始终遵从教会的教导和处罚，尤其是在涉及对重婚罪的判罚时。

法规也包括“社会团体应该向学者提供帮助的文章”。手稿包含了教会和世俗社会的法规，其内容彼此渗透，因此手稿具备了地域性价值。当这一地区面对着新的政治、军事、宗教和文化元素时——比如奥斯曼帝国的出现，这种价值更为凸现。

作者：沙班·西纳尼

档案馆的珍宝

阿尔巴尼亚国家档案局、档案总局（GDA）是全国最重要的档案机构，负责收藏、保存、管理和提供关于阿尔巴尼亚历史的重要记录。阿尔巴尼亚国家档案局的历史同阿尔巴尼亚民族、国家历史紧密相连，反映了历史的发展进程和不同阶段的状况。档案记录的开端可以追溯到古代，当时在伊利里亚王国的图书馆中保存着图书和档案记录。最早提到设立历史中心档案馆的档案是1931年1月2日国家高等委员会的决议，决议讨论了几件重大事件的章程起草的问题。1947年，国家档案局作为研究院的独立部门得以建立。

1949年6月8日部长会议21号命令（见阿尔巴尼亚国家档案局档案F.890, V.1949, D.501）宣布国家档案局为独立机构。1951年，国家档案局转隶内务部，直到1962年。同年，国家档案总局创立，从属于部长会议（见阿尔巴尼亚国家档案局档案F.890, V.1960, D.27）。

1984年6月19日，阿尔巴尼亚议会第一次通过“关于国家和档案局档案的法令”。1994年7月，在国家转轨后，阿尔巴尼亚多党议会基于1991年4月24日7491号法令第16条，“依照宪法主要条款”并按照部长会议的提议，通过“关于国家档案卷宗和档案工作的法令”。2003年11月6日，基于宪法第1条第78和83款并根据部长会议的提议，阿尔巴尼亚议会通过关于档案局的9154号法令。

档案馆的工作直接同档案这个概念相关联，传统意义上的档案馆指的是保存从古至今所有档案的机构。

保存在地拉那阿尔巴尼亚国家档案局和地方档案馆的档案记录了所保存档案的来源、类型、创建的时间和地点，最早的一份记录来自公元

6世纪。

档案馆的工作是保存珍贵的国家遗产并采用科学的技术手段进行管理，编辑档案搜索工具，不断扩充有关国家遗产的记录，管理个人档案、在海内外活动的私人部门的档案，尤其是国家和地方管理机构以及国际组织、协会和基金会等机构的档案，也包括阿尔巴尼亚国内从事政府或非政府活动有关的机构的档案。

国家档案局的职责可以总结为如下几条：

1. 进行开放和持续民主化的国家档案服务，确保为公众服务；

2. 利用中央档案馆和地方档案馆的库存解密档案；

3. 在档案总局的监管下丰富国家档案网络；

4. 以科学的技术方法管理中央档案馆和地方档案馆档案；

5. 将工作经历档案存放在地方档案馆和社保中心；

6. 国家档案网络工作人员需考核上岗，以科学的技术方法管理各机构档案；

7. 从事出版和组织活动。

阿尔巴尼亚档案馆珍藏

一、李斯特手稿（书信及乐谱）

1962年，著名的匈牙利作曲家李斯特·弗伦茨的一组档案被保存在地拉那中央档案馆（CSA）。这份原稿内容质朴，包含一份三页的李斯特自传、一份真实的乐谱、一份十八页的翻译以及一个斯库台家庭进行档案传递的历史背景资料和其他证据。由于李斯特的手稿具有极高的价值，因而手稿同阿尔巴尼亚的古抄本以及其他极为珍贵的国家档案珍藏一起被保存在“地下室”。此前，这些档案是科勒·莱卡家族的文化遗产，几代人珍藏了一个多世纪。

李斯特手稿几经波折最终到达阿尔巴尼亚并得到保护，这段不凡的经历和李斯特本人一样令人钦佩。科勒·莱卡与李斯特相识，他受到委托收藏这些档案以使其免于被当作废纸“论斤卖掉”，并被委托前往中央档案馆交付乐谱和两封伟大的奥地利作曲家的亲笔信。这一路十分艰苦：

> 我的先辈舒克和卢克·莱卡是斯库台的商人，他们在乌尔齐尼、贾科维察、普里兹伦、希腊和深津等地同外国人做生意。舒克是长兄，他有一位做古董买卖的犹太朋友。舒克送了他一份礼物，作为交换，他给了舒克一本书和李斯特的档案，并建议舒克妥善保管——因为这些档案对了解音乐史很有价值。我父亲不记得犹太人的名字了，但是他把发现档案的经过告诉了我（原文使用阿尔巴尼亚语盖格方言）。
>
> 兄弟二人在深津死于霍乱。当时，由于医疗条件并不发达，这一传染病席卷很多地方，夺走许多人的生命。这是120年前发生的事情。
>
> 我的祖母得知他们俩的死讯后，便和她的兄弟骑马赶往深津。他们在店铺里找到了一些交易文件和收据。库存被洗劫一空，他们在一本书中发现了李斯特的档案，并将其带去了斯库台。
>
> 他们将档案带到斯库台后便交给一个男人保管，他最终按公斤卖掉了一部分档案，因为他没有足够的地方储存，而且他也并不了解这些档案的价值。我们认为其他珍贵档案、手稿或许就在这些遗失的档案之中。
>
> 当我还在上小学时，曾参加绘画课，在课上画了李斯特的肖像。我知道他是一位著名而伟大的音乐家。当我获得了这些档案后便保存在笔记本中，希望日后遇到一位音乐家的

时候可以与之分享，或者可以将档案交到了解并且珍惜其价值的人手中。

恕我冒昧，

科勒·莱卡

斯库台，1963年1月10日

李斯特的手稿于1842年—1845年间被带到阿尔巴尼亚，现存于中央档案馆。事实证明，莱卡家族的先辈是在很偶然的情况下得到这些文件的，在他们经历霍乱、遭到洗劫后，科勒·莱卡得到了珍贵的手稿，而账簿、收据和交易文件则因为无处存放被按公斤出售给了斯库台的另一个家庭。同样偶然的是这些文件没有被卖给匈牙利驻阿尔巴尼亚大使馆，虽然据记载，匈牙利人“出价很高”。而这些“偶然”也一直受到尊重，表明李斯特的作品在阿尔巴尼亚得到了完好的保存。

李斯特不为人知的乐谱被称为《幻想曲》。这个名字是在作曲家写给卡米尔·普莱耶尔夫人的信中找到的。事实上，最初的文本是用法语写的，名为《我的狂想（曲）》，为曲名赋予了双重含义。如果考虑到李斯特曾写过名为《幻想曲》的华尔兹，那么“我的狂想”这层含义则更为可信，因为作曲家通常不会反复使用同一个曲名。

乐谱只有正反两页纸，书写优美，所用墨水的颜色和写给普莱耶尔夫人的信中使用的一样。音乐学者认为这份乐谱是李斯特的音乐习作，演奏时间约为两三分钟。

普莱耶尔夫人和李斯特的通信并非偶然。二人通信时（不会晚于1845年），她的父亲普莱耶尔在巴黎为包括李斯特在内的最伟大的音乐家举办音乐会，他也是欧洲最有名的钢琴制造商。普莱耶尔的家族传统一直延续到现代。巴黎著名的“普莱耶尔”音乐厅曾培养过许多杰出作曲家，如今，音乐厅得到很好的保护。

从李斯特写给普莱耶尔夫人的信中，我们可以感受到两人之间牢固的友谊和对彼此的爱慕之情。李斯特潇洒而绅士，反映了巴黎世界高雅的潮流。然而在这种克制、华丽的风格下，他突然爆发出强烈的情感，抱怨新作曲家进行创作实验而且作品“刺耳”，讽刺“过度作曲的创作”。李斯特的精神状况也开始崩溃，他相信极富天赋的普莱耶尔夫人能亲自演绎他的作品必将为作品增添特殊的意义。此外，想到两人共同的朋友柏辽兹和朔特，他请求对方不要抛弃自己。

致普莱耶尔夫人：

亲爱的、高贵的伙伴，我现在把《幻想曲》寄给你，曲中有和弦、八度音节和普通而忧郁的旋律，听上去非常美妙、不同凡响。我们很多同事一直以来的作品并不优美而且刺耳，这件事长久以来困扰着我们。

不过，您天赋异禀，倘若您愿意以无双的纤指带着回忆弹奏钢琴，演绎这些乐章，我确信这些乐谱将焕然一新、震撼世人。

朔特对这件事的看法和我一样。我们共同的朋友柏辽兹狡猾地将朔特比作“睡美人”，因为毫无疑问柏辽兹在需要发表一堆或好或坏的乐谱时是从不睡觉的。

曲作者和出版商都诚恳地希望，您对这首过度作曲的作品施以恩惠，借由您的双脚展现，再传达到您的双手上。出版商恳求您为公众弹琴，因为他们自始至终从未停止对您的爱慕，而我祈求您可怜我，因为我已不知如何度日，除了将一切琐碎写在信里。

带着永远的尊敬，

弗·李斯特

一小部分研究李斯特的学者注意到他寄给普莱耶尔夫人的信件并未寄到收件人那里，如今距当年已经过去了160年，而这封信也同简短的《幻想曲》有着一样的命运。信件和乐谱透露了李斯特焦虑不安的情绪，带着些许“像同事们一样”的实验兴致、些许自责以及满满的甜蜜。

美国学者詹姆斯·胡内克所写的《肖邦画传——肖邦的一生及其作品》一书于2001年在纽约出版，他在书中将肖邦的《幻想曲》同李斯特的《幻想曲》做比较，前者是著名的钢琴叙事曲，后者也非常有名，但却是一首风格迥异且篇幅很短的音乐作品。胡内克认为，肖邦的叙事曲条理分明、作曲完整。胡内克通过钢琴家帕赫曼的观察和感受来分析肖邦的作品。在帕赫曼看来，这篇作品呈垂直结构，带有能传达给听众回音的特质。“这是一场情感的风暴。这首叙事曲让人联想到龙卷风。”在演奏《幻想曲》时，钢琴大师在音色方面出现了一些困惑和混乱。胡内克写道：“李斯特·弗伦茨对弗拉基米尔·德·帕赫曼说，关于《幻想曲》的作曲，肖邦是在自己（李斯特）作品的基础上进行创作的。《幻想曲》前两节节奏快，之后是肖邦自己所作的第三、四节，可以用法国人所说的‘进入’做标题。这一切不断重复直到结束为止。”——同李斯特一样，乔治·桑、卡米尔·普莱耶尔夫人等人也有这样的想法。

胡内克所做出的对比非常重要，可以帮助我们通过《幻想曲》来理解李斯特的音乐，因为这个吸引了其他作曲家的曲名也吸引了李斯特，而他写给普莱耶尔夫人的信并非是作曲家生命中同这位女士的唯一交汇点，他们对肖邦的《幻想曲》的看法也是一致的。

舒尔茨教授是世界知名的研究李斯特作品的学者，通过向包括他在内的李斯特·弗伦茨研究院的奥地利专家请教，近年来这份编号65的手稿得到了重新评估。这些评估明确证明了：1. 李斯特写给普莱耶尔夫人的信的确是这位伟大的匈牙利作曲家不为人知的一份手稿；2. 另一封写给普莱耶尔夫人的信也是李斯特亲笔所写；3. 乐谱有可能不是李斯特写的，但肯定是他的作品，因为乐谱上没写其他东西，所以很难通过音符的字迹辨别到底出自谁手。

奥地利专家指出，普莱耶尔也创作了部分内容。他们中一些人认为可能是普莱耶尔夫人亲自誊写的乐谱。但是这种假设也引发了其他几点疑问，比如李斯特的乐谱是怎样到了普莱耶尔夫人手中的，为什么她后来遗失了信件和乐谱。因此，将李斯特和普莱耶尔的创作内容区分开并不容易。

李斯特的第二封信很简短。在短短几行里，读者得以了解到作曲家完全不同的另一种性格。信中的他，不是那个请求女士比如普莱耶尔夫人照顾自己的李斯特；也不是那个认为自己的作品需要从天才钢琴家和大多数作曲家的赞助者那里获得真正价值的李斯特。李斯特在信中将一位年轻人推荐给自己的朋友并表示这个并不出名的年轻人“有着光明的未来”。然而，因为李斯特的这封信先后到了犹太人和卢卡家族手中，最终保存在国家档案馆，所以这个年轻人并没有被推荐给“斯皮纳先生”。不过也许没有这封信，这个年轻人依然前途光明，谁又说得准呢？或许学者们会将这封信作为依据来寻找斯皮纳和黑勒，由此便能证明李斯特的预测。他肯定会立刻谦逊地写信给老朋友：

> 亲爱的斯皮纳先生：请允许我写这封信给您。作为您的老朋友，我想向您推荐黑勒先生，这个年轻人前途光明。
>
> 我非常感谢您将为他所做的一切。我确信，您可以相信我对他的看法。
>
> 亲爱的斯皮纳先生，您的老朋友，真诚的，
>
> 弗·李斯特

阿尔巴尼亚的李斯特基金是阿尔巴尼亚同世界文化交流的体现，未

来李斯特的手稿将被录入在联合国教科文组织最重要的文献保护项目《世界记忆遗产名录》。

二、具有全球价值的独一无二的录音档案

长篇录音档案是声音档案史上一种非常古老的记录方式。中央档案馆中保存着阿尔巴尼亚语音档案，其中不仅有一系列精选的人声档案，还有大留声机以及数字录音机等最新设备。

中央档案馆开始收藏声音档案已有一世纪之久。从专业角度看，这是录音档案一百年的发展史，因为档案馆中还有比这些更古老的档案可以证明录音档案的历史。其中一些录音要追溯到19世纪末，主要收录了当时杰出人士的声音，有些是托马斯·爱迪生亲自录音的。

存于中央档案馆中的部分早期录音档案是1899年用留声机录制的歌剧《曼侬·莱斯科》中的独唱、帕埃尔的协奏曲、梅耶贝尔的《北方之星》，另有一部分是1901年的录音瓦格纳的歌剧《罗恩格林》中的独唱、柴可夫斯基的《禁卫兵》中的独唱、阿莱维的《犹太女》中的独唱，这些分别由位于慕尼黑和彼得堡的世界上最早的留声机录制。

许多珍贵的声音档案都散落各地，被个人或机构收藏。乔治·费施塔朗诵《高地拉胡特琴歌》、艾哈迈德·索古庆祝自己婚礼的录音、范·诺利晚年时与人的友好交谈以及恩维尔·霍查在巴黎和会上的讲话至今依然保存完好，没有因时间的流逝而损坏。

中央档案馆录音资料存档有着历史性和特殊性。这些存档将具有珍贵历史价值的阿尔巴尼亚录音同世界各地稀有的录音资料聚在一起。

20世纪80年代初，阿尔巴尼亚政府接到了一份奇怪的请求：一位英国公民马丁·莫伊尔继承了一大批唱片，想捐赠给阿尔巴尼亚国家档案局。1981年，他在寄来的第一封信中表达了自己的意愿。由于当时发生

了两件事情，所以阿尔巴尼亚政府对于是否应该接受这份礼物感到迟疑。第一件事是，几个月前，阿尔巴尼亚央行收到英国政府寄来的由时任首相玛格丽特·撒切尔签名的支票，面额同“科孚海峡案”中被“三方委员会”扣押的黄金价值相等。虽然专家证实了支票是真的而且不附加任何交换条件便可换现，但是霍查坚持认为这是“西方在试探”阿尔巴尼亚同中国关系破裂后的经济状况。阿方没有做任何解释，将支票退回给英国政府。第二件事是穆罕默德·谢胡自杀以及他的家人被拘留在重刑犯监狱。而很不幸的是这所监狱就位于国家档案局后面。穆罕默德·谢胡被指控为多国间谍，其中就有英国，因此，这位捐赠者的意图很容易被认为不是要将他的收藏带到阿尔巴尼亚，而是为了利用这种局势调查监狱的位置。马丁·莫伊尔在三年间劝说阿尔巴尼亚当局接受这份礼物所做的努力要比希腊人说服特洛伊人接受代表勇敢和抗争的木马所做的努力还多。最终，1984年，包括涅奇米叶·霍查在内的党的最高层和国家领导人同意接受马丁·莫伊尔的收藏以及他本人正式来访阿尔巴尼亚的请求。为了向他表示感谢，阿尔巴尼亚当局赠送了莫伊尔一辆国内生产的自行车并允许他独自在中央大道散步。

阿尔巴尼亚录音档案的历史是伴随着一份世界知名的声音档案开始的。1902年11月12日，“佐诺锋”公司制作了限量唱片，其中包括当时最伟大的意大利男高音恩里科·卡鲁索的歌剧演出。这份声音档案包含七份原始唱片，1902年制作的唱片收藏于中央档案馆音像资料馆中。

音像资料馆里还有一张录制了法国天才弗朗西斯·普兰特的钢琴演奏的唱片。这张唱片中由普兰特弹奏、舒曼创作的《预言鸟》是世界音乐唱片史上的珍宝。同样重要的还有勃拉姆斯小提琴协奏曲的黑胶唱片——由曼克演奏、阿本德罗特指挥。中央档案馆音像资料馆还收藏了1917年由著名作曲家、指挥家魏斯曼在巴黎指挥的贝多芬的作品，奇怪的是这部分作品至今没有再次表演过。

作为艺术珍宝，翻录唱片在人声史上具有巨大价值，音像资料馆里有教皇合唱团的赞美诗（第109—111篇），中世纪初的教会音乐（11世纪—13世纪），16世纪安布罗斯修士会和拜占庭圣歌、三首歌曲、由海因里希·芬克作曲的日耳曼赞美诗和奥兰多·德·拉絮斯创作的教会复调音乐。

阿尔巴尼亚珍藏声音档案的习惯从档案馆建立之初便已存在。阿尔巴尼亚语的声音档案在时间上与1908年范·诺利在波士顿第一次用阿尔巴尼亚语举行弥撒的时间相同，目前保存的档案是1978年复制的版本。演员亚历山大·莫伊西出演《哈姆雷特》《浮士德》以及席勒的《唐·卡洛》的三张原版唱片也是档案馆的珍藏，这些唱片在阿尔巴尼亚本土还不太知名。中央档案馆保存了年代最久远的阿尔巴尼亚国歌的录音（1921）。内斯托尔·穆科·希马廖蒂、泰弗塔·塔什科、玛里耶·克拉娅、克里斯塔奇·安托尼乌等人演唱的阿尔巴尼亚古典音乐和哈菲泽·莱斯科维库、斯皮里当·伊洛、德穆卡和哈伊罗等人演唱的民歌也是珍贵馆藏。此外，档案馆还收藏了贝拉贝拉·巴托克、埃尔内斯特·布罗奇、克劳德·德彪西、谢尔盖·普罗科菲耶夫、莫里斯·拉威尔、谢尔盖·拉赫曼尼诺夫、德米特里·肖斯塔科维奇等大师的作品。

阿尔巴尼亚的录音档案保留了许多在国家文化生活中可以重获活力的珍品。中央档案馆收藏了许多伟人讲述人文思想的录音，比如列夫·托尔斯泰（《宗教是什么》，1907）和阿尔伯特·爱因斯坦（20世纪30年代）。该系列中也收录了列宁（1919）、希特勒（1934）、张伯伦（1938）、丘吉尔（1943）、墨索里尼（1938）、斯大林（1937）、戴高乐（1958）、肯尼迪（1963）等人的原声。维也纳录音档案馆建立后不久，阿尔巴尼亚档案馆便开始收藏录音档案。

三、奥斯曼登记簿

城市中伊斯兰教法官的登记簿是解释文明由东方向欧洲过渡的主要资料。登记簿是记录，或者更准确地说，是奥斯曼帝国政府在各地的档案记录；与此同时，这也是历史、法律和行政领域的财富，见证了巴尔干国家对伊斯兰文明的接受过程，曾经的奥斯曼帝国称这一地区为“罗马的领土”，也就是土耳其位于欧洲的部分。

阿尔巴尼亚的城市中，培拉特城，或是奥斯曼帝国所称的“阿尔巴尼亚的贝尔格莱德”，拥有登记簿的完整版本。《培拉特伊斯兰教法登记簿》记录了一个多世纪内伊斯兰文明同阿尔巴尼亚文化之间的历史联系和交流以及伊斯兰文明对阿尔巴尼亚所产生的影响。这本几千页的书几乎包含了帝国政府所有的官方通信，尤其是来自作为“皇帝和哈里发”的苏丹的信件。内容主要分为以下几类：苏丹的诏书、证书、法令、法院判决、命令、授权、帝国敕令、公告、决议、控告和遗嘱。这种分类形式也说明登记簿主要以来自帝国的文件为主。奥斯曼帝国有一条为人熟知的行政规则：由中央政府发放的文件只写一份，这份文件会送到发生事情或是中央政府认为有必要介入的地区；而伊斯兰教法官需要逐字复制这份文件，确认收到信息，之后原始文件会带回给中央政府。

只有当伊斯兰教法登记处抄写完毕，帝国中央政府的法令才会生效。因此，伊斯兰教法官虽然不属于帝国级别最高的官员，但权力非常大。他们最早接到中央发来的国家消息，其中有的消息关系到地方政府官员，这些人在行政级别上比法官更高；他们也是最早了解地方官员、军队将军和队长命运的人。

《培拉特伊斯兰教法登记簿》是非常重要的记录，其中有关于四个多世纪来在阿尔巴尼亚和巴尔干其他国家发生的历史事件及核心人物的真实档案。许多年前，这本登记簿据估算有192卷，经过后来的档案搜索，确定有约211卷内容。人们认为在奥斯曼土耳其语档案中也包含一部分属于这一登记簿的内容，而且应该纳入其中。中央档案馆的这份珍藏不仅对于东方学者非常重要，对于阿尔巴尼亚学者而言也具有很高的研究价值，其中很多条款的翻译都是由突厥语专家完成的。

帝国的登记簿不仅包括中央政府和地方政府间的通信，也有在帝国发生的所有重要事情的信息。《培拉特伊斯兰教法登记簿》中另外记录了关于人口，财产，权力发展和特许权，行政官员的任命和免职、判刑和升职、惩罚和奖励，文化和宗教情况，国家权力和民族文化权利之间的关系，战争与和平，起义和投降，自然现象，瘟疫，饥荒和丰收年份，世界奇迹以及重大事件等相关信息。其中不仅提供了阿尔巴尼亚人的信息，还扩展到其他地区，从摩尔多瓦、波兰、俄罗斯、英国、威尼斯到直布罗陀。埃莱尼·杜卡曾发表过一份短篇研究，解释这部登记簿的价值。

《培拉特伊斯兰教法登记簿》由上百人用不同的笔迹写成，按严格的时间顺序，从1603年开始直到1923年结束。这份档案的价值非同寻常，为人们研究不同政权高度融合的政府职能提供可能，不仅是世俗和宗教权力，还有世俗权力中的不同权力。许多从帝国中心送到这里的诏书内容都体现了司法权、行政权和特许权，而诏书同时也是一种需要执行的法令、法律，从权力角度讲则属于命令。

现在，当世界各地迅速以联邦结构重新结合成多文化、多宗教、多语言的多民族国家后，《培拉特伊斯兰教法登记簿》不仅有对历史的记录，其中涵盖的时空一体更别具价值。这本登记簿中的证据可以帮助学者研究那些民族、语言、血统、宗教、文化不同的人们如何在同一片屋顶、同一个中央集权下共同生活。

《培拉特伊斯兰教法登记簿》中有关于帝国赋予基督教团体的权利以及法律对基督徒的保护的相关内容，这些行政法令具有特殊价值。1680年的苏丹诏书允许大主教伊格内修斯在其管辖内的基督教区收税。同一时期的另一份诏书命令地方政府在曼加莱姆和戈里察附近把占领的基督徒房屋腾空，修缮城市中的老教堂和修道院并允许神父重建。帝国颁布了许多法令以确保对东正教会最高教职人员的任命，这些人员之前由教会权威任命，比如培拉特教区任命迪奥尼西斯代替伊格内修斯（1845），任命奥赫里德教区牧师耶尔马诺斯（1647）及其他类似情况。

《培拉特伊斯兰教法登记簿》中抄写的帝国信息种类繁多。奥斯曼土耳其苏丹的诏令、证明、法院判决、公告、命令、条例等可能有关于整个巴尔干地区的信息；也有普通的消息，比如关于一个有内部矛盾的家庭如何分割财产或者店主女儿的嫁妆应该分配多少等。这是因为奥斯曼帝国的每位公民，不管他住在哪个地区、信仰什么宗教以及财产多少，他都有权利直接向苏丹诉苦。帝国的行政中心则负责为公民的投诉进行评价，苏丹规定同一个家庭内的矛盾应由同一个官员负责，而地方政府机构或官员间的争论也是这样解决。因此，《培拉特伊斯兰教法登记簿》同阿尔巴尼亚其他城市的登记簿一样，包含数不清的苏丹诏书（法令）。诏书不仅管理国家机构，还规范了家庭内部关系，特别是那些名门望族、大户人家，但是也有穷人家庭。帝国的中心对每个市民的信息都非常关注，它有获取信息的能力，并且在发现有关于公共问题的讨论行为后及时介入这类学术和文化交流。众所周知，培拉特城一直是繁荣的文化中心，即使是在阿尔巴尼亚的“阿尔哈密亚达”时期（用阿拉伯字母写阿尔巴尼亚语），也有由音节字母书写的文学作品。来自弗拉库拉的纳奇姆与国家教法权威阿里毛拉将城市一分为二并为此展开竞争。奥斯曼帝国非常关心此事，族长于是写了封信给地方政府：

尊敬的阿尔巴尼亚贝尔格莱德法官：

> 首先向您表达我的问候，我想通知您培拉特的阿里毛拉将不再担任签发伊斯兰教令的职务，因为我们得知了他的不当行为，他参与了一些争端，致使城市出现混乱。您务必向他重复这项命令，要求他从今天开始不再参与教令工作。感谢。（《哈基·沙罗菲及其作品》，地拉那，2000年，第149页）

苏丹的诏书不全是由苏丹签发的，也来自其他官员。当然，这些诏书是由想脱离帝国控制的叛乱官员签署的。由阿里·帕夏·台佩莱纳所写的诏书如下：

> 培拉特那边的基督徒、在米泽切格拉波瓦的瓦拉几人、农民和庄园主，我通知你们，我任命了一位管理者去修复科兹马老人的修道院。按照主教的指示，为了重建修道院我出了很多力，你们也应该提供帮助。那些不愿付出的人会让我非常失望，并将进行双倍偿还。按照我的命令去做。吉诺卡斯特，1813年9月12日。

这些政治、社会、习俗和自然方面的记录证明了《培拉特伊斯兰教法登记簿》如同一个数据银行。登记簿中的年代纪事不仅可以提供情报，还具有官方性、民族性、科学性的特点，而且颇具文化内涵，也因此揭示了城市历史中不为人知的一些真相，甚至包括更广的范围，几乎涵盖整个阿尔巴尼亚。其中提供了关于极端天气、地震、瘟疫、日食和月食、饥荒年份、蝗灾年份、作物早熟的年份以及季节乱象（比如夏天下雪，冬季作物在春天收获）等方面的详细记录。

还有一部分官方法令看上去都是无足轻重的信息。然而事实上，这些表明了官员对社会生活的关注。比如1828年的一条法令禁止公共场合穿戴绣有金银丝的贵重衣物。出现这样的法令或许是因为政府想要避免人们的生活出现巨大差异，或者因为昂贵的贵族服饰使用了许多贵重金属。《培拉特伊斯兰教法登记簿》中只有一篇记录是关于教派方面的信息，登记簿的记录始于伊斯兰教历1170年，其中近30年时间里记录了454条有关这座城市的不同事件。

本文中引用的所有档案以及单独提到的内容均参考中央档案馆（CSA），库存65，卷1–2。

作者：沙班·西纳尼

美术

古代

阿尔巴尼亚境内的具象艺术源于古代，最早的发现来自新石器时代。国内多地有大量考古发现，包括成百上千的陶器、赤土陶、金属装饰物等，这些文物属于阿尔巴尼亚人的祖先伊利里亚人。早期的工艺品十分简单，旨在实际应用，然而容器、饰品、石刻等其他元素中展现的动物风格也具有艺术价值。从公元前6世纪—公元前4世纪，陶器上开始出现线条和几何形状；图案和轮廓变得精美，搭配的造型元素也更为丰富。这一时期的大量容器保存在阿尔巴尼亚的博物馆中，这些容器辨识度高，有自身的特色，并没有受到古希腊、马其顿或罗马等古代邻国艺术的影响。这些古代容器因具有可塑性强的装饰和裂纹，促使雕塑艺术在阿尔巴尼亚出现和发展。伴随着拜利斯、阿曼蒂亚、腓尼基和布特林

大理石雕塑《布特林特的迪娅》

特等伊利里亚城市的形成，越来越多特征明显的雕塑艺术出现，此外在都拉斯、阿波罗尼亚和奥里库姆等古希腊殖民地也有很多雕塑艺术。

伊利里亚和拜占庭时期

伊利里亚的城市在圆雕和浮雕艺术上实现了进一步发展。首先，雕塑借用古希腊文化，特别是柯林斯和柯西拉文化传统中的元素逐步演变。

大理石雕塑《阿尔忒弥斯》，阿波罗尼亚

后来在公元前6世纪初，随着同古希腊传统文化的接触，伊利里亚艺术产生了新的与众不同的特征。阿波罗尼亚和都拉斯是这一时期最重要的艺术中心，拥有本地的雕塑大师，他们通过雕刻和凿刻创作出相比古希腊艺术品更具特色的作品。都拉斯博物馆展出了该地区发现的重要的、未完成的雕塑，这也证明了这些雕塑是在伊利里亚人的领地制作的。在阿波罗尼亚和都拉斯，人们发现了早期陶器制作地点的遗址，很多收藏在阿尔巴尼亚各博物馆的美丽而古典的容器和花瓶都是在这些城市制作的。器物上的绘画代表了不同场景，比如神话、体育竞赛、搏斗等。通常是红色背景上绘制黑色图案（公元前6世纪—公元前5世纪）和黑色背景上绘制红色图案（公元前4世纪至古希腊时期）。这些图案看上去极具动感，画面协调而灵活。这一时期也制作了很多青铜雕塑和赤土陶器，以世俗形象为主题，包括孩子、牧羊人等图案。此类艺术形象也可以在同时期的阿波罗尼亚、都拉斯和奥里库姆发行的货币中找到。

一些伊利里亚城市和古希腊殖民地的繁荣也推动了艺术的发展，其形式和工艺具有多样性，从壁画到单色画和彩色镶嵌画。公元前1世纪，罗马人的入侵致使伊利里亚城市出现了一段时间的经济衰退，但是阿波罗尼亚、都拉斯、布特林特等主要城市为了达到罗马帝国的统治要求反而进入了经济繁荣期，各类视觉艺术也取得长足发展。

镶嵌画

阿尔巴尼亚最早的镶嵌画是在都拉斯发现的，这要追溯到公元前4世纪。镶嵌画由彩色鹅卵石拼制而成，其独一无二的艺术价值使之在这一领域与众不同。到目前为止在阿尔巴尼亚境内发现的最美的镶嵌画是《都拉斯美人》，画面优雅，极具艺术创造力。这类艺术形式在公元前1世纪达到顶峰，之后人们不再使用鹅卵石，而是改用小石块、玻璃、大理石和赤陶土。人们在阿波罗尼亚、都拉斯和布特林特发现了这种材质的镶嵌画。

布特林特洗礼堂的镶嵌画

镶嵌画后来的发展大致同早期基督教遗址有关。5世纪后，镶嵌画同早期的有所不同，比如阿波罗尼亚的镶嵌画被排列更为松散的几何图案替代，后来的镶嵌画图案多呈现动物、果树、花朵等其他早期拜占庭艺术元素。这些作品，尤其是布特林特的洗礼堂和利恩、安提戈尼亚的镶嵌画，直到今天依然保存完好。目前只在都拉斯发现一幅镶嵌壁画，源自公元六七世纪，位于市内建于公元前2世纪的圆形剧场内。

壁画——湿壁画

从古代到中世纪早期的过渡时期，雕塑艺术逐渐衰落，直至被拜占庭的美学完全摒弃，相反，绘画艺术则走向了艺术表达的制高点。最发达的艺术形式是壁画，特别是在基督教堂里。教堂内布满壁画和圣像，严格遵守大主教教区的教规。当时，画家不会在自己的作品上署名，因此那些创作的作者姓名至今依然不详。在早期的作品中，只有很少一部分现在保存在阿尔巴尼亚。遗憾的是，其中一些毁于社会主义时期的反宗教政策（1967），这也导致一些极为稀少的作品消失不见。在保存下来的少量画作中，可以看出来自西方风格（鲁比克教堂，1272）和东方拜占庭艺术（戴亚滩，14世纪）的影响。在培拉特和发罗拉的圣典（11世纪—14世纪）中包含大量圣像和细密画，是阿尔巴尼亚拜占庭艺术发展中价值极高的作品。

后拜占庭时期

虽然阿尔巴尼亚被奥斯曼帝国占领，但是16世纪时依然出现了新的后拜占庭风格的艺术绘画。这一时期最有名的画家是奥努弗里。

16世纪奥努弗里绘制的木版蛋彩画《基督的降生》，位于培拉特的天使报喜大教堂

奥努弗里

16世纪阿尔巴尼亚最杰出的画家，创作了拜占庭艺术风格的作品并成为了代表人物。他作品中的突出特点是超越拜占庭教规的现实元素，为阿尔巴尼亚的日常生活及其特色环境留出创作空间。

奥努弗里绘制了阿尔巴尼亚、马其顿和希腊境内一些教堂的壁画。他在阿尔巴尼亚教堂绘制的多数壁画都被保留下来，而他所绘的画像也在国内各大博物馆展出。1986年，奥努弗里博物馆在培拉特城堡建立，他最好的一部分画像也在那里展出。科尔察的中世纪艺术博物馆和地拉那的国家历史博物馆也举办过他的画展。

奥努弗里创作的画像也在海外展出过，因其鲜红的色调吸引了人们的注意力，被称为是“原创而无与伦比的”。他的作品不仅在当时的阿尔巴尼亚绘画艺术中扮演重要角色，在随后的几世纪里也举足轻重。他的直接继承者是他的儿子尼科拉、奥努弗尔·奇普里奥蒂和一些姓名不详的画家。奥努弗里的作品十分与众不同，具有丰富的色彩、带有装饰效果的阴影和引入民族元素，而这些特点在他的继任者的作品中更加明显，他的儿子尼科拉（16世纪）和其他优秀画家，比如18世纪的大卫·塞莱尼察、康斯坦丁·什帕塔拉库、康斯坦丁·佐格拉菲、阿萨纳斯·佐格拉菲和卡特罗家族等，在阿尔巴尼亚和诸多邻国的教堂中绘制了大量壁画。

康斯坦丁·什帕塔拉库是一位18世纪的画家，在爱尔巴桑地区的什帕蒂出生和工作。他和奥努弗里、塞莱尼察均以中世纪绘画艺术风格闻名。什帕塔拉库的细密画极具特色，引入了日常生活的元素。他在作品中表现出一种更为灵巧的创作风格。他的部分作品包括波格拉德茨附近一所教堂中的壁画以及位于费里的阿尔德尼察修道院、卡瓦亚附近的奇卡莱什、波格拉德茨的费尔多瓦等地的大量画像。什帕塔拉库所绘的精良画像都保存完好，在科尔察的中世纪博物馆、地拉那的国家历史博物馆等馆中展出。

大卫・塞莱尼察绘制了阿尔巴尼亚和希腊一些知名教堂的内饰。他最重要的作品是1715年绘于阿托斯圣山的壁画以及1726年绘于沃斯科波亚圣尼古拉教堂的壁画，后者是在康斯坦丁・什帕塔拉库和克里斯托・什帕塔拉库的帮助下完成的。希腊的科斯图里附近也发现了他的另一些画作。

塞莱尼察代表了阿尔巴尼亚和巴尔干国家后拜占庭时期的最后辉煌。他在作品中引入生活和民族元素，在西欧绘画的影响下，强化了作品中的现实主义倾向，因此与众不同。沃斯科波亚教堂的壁画在绘画艺术中不朽的形象十分突出，有超过一千个人物。由塞莱尼察所绘的阿托斯圣山壁画描绘了一组身着当时服装的少女，整体画作给人以世俗绘画的印象，而远非按照后拜占庭教规所绘。他创作的一部分画像在地拉那的国家历史博物馆、科尔察的中世纪艺术博物馆和培拉特的博物馆展出。

阿尔巴尼亚对后拜占庭艺术作品进行了细致的研究，因为这些作品是具有重要价值的民族遗产，同时在进行的工作还有对其他画家的钻研和对受损的艺术作品的修复。在巴黎（1975）、罗马（1985）、尼斯（1993）等重要艺术中心举办过这些作品的临时艺术展，引起了国际艺术品专家的极大兴趣。外国出版社还出版了关于展览的详细图录和丰富的解说词。

民族复兴和国家独立时期

19世纪下半叶，阿尔巴尼亚艺术进入了重要的新阶段。伴随着1878年普里兹伦同盟出现的解放运动推动国家在1912年独立，这也为从现实角度反映生活和历史的新的艺术运动提供了生存的土壤。以爱国主义和民族文化为主题的世俗绘画开始涌现。在阿尔巴尼亚艺术史上，1883年出现了两幅至关重要的精美画作，约尔吉・帕纳里蒂的《斯坎德培画像》和科勒・伊德罗梅诺的《托内姐姐》。在这两幅作品的带领下，阿尔巴尼亚视觉艺术进入民族复兴时期。它们的主题主导了阿尔巴尼亚民族复兴和国家独立时期美术的主题，比如通过描绘民族英雄斯坎德培唤起对历史的追思，通过描述日常生活传达民族文化价值。

复兴时期画家的画作表现了浪漫主义主题和精神，但是在很多作品中，也有值得注意的古典现实主义和些许现代现实主义特征。不少作品展现了国家的现实情况，甚至有时带着批判的态度。复兴时期最杰出的画家是科勒・伊德罗梅诺（1860—1939），他创作了大量素描、人像、风景画等作品。伊德罗梅诺的艺术作品为后来的很多艺术家打下了基础。他也是知名的建筑师和摄影师。

科勒・伊德罗梅诺的自画像

科勒・伊德罗梅诺（1860—1939）

阿尔巴尼亚民族复兴时期最伟大的画家。生于斯库台，师从皮耶特尔・马鲁比学习摄影。1876年，伊德罗梅诺在威尼斯的艺术学院进修了几个月，随后在一个意大利画家的画室工作。1878年，回到阿尔巴尼亚，投身到各种不同的活动中，当过建筑师、雕塑家、摄影家、画家和工程师等，是当之无愧的阿尔巴尼亚“达・芬奇”。1923年，他率先在斯库台举办首个

科勒·伊德罗梅诺的布面油画《托内姐姐》，1883年

个人艺术展，又于1931年在地拉那参加首届国家艺术展。

科勒·伊德罗梅诺开了一家十分活跃的照相馆，因为同巴黎的卢米埃尔兄弟保持着通信联系，他也是最早将电影引入阿尔巴尼亚的人（1912）。他的绘画细节丰富，具有极高的艺术价值。他创作了若干关于民族的作品。《托内姐姐》不仅是他个人的杰作，也是阿尔巴尼亚最优秀的艺术作品，这幅画像2005年之前保存在巴黎，现在藏于地拉那的国家美术馆，很多人都将这幅画称为阿尔巴尼亚的《蒙娜丽莎》。伊德罗梅诺是阿尔巴尼亚绘画艺术现代流派中第一位风景画家，绘有《斯库台家中的庭院》。他因为参加各类国际展览，如曾于1900年和1939年分别在布达佩斯和纽约参加艺术展，名声远播海外。他的作品现在地拉那国家美术馆和斯库台等城市展出。

这一时期涌现的其他知名画家还包括恩多茨·马尔蒂尼（1880—1916）、西蒙·罗塔（1887—1961）、安德雷阿·库希（1884—1959）、泽夫·科洛姆比（1907—1949）、斯皮罗·泽加（1863—1953）、万久什·米奥（1891—1957）等。科尔察成为了斯库台之后第二个阿尔巴尼亚绘画艺术发展摇篮。

安德雷阿·库希是这一代阿尔巴尼亚画家中的佼佼者。他在斯库台出生并度过了童年，后在贝尔格莱德的艺术学院学习了几年，一战时被迫中断学业。回到阿尔巴尼亚后，他在爱尔巴桑当美术老师。1931年，他在地拉那开办了绘画班，几个月后绘画班发展成为阿尔巴尼亚第一所艺术学校。和伊德罗梅诺一样，库希也是阿尔巴尼亚首次国家艺术展（地拉那，1931）的组织者。他曾多次参加国家展览，绘画作品包括人像和风景画。

斯皮罗·泽加是民族复兴和独立时期的著名画家。泽加大部分作品都是献给民族英雄斯坎德培的画像。他的画作《沙欣·马特拉库和他的队伍》是阿尔巴尼亚民族复兴时期最美的原创作品。他同样完成了很多人像和风景画，它们总体上属于浪漫主义的作品。他的画作是特定生长环境下的产物，受到了当时重大事件的启发，泽加的绘画对加强爱国情感和民族自豪感起到了重要作用。

万久什·米奥生于科尔察，早年在布加勒斯特学习绘画，后毕业于罗马的艺术学院。回到科尔察后，他成为了美术老师和风景画家。米奥是阿尔巴尼亚绘画现代流派中最杰出的风景画家。1920年，他开办了阿尔巴尼亚有史以来首次个人展。随后，他参加了首次国家艺术展（1931）和其他艺术活动。米奥的风景画名扬海外，在解放前（1944）曾在多个国家举办展览。他画人像和静物，完成了大量作品，以精湛的画功著称。他的作品描绘了阿尔巴尼亚美丽的风景，画中的人物为风景增添了几分生气，营造出欢快、积极的气氛。大部分风景画保存在他位于科尔察的故居，而余下的作品则收藏于地拉那、科尔察和都拉斯的美术馆。

在经历了几百年的中断后，雕塑艺术在民族复兴时期迎来了新潮流。穆拉德·托普塔尼（1866—1917）是第一位有名望的雕塑家。他创作了诸多爱国主义作品，其中最出色的是两座斯坎德培半身像（1899、1917）。奥齐塞·帕斯卡利则为雕塑制定了更高的标准。他于1932年在科尔察完成《民族战士》、在发罗拉完成《旗手》，1939年在库克斯完成《斯坎德培》，这类风格的作品在阿尔巴尼亚也是第一次出现，开辟了雕塑在阿尔巴尼亚艺术领域的新征程。

奥齐塞·帕斯卡利

奥齐塞·帕斯卡利（1903—1985）

生于佩尔梅特，1914年前往意大利。1920年，进入都灵大学哲学文学系学习，同时还在一位意大利雕塑家的画室工作，学习雕塑的基本技能。1927年，完成关于艺术史的论文。回国后，帕斯卡利举办了极具创意的活动，促进美术在阿尔巴尼亚的发展。从1932年起，他开始创作雕塑作品，这些作品直到今天依然是雕塑艺术中的精品。他的作品中贯穿着爱国主义精神，拥有独一无二的灵活的表达方式。他是阿尔巴尼亚同时代著名画家和雕塑家中最出色的老师，很多年轻的艺术家都曾在他的画室学习雕塑。

在阿尔巴尼亚一些乡镇中也保存有他的作品，帕斯卡利创作的成百上千的作品存在位于地拉那的画室博物馆、国家美术馆以及其他城市的博物馆和机构中，还有一部分作品藏于海外。他也曾参加诸多艺术展。

1912年—1939年处于两次世界大战期间的后独立时期，阿尔巴尼亚艺术发展更有组织性。为了培养年轻人，一些艺术家尝试建立艺术团体、组织展览。1920年在科尔察，画家万久什·米奥开办了首个个人展。著名诗人乔治·费施塔曾亲自参与水彩画创作，在他的努力下，1923年斯库台开办了首次地方展，有15位当地的艺术家参与。这一时期最为重要的展览是1931年在地拉那举办的首届艺术展，也是第一次国家展览。展览由“艺术之友”协会组织，该协会于同年在地拉那成立，是第一个艺术协会。此外，1931年人们还尝试开办公开的美术馆和艺术学校，前者失败了，但学校顺利建成。在画家库希的提议下，1931年开办了首个绘画班，一年后，该绘画班在地拉那发展为第一家艺术学校。学校招收来自全国各地的学生，奥齐塞・帕斯卡利、安德雷阿・库希、阿卜杜拉希姆・布扎、意大利人马里奥・莱多拉和著名诗人拉斯古什・波拉德茨（1896—1989）都是学校老师。

1940年—1970年间，年轻一代中最有名的阿尔巴尼亚艺术家布・塞伊蒂尼、凯・科泽利、内・扎伊米、福托・斯塔莫、伊布拉欣・科德拉、恰米尔・格雷兹达、勒・尼科拉、福・马科奇、胡・雷奇、泽・布姆奇等人曾在这所艺术学院学习。

阿卜杜拉希姆・布扎（1905—1986）生于斯科普里。他1928年从爱尔巴桑中学毕业后，赴意大利都灵的阿尔贝蒂娜艺术学院和佛罗伦萨的艺术学院继续深造。回国后，他在地拉那的职业学校谋得教师一职。虽然他没有参与1931年的首届国家展，但为地拉那的第一家绘画学校的建立贡献良多。1945年后，布扎开始了密集的创作，完成了上百幅素描、人像、风景画。他的作品对阿尔巴尼亚年轻一代的艺术家产生了重要影响，是他们学习的榜样。布扎的画作以民俗传统为底蕴，因其精细的画技和丰富的细节而著称。他开办了一系列个人展，也参与了国家艺术展。他的作品还曾多次在海外展出，其所包含的原创风格和民族精神备受称赞。大部分作品现藏于地拉那的国家美术馆和画室博物馆里。

泽夫・科洛姆比是杰出的阿尔巴尼亚画家。他生于萨拉热窝，祖籍斯库台，早在童年时期沦为孤儿。在同胞的帮助下，他进入罗马的艺术学院学习，1933年毕业。回国后他先后在爱尔巴桑和斯库台教授绘画。一部分年轻一代阿尔巴尼亚画家最早都是从他那里学习基本的美术技法的。

他的艺术作品包括画像、风景画、静物等，其特点是色彩具有透明度、艺术细节精美以及对景物的美妙临摹。他的作品曾在多个国家参展，现在收藏于地拉那国家美术馆和国内其他博物馆、美术馆里。

1932年—1935年，艺术学校组织了几次艺术展览。一流的作品强调了对民族复兴时期绘画传统的继承，而其他现实主义代表作则对当时的生活困境和社会不公持有批判态度。同一时期，基于社会主题的讽刺画也得到发展，代表人物是阿·迪诺、米·弗拉舍里和切·梅萨雷阿，梅萨雷阿成为了阿尔巴尼亚独立时期最有名的水彩画家。

1937年在地拉那举办了为民族英雄斯坎德培设计和建造纪念碑的国际比赛，这是后独立时期的一项重要活动。除了阿尔巴尼亚的雕塑家，很多欧洲知名艺术家也参与其中。设计奖颁给了克罗地亚著名雕塑家奥古斯蒂尼奇，建造权则赋予了意大利雕塑家罗马内利。由罗马内利完成的斯坎德培雕塑最终于1939年竖立在罗马的“阿尔巴尼亚广场”上。

二战时期的艺术活动并不活跃，但也举办了一些展览。最重要的一场在1943年，国内一流艺术家都参与其中。其他活动主要是个人展。

社会主义现实主义时期

国家解放后的首个美术活动是1945年4月在地拉那举办的国家展览。这次展览以及随后举办的几次展览引领了阿尔巴尼亚艺术的新潮流——社会主义现实主义，这主要是受当时苏联艺术的影响。

1945年后，国家为创办艺术机构进行了大量工作。1946年，国家开办了培养画家、雕塑家和纺织品设计师的高等艺术学校。1954年，国家美术馆建成，实现了艺术家和观众的昔日梦想，传统和当代艺术家最出色的作品都收藏于此。20年后，国家美术馆移至新馆，也就是现在的馆址，珍藏了丰富的艺术作品。藏品中还包括伦勃朗、提香等欧洲艺术家的作品。

从地拉那高等艺术学校毕业的学生会在苏联和其他东欧国家的艺术

学院继续深造。1960年，阿尔巴尼亚同东欧社会主义国家关系破裂后，学生们便回到国内，同年，高等艺术学院（即现位于地拉那的艺术研究院）建成。几年后，国家又相继开办其他艺术学校，在主要城市修建美术馆。此外，还修建了国家博物馆，比如科尔察的中世纪艺术博物馆、地拉那的考古博物馆、克鲁亚的斯坎德培博物馆和地拉那的国家历史博物馆等，大量价值极高的艺术原作在这些地方展出和保存。1986年，科学院设立了艺术研究中心，专门从事艺术研究。

自1945年起，几乎每年都举办国家艺术展览和竞赛。当时最受重视的展览是同国家解放纪念日和其他国家大事相关的展览。同样，也举办了诸多全国比赛。1948年的首次比赛是修建斯坎德培纪念碑。雕塑家亚纳奇·帕乔（1914—1989）凭借他创作的比例模型在比赛中取胜，十年后他创作的斯坎德培铸铜纪念碑建成并于1959年11月28日放置在克鲁亚。

国家解放后，纪念性雕塑显著发展。几年内艺术家创作了多个作品，重要的作品包括由奥齐塞·帕斯卡利、安·马诺和亚纳奇·帕乔创作的位于地拉那的斯坎德培骑马塑像（1968），由克里斯塔奇·拉马、穆·兹拉米和沙·哈德里创作的位于发罗拉的“独立纪念碑”（1972）以及索马·索马伊、佩里克利·楚利、海·杜莱、安·马诺等人创作的雕塑和纪念碑。

绘画创作也大量涌现。有史以来第一次，几乎所有艺术类型都有发展，从进行架上绘画、雕塑到采用制图法、透视法，以及使用织物、陶瓷制品、玻璃制品创作，甚至包括在一些社会和文化建筑中所运用到的镶嵌画和壁画。

虽然当时有着严格的审查制度，很多作品都具有特定的艺术价值，但是依然有诸多有天赋的画家创作了并不完全符合所谓的社会主义现实主义的精美画作。

1960年后，阿尔巴尼亚艺术开始孤立地发展，不仅是同西方国家也包括同东欧社会主义国家断绝联系。

在这样的孤立中，艺术家越来越局限在社会主义现实主义创作的计划性模式中。艺术家个人更倾向于创作历史主题的画像，有一大部分人选择了风景画，这都是能为创作自由提供足够空间的主题。阿卜杜拉希姆·布扎、凯·科泽利和萨·卡采利等人是受到由政府官员强加的计划性模式影响最小的画家。

1970年后，培养年轻艺术家的三代艺术老师开始活跃。第一代是在西方国家的艺术院校学习的，第二代是在东欧国家的艺术院校学习的，第三代则是在地拉那艺术研究院学习的。近些年出现了关于这三代艺术家的争论，有人认为应该重新划分，不是按照他们学习的国家，而是按照他们的技艺、天赋和文化分组。每一代都有尝试打破条框的代表人物。这一阶段的革新艺术家试图通过创作两类作品保全自己：一类是符合文化官员要求的参展画作；另一类则是为未来进行艺术实验的画室作品，有时候这类作品也会递交参展。尽管这类作品具有艺术价值，但是不仅无法展出，甚至会成为被批判的靶子。在这一时期杰出的艺术家中，萨利·西亚库（1933— ）顶住压力，不仅完成了符合要求的作品，也创作了艺术价值很高的画作。他的创作类型多样，有素描、人像、风景画、壁画、陶艺和近来创作的雕塑。

虽然同世界其他国家的当代艺术创作相隔绝，阿尔巴尼亚艺术家依然为视觉艺术的革新做出努力。最能展现这些奋斗的例子是1971年在地拉那举办的展览，当时遭到官方严厉的批判。而那些年也造就了阿尔巴尼亚绘画领域最早的政治异见者，比如埃·杰尔戈、埃迪·希拉、阿利·奥塞和马克思·韦洛等。

90年代后的新趋势

1991年后，视觉艺术家群体得以自由地创作。这种自由导致很多新的视觉艺术形式出现，也开始涌现私人画廊。短短几年内，几乎所有20世纪的当代潮流和趋势都在阿尔巴尼亚得到尝试。

阿尔巴尼亚对世界其他国家的开放也让当代艺术领域的阿尔巴尼亚艺术家接触到最新的讯息。虽然他们迅速融入到国际视觉艺术领域，但依然保有了通过文化、政治、经济、社会等领域同阿尔巴尼亚相关的元素所传达出的独特性。

阿尔巴尼亚民主制度的建立使得私人艺术机构得以开设。近年来，除了由国家美术馆组织的大量活动以外，也有由各类私人艺术组织举办的展览，比如Te&Ge画廊、21画廊、小画廊、泽塔画廊、博艺术、空间、克莱迪奥和林达尔特协会以及十一月协会等，它们为当代视觉艺术的进一步发展做出了贡献。梅祖拉伊博物馆是第一家私人艺术博物馆，于2007年1月在地拉那创办，收藏有大量古代作品和一部分阿尔巴尼亚当代艺术品。于2003年在科尔察创建的布拉特科东方艺术博物馆是巴尔干地区的第一家艺术博物馆。

一些阿尔巴尼亚学校改进了他们的课程并开设了新课。阿尔巴尼亚艺术研究院引入了新的教学实践方式，设立平面艺术系，在2008年开办的艺术研究院画廊（FAP）组织了多次展览。地拉那当代艺术中心（TICA）同地拉那双年展、1.60反叛者空间共同组织了多次国际活动。各色的艺术项目通常专注于特定的表达形式，而地拉那国际文化中心在2009年9月重建后，则举办了戏剧、艺术展、读书会、研讨会等多种类型的活动。

由独立的国际组织举办的最大的活动是“地拉那双年展”，这是一项有很多国际艺术家参与的艺术盛事。策展人是兹登卡·巴多维纳茨、罗贝尔托·平托、约阿·柳恩格贝尔格、霍乌·汉鲁、埃迪·穆卡和格齐姆·琴德罗。

阿尔巴尼亚国家美术馆每年举办“奥努弗里视觉艺术国际大赛”，科恩·瓦斯廷、尼古拉斯·科扎基斯、赫伯特·克里斯蒂安·斯托哥等诸多国际艺术家曾参与。法国大使馆曾在国际文化中心举办阿尔巴尼亚和法国艺术家展览，弗拉迪米尔·斯塔莫、贝松、莱卢普和戈达尔都曾参加。

由EDS基金会组织的艺术交流节邀请了国内外艺术家和表演者到文化遗址共同参与艺术节，同时也为位于波尔图—巴勒莫的阿里·帕夏·台佩莱纳城堡和萨兰达的莱库尔斯城堡做宣传。此外，还有很多在斯库台、科尔察等城市举办的地方摄影、绘画等视觉艺术比赛。阿尔巴尼亚艺术研究院设立了2007AMC公司奖，由娜亚达·哈姆扎和阿尔迪安·伊苏菲策划，考虑将周围的公共区域作为展览空间。

阿尔巴尼亚艺术家也在海外参加了国际威尼斯双年展、同纽约顶点艺术合作举办的迷你地拉那双年展以及其他由个人和艺术机构举办的国际展览。

一些在国际上得到认可的阿尔巴尼亚艺术家也得到了欧洲和国际的当代美术馆的资助，积极参与阿尔巴尼亚国内的艺术活动。他们荣获国际奖项，拥有自己独特的理论、方法和表达。苏埃拉·乔夏（1981年生于地拉那）2004年毕业于艺术研究院，参加了阿尔巴尼亚、希腊、意大利、科索沃、法国、澳大利亚、美国、德国等国家和地区举办的各类联展。她的艺术作品通过摄影、装置艺术、系列卡通、摄像等不同媒介，借以一种批判和纪录的视角，传达阿尔巴尼亚社会、符号、神话、历史等领域的艺术现实。阿尔巴尼亚艺术家埃尔蒂昂·瓦莱（1984年生于库乔亚）毕业于意大利米兰的艺术院校，强调石油在社会、经济和环境中的作用。他的艺术作品有用石油创作的绘画以及录像和摄影作品，比如他的设计《石油和平像》。北迈阿密当代艺术博物馆馆长邦妮·克利尔沃特作为策展人，让阿尔巴尼亚艺术家阿尔班·哈伊迪纳伊、阿尔曼多·卢拉伊和海尔迪·佩马代表阿尔巴尼亚参加2007年威尼斯双年展，他们以不同媒介进行创作，比如装置艺术、视频投影、现场表演和摄影等。

艺术家萨米尔·斯特拉蒂的作品格外有意思，他用蛋壳、钉子、玻璃、软木塞、牙签等制作的镶嵌画创造了三项吉尼斯世界纪录。他的第一幅该类型作品《列奥纳多·达·芬奇自画像》用了45根钉子，作品长4米、宽2米、重1吨。2007年，阿吉姆·苏拉伊在中国获得了“大师杯国际插画艺术双年展”的最佳插画奖。

版权局是旅游、文化、青年和体育部的直属机构，批准国际和国内关于作者版权的协议，同艺术家和艺术机构开展广泛合作，但是目前在市场和社会上遭遇到了执法和申诉上的难题。

至2009年，阿尔巴尼亚值得注意的在世的当代艺术家有：阿里·奥塞库、卢姆图里埃·布洛什米、加兹门德·莱卡、什彭德·贝古、根茨·穆里奇、跟蒂·科里尼、莱奥纳德·曲拉菲、阿尔班·灿加、阿吉姆·扎伊米、莱奥纳多·沃奇、阿尔坦·沙巴尼、埃德蒙德·吉科普里、阿德里安·帕奇、埃尔莎·马尔蒂尼以及其他从事视觉艺术工作和阿尔巴尼亚艺术研究院里潜在的年轻艺术家们。

海外的阿尔巴尼亚艺术家

自15世纪被奥斯曼帝国占领后，很多阿尔巴尼亚人移居海外。他们中有天赋的艺术家在移民国家继续锻炼自己的技艺。两位来自维琴察的阿尔巴尼亚裔意大利人乔恩和耶罗尼姆的墓志铭中写着“他是菲狄亚斯，他是波利柯莱特”，将他们比作两位最伟大的古希腊雕塑家。同为阿尔巴尼亚裔的雕塑家阿莱克斯·塔尔凯塔参与了米兰大教堂圣坛的雕塑。还有很多阿尔巴尼亚艺术家在威尼斯出名。他们建立了自己的流派，被称为“阿尔巴尼亚流派”。

他们使用的课本是阿尔巴尼亚人文学家马林·贝奇凯米（1468—1528）和马林·巴尔莱蒂（1460—1512）的作品。最有声望的画家是马克·巴塞蒂（1496—1530）和维克托·卡尔帕齐（1465—1525）。一些国际学者曾提到他们及其阿尔巴尼亚血统。

知名的阿尔巴尼亚裔建筑师，比如塞·梅赫梅蒂、杜拉、阿蒂库等人在伊斯坦布尔和奥斯曼帝国的其他中心城市赢得了荣誉，安·阿莱克西、蒂瓦拉西、杜勒萨库等人则在欧洲其他地区工作。

民族复兴和国家独立时期的艺术家包括远离祖国定居海外的艺术家以及在意大利的阿尔巴尼亚后裔。如同这一时期的文学一样，意大利阿尔巴尼亚后裔和海外阿尔巴尼亚裔艺术家的作品同阿尔巴尼亚本土的艺术有着相同的主题和风格，比如在巴黎和布加勒斯特的塞奥哈尔·吉尼以及在意大利的米凯尔·特罗塔，当时的评论家称后者为“新一代卡诺瓦”（意大利著名画家、雕塑家安东尼奥·卡诺瓦，1757—1822）。

后来到了20世纪和21世纪，海外的阿尔巴尼亚裔艺术家数量越来越多。他们分属于不同的视觉艺术群体。在这里列举一些世界知名的艺术家：摄影师乔恩·米利（1902—1980），在美国居住和工作；画家阿贝丁·迪洛（1913—1993），在巴黎是毕加索等名人的好友；察丁·萨拉奇（1902—1974）在伦敦时，是奥斯卡·柯克西卡亲密的同事和伙伴；伊布拉欣·科德拉（1916—2006）是出色的立体主义画家，在意大利是毕加索的好友。

在希腊生活的阿尔巴尼亚后裔艺术家也创作了许多画作。1985年一本包含最有名的阿尔巴尼亚裔希腊艺术家画作的作品集在雅典出版，他们的作品较之“年轻一代阿尔巴尼亚裔”艺术家的创作更为丰富，而90年代后又有离开阿尔巴尼亚的艺术家加入其中。

国际艺术家以阿尔巴尼亚为主题的创作

在不同时代，都有外国艺术家的视觉艺术作品，比如素描、肖像画、风景画、蚀刻版画、雕塑、浮雕等各种类型的作品是献给阿尔巴尼亚和阿尔巴尼亚人民的。

18世纪现实主义绘画刚兴起时，巴黎的画廊以及英国、德国、奥地利的展览上就展出了以阿尔巴尼亚为主题的绘画。由知名作者创作的个人作品甚至在更早的时期出现，比如保罗·委罗内塞（1528—1588）的《斯库台围战》、阿尔布雷特·丢勒（1471—1528）的《斯坎德培》以及欧仁·德拉克罗瓦（1798—1863）创作的素描、练习曲、水彩画，此外，还有可米耶·柯罗（1796—1875）创作的《阿尔巴尼亚女人》，阿里·谢佛尔（1799—1858）的著名作品《苏里奥特的女人》，理查·帕克斯·波宁顿（1802—1828）、维利沙金（1843—1904）、萨金特（1856—1925）、康德尔（1843—1904）等艺术家创作的素描、人像和风景画。

著名的法国艺术家让·莱昂·杰罗姆（1824—1904）创作了以阿尔巴尼亚为主题的二十余幅画作；克罗地亚艺术家帕亚·约万诺维奇（1859—1931）创作了十余部关于阿尔巴尼亚人生活场景的作品；大名鼎鼎的爱德华·李尔（1812—1888）将百余幅水彩画、平版印刷、素描和油画献给了阿尔巴尼亚。除了上面提到的艺术家，还有很多艺术家也创作了关于阿尔巴尼亚历史和文化的艺术作品。这里提到的多数作品都收录在插图书《阿尔巴尼亚和阿尔巴尼亚人的艺术世界》中，有阿尔巴尼亚语（1990）和英语（1991）两个版本。

今天的阿尔巴尼亚吸引了很多外国艺术家来参与展览和比赛，地拉那当代艺术学院等机构还提供培训项目。这里要提一个与众不同的国际合作的例子，那就是希腊画家科扎基斯2006年在地拉那“奥努弗里”视觉艺术国际大赛上的参赛作品《基督的降生》，作品中的象征符号同奥努弗里的同名作品《基督的降生》有关。

作者：费里德·胡兹里

由布莱丽娜·贝尔贝里和根茨·米弗蒂乌于2010年更新

集邮

自19世纪下半叶，阿尔巴尼亚开始出现集邮。当时的档案和现有的研究表明，1822年奥斯曼统治者管理的第一家邮局在斯库台设立，比1840年英国发行第一批邮票早18年，比1863年奥斯曼帝国发行第一批邮票早41年。第一枚阿尔巴尼亚邮票有两个同心圆，里面用土耳其语写了城市的名字。后来，吉诺卡斯特（1866）、地拉那（1871）、台佩莱纳（1876）和科尔察（1890）等地也相继开设邮局。

由奥斯曼人管理的邮局至1913年停止运营。从19世纪末到20世纪初，有两所海军管理的邮局仍在使用。劳埃德的奥地利海军和普利亚的意大利海军管理斯库台、都拉斯、发罗拉、深津和萨兰达的邮政服务。

1913年5月初，第一枚阿尔巴尼亚国家邮票发行。由伊斯玛依尔·捷马利政府发行的六枚邮票具有特殊意义。时任邮政部长的莱夫·诺西是著名的集邮家，他为邮政做出巨大贡献，特别是在邮票印制和发行方面。1913年7月7日，发罗拉临时政府申请加入万国邮政联盟，直到九年后的1922年10月，阿尔巴尼亚正式成为了万国邮政联盟的成员。在此期间，邮票需求量大，邮政部的工作效率很高，注重实用性。

第一批发行的邮票，或者说第一枚邮票，并不像今天的邮票一样，而是一个黑色印章的形状，盖在2232个信封上。这一印章邮票面值为1格罗什（grosh，相当于阿尔巴尼亚的1分钱），在14家邮局出售，受发罗拉政府管辖。发行日期至今仍有争论，存在1913年5月1日和1913年5月5日两种说法。

第二批发行的邮票同第一批差不多。同样，依然是圆形的印章邮票，外层是两个同心圆，里面写着“阿尔巴尼亚临时政府邮票”。邮票价格没有标明，据考证面值仍旧是1格罗什。这枚邮票在1913年5月到11月期间使用。除了直接印在信封上，这枚邮票也被剪裁粘贴在信封上，还曾被投机者多次伪造。

第三次发行的邮票在阿尔巴尼亚集邮史上占据重要一席，至今依然因其极高的收藏价值而受到集邮家的追捧。这批邮票在1913年6月16日至10月20日期间用于各邮局。邮票上方是一只双头鹰，下面是“阿尔巴尼亚”一词。面值从2帕拉到50分不等，印刷数量从16张（50分）到11,607张（20帕拉面值的最高产量）不等。

除了较低的印刷数量，一些特定面值邮票的稀有程度也同邮票上附加税所用的不同颜色有关系，比如黑色（主要颜色）、浅蓝、红色、红棕和紫色。第三次发行的邮票是第一批用橡胶版面制作的，由于时代的原因，印制中存在很多错误，特别是在印着邮票附加税的背面，因此非常受国内外集邮家欢迎。据《米歇尔邮票目录》记载，这批发行的50比索面值的邮票在市面上价值约为4.5万德国马克。

和其他国家一样，阿尔巴尼亚的集邮也和其历史紧密相连，甚至历史的发展也在集邮中充分体现，这在两次世界大战期间得到很好的证明。要注意的一点是，我们能够掌握1914年—1919年一战期间准确的发行量。在斯库台、科尔察、培拉特、发罗拉、吉诺卡斯特、台佩莱纳、希马拉和爱尔巴桑等地，所发行的邮票主要是地方邮票。一战期间，有一系列邮票是由阿尔巴尼亚的占领国发行的。这些邮票连同带有占领国语言的日期印章一起流通。

其中，1921、1926、1932、1935和1936年没有发行邮票。

除了低发行量，邮票主题范围很窄，主要是政治类的。为了效仿其他国家的传统，邮票上通常是艾哈迈德·索古国王的肖像（直到1939年，多数邮票都如此）；而在意大利占领期间，则更多是维托里奥·埃马努埃莱三世的肖像。唯一有不同主题的是航空邮票，上面印着飞机以表示提供航空邮件服务，这些邮票的价值也相应较高。

这一时期阿尔巴尼亚的邮票非常有趣。很多期发行的邮票后来十分稀有，比如信封上盖有斯坎德培肖像的金色印章邮票、爱尔巴桑财务处的印章邮票、台佩莱纳印章邮票、培拉特印章邮票和德国发行的有“阿尔巴尼亚王国”字样的印章邮票，以及科尔察临时管理委员会的邮票，1915年3月29日纪念斯库台城堡升起国旗所发行的邮票，由希腊、意大利、德国占领者发行的邮票，特别是1943年9月14日发行的存在各类印刷错误的邮票。

1944年阿尔巴尼亚独立后到20世纪90年代这段时期令人印象深刻。值得注意的是，这期间发行了大量邮票（平均每年发行十次），邮票的国内和国际主题有合适的比例划分，而且每次发行使用了大量图片。总的来说，邮票的发行受政治和意识形态的影响。也有很多次发行是献给恩维尔·霍查的，比如纪念某一历史事件会大量发行邮票。

近十年来，撇开转轨时期的动荡不谈，1991年—1993年政府承诺要将邮票去政治化。自从在瑞士和希腊印刷后，邮票印刷质量也有所提升。总之，在需求和收集的驱动下，邮票的印刷数量达到最高值。

阿尔巴尼亚邮票目录上记载有超过2500种不同的邮票。

最早一批集邮家出现在阿尔巴尼亚民族复兴时期，其中最为知名的有西米·米特科、萨米·弗拉舍里、恩多茨·朱治、穆拉特·托普塔尼和后来的卢伊季·古拉库奇。阿尔巴尼亚集邮之父莱夫·诺西是第一任邮政部长，最早参与为阿尔巴尼亚邮票的发行提供设计理念的工作。

两次世界大战期间，阿尔巴尼亚集邮得到了更好地发展。这一时期的档案中提到，当时在斯库台、科尔察和地拉那出现了最早的出售邮票的商店。每天的报纸上也有很多关于交换邮票的广告，这中间最出色的交易者是来自斯库台的泽夫·普雷努什。他是有名的邮票商人和专家，也是主要欧洲城市集邮网络的成员。奥雷尔·巴拉马奇是来自意大利托里诺的阿尔巴尼亚邮票商人，他经营集邮商店四十余年。

国家独立后，集邮家变得更为有组织性。1947年在斯库台成立了集邮俱乐部，1949年在科尔察组建了集邮组织，1959年在地拉那成立了集邮家协会。这样的组织在发罗拉、普克和其他地区也有。阿尔巴尼亚集邮者联合会于1991年成立，拥有很多成员，并于1994年成为了国际集邮联合会（瑞士苏黎世）和欧洲集邮联合会（荷兰海牙）的成员。阿尔巴尼亚集邮者联合会在1998年创办了自己的刊物《收藏家》。

阿尔巴尼亚的集邮展一直很少。20世纪90年代只举办过一次国家展览，名为“收藏展93”。但是有众多阿尔巴尼亚集邮家参加国际展览，展出珍藏，还曾28次获得各类奖项，其中有7次位列第一。阿尔巴尼亚集邮家曾参加在希腊、土耳其、罗马尼亚、挪威、以色列、俄罗斯、卢森堡、德国、意大利、法国、奥地利、英国、保加利亚、中国、西班牙、比利时和日本等国举办的展览。

阿尔巴尼亚知名的集邮家主要集中在地拉那等大城市中，其中最优秀的有来自地拉那的罗贝尔特·巴劳里、费里克·费雷、谢菲克·奥斯马尼、尼科·扎雷、瓦西尔·吉托米、阿莱克桑德尔·约西菲和索克拉特·博佐，来自科尔察的索马·佩庞、克里斯塔奇·约尔吉和伊格利·詹钦，来自斯库台的科莱·吉纳伊特、伊德里兹·菲什特斯、久什·达拉贾蒂、尤尔·达拉贾蒂和鲁伊季·沙巴尼以及来自爱尔巴桑的鲁迪·诺西和阿尔及尔·帕纳里蒂。

作者：西米·尼卡

钱币

阿尔巴尼亚钱币出现在公元前5世纪末期，当时阿波罗尼亚和都拉斯生产了最早的钱币，钱币上面有这些伊利里亚城市的名字。

地理位置给予了伊利里亚人在地中海文明中经济文化发展的优势。奴隶制、贸易和伊利里亚手工艺中心的发展促使其产生了交换钱币的需求，钱币在公元前7世纪地中海地区使用。伊利里亚南部地区在公元前4世纪—公元前2世纪达到很高的发展水平，当时建立了强大的伊利里亚国家和新城市。

值得注意的是，在伊利里亚人的领地发现了铜斧，那时还没有出现钱币（公元前12世纪—公元前10世纪），人们用铜斧代表特定价值，在交易中使用。

都拉斯和阿波罗尼亚的古代城市带动了其他伊利里亚中心区生产自己的钱币，包括米洛斯国、伊庇鲁斯联盟、米洛斯人部落、以阿曼蒂亚（位于发罗拉）为中心的阿曼特人部落、以利希（莱什）为中心的利希坦人部落、拉比安人部落（居住在斯库台和普克高地，包括黑山）以及斯库台、菲尼奇（腓尼基人）、奥里库姆（奥里库）、布特林特、发罗拉的马弗罗瓦和马拉卡斯特拉的海卡利（拜利斯）等城市。

这些中心城市制造的钱币上写有莫农、米蒂尔、根特等国王的名字，达尔达尼亚人在达马斯蒂昂（亚涅沃）制造的钱币也在伊利里亚北部亚得里亚海沿岸城市出现，而制造钱币的作坊在伊利里亚分布广泛。这表明伊利里亚南部在经济、文化和政治上也有发展。

同地中海沿岸一样，很多伊利里亚城市的古代钱币也印着古希腊语，这是那个时代的风尚和品味。

当时的钱币和徽章除了能代表经济发展程度，也是重要的文化遗产，表明艺术已达到极高的表达水平。

多数钱币都是华丽的艺术作品，由当时最杰出的工艺大师雕刻形状，对古代艺术研究者具有极大的吸引力。伊利里亚人的万神庙是伊利里亚原生的事物，其重要地位不可替代，虽然并没有得到深入研究，但是几千年来通过伊利里亚钱币上带有民族个性的徽章广泛传播、得以传承。

伊利里亚钱币上的徽章符号十分特殊，因为上面不仅有国王的雕像，还有神话人物形象，有时还会有等同于钱币价值的物品符号。伊庇鲁斯的钱币有一个独特之处，上面刻有皮洛士国王的头像，钱币并非出自伊利里亚，而是在国王出师意大利时制造的。

大多数伊利里亚钱币上正反两面都刻着伊利里亚之前（佩拉斯吉）的神明画像。这些珍品可以帮助我们了解伊庇鲁斯的伊利里亚异教徒的宗教崇拜。伊利里亚钱币上刻有最常见的神话形象，比如阿曼蒂亚的硬币上有着宙斯的头像、闪电或橡木王冠；拜利斯的钱币上有一只鹰、闪电和女神的火种；利希（莱什）的钱币上有伊利里亚神明雷东的半身像，背面是闪电、山羊等形象；斯库台的钱币上刻有宙斯的头像。阿曼蒂亚和都拉斯的部分钱币上也发现了宙斯的半身像，这也证明了伊利里亚土地上人们将宙斯作为当地的神明去崇拜。我们知道，橡树、鹰和公牛是宙斯的象征，闪电代表着宙斯的雷霆杖。莱什出土的一枚钱币上有一个伊利里亚不为人知的神明——雷东的形象，他是流水和大海之神。而这个伊利里亚神明也成为了一处海岬的名字——雷东角。

在诸多考古挖掘中发现的钱币上刻有头盔，其形状同邻国的头盔不同，有力地证明了“伊利里亚头盔”有别于希腊头盔。

斯库台人、利希坦人（莱什）、拉比安人和达奥尔人制造的伊利里亚钱币都选择将船作为钱币的徽章，因为船对人们的生活有着重要的经济和军事作用。这也向我们展示了典型的伊利里亚船只的形状和结构，历史上被称作“利伯恩船”。很重要的一点是，尽管工艺大师在极小的钱币上进行雕刻，但是依然表现出了船的主要特征。

自罗马帝国占领伊利里亚之后，当地的钱币工坊继续运作，但是钱币制造则受到帝国的管制并且按需生产，一些钱币上留有制造城市的名字。

中世纪的威尼斯人为巴尔干地区制造了新兴钱币，上面印有“达尔马提亚和阿尔班”。

中世纪是阿尔巴尼亚钱币发展的第二个重要阶段，阿尔巴尼亚开始了封建经济体制，王子和贵族数量增加。由于经济收入独立，巴尔沙伊和格罗帕的王子开始以奥赫里德为中心制造钱币。

中世纪城市拥有良好的市场和社会管理秩序，随着经济发展，斯库台、乌尔齐尼、德里什特（德里瓦斯特）和沙西（斯瓦奇）等地开始生产钱币。有一份资料表明，在斯坎德培统治时期，克鲁亚拥有制造钱币的工具和技艺，但是目前并没有实物证明，也并不确定15世纪时克鲁亚是否真的制造过钱币。

20世纪，现代的阿尔巴尼亚拥有自己的硬币和纸币。20世纪的钱币生产是以1917年科尔察地区印制纸币为开端的，随后几年其他城市也开始印制纸币。

第一批阿尔巴尼亚硬币是1926年制造的，单位为“列克”，为了纪念亚历山大大帝，同当时的纸币一样，印制的图案都是代表传统文化的事物。之后的几年，造币主要使用阿尔巴尼亚君主的头像。从阿尔巴尼亚君主制时期起，国家开始为阿尔巴尼亚钱币收藏家制造有特别价值的纪念币，比如为阿尔巴尼亚独立25周年（1937）发行的5法郎金币、1法郎和2法郎金币。

二战期间，阿尔巴尼亚央行发行的硬币和纸币带有法西斯占领的标志，在阿尔巴尼亚、科索沃、马其顿和黑山等国家和地区流通。

1944年后，阿尔巴尼亚的硬币和纸币发展进入了新阶段。纸币经历了以“法郎”为单位的几次发行，随后在1947年开始用“列克”为单位并沿用至今。

从17世纪起就有阿尔巴尼亚钱币收藏家，其中包括移民到杜布罗夫尼克和威尼斯的杜卡吉尼家族。19世纪末和20世纪有一些有名气的伊利里亚钱币收藏家，比如莱夫·诺西（爱尔巴桑）、埃奇雷姆·法罗拉（发罗拉）、斯特凡·杰乔维（科索沃）、科尔·吉尼（斯库台）和很多犹太人，在斯库台的方济会博物馆也有丰富馆藏。二战期间，阿尔巴尼亚钱币收藏遭到了巨大的破坏。1947年，随着地拉那民族考古博物馆的建立，很多有关考古发现的档案以及私人和博物馆收藏的珍品得以回到阿尔巴尼亚，之后开设了钱币陈列室，目前由考古研究中心负责。现在阿尔巴尼亚有一些钱币收藏家，他们拥有珍贵的伊利里亚钱币藏品。

作者：亚霍·布拉哈伊

纹章

公元11世纪，纹章学发源于欧洲，同一时期出现的还有火炮、印章和封建领地的旗帜。

这门被称为“纹章”的学问是以一个人的名字命名的，他的工作职责是将他的领主、国王或是皇帝的指令传达给周围的人。此外，司宗谱纹章的官员还负责为皇室举办典礼，保存和收集主人的徽章、印章和旗帜的图纸。

研究者认为，在巴尔干国家纹章最先由阿尔巴尼亚公国（旧称阿尔伯利亚）使用，这是同11世纪在阿尔巴尼亚沿海地区登陆的欧洲朝圣军队接触后的结果。这一观点得到纹章学家的公认，有纹章文物予以证明。

著名的克罗地亚学者米兰·舒夫雷是阿尔巴尼亚研究领域的专家，他曾写道：“在阿尔巴尼亚人生活的地方，纹章早先用于典礼上……自他们开始和安茹等法国骑士打交道后……”

人们在米尔迪塔的格齐奇发现了公元12世纪时阿尔巴尼亚公国的纹章图案。同一时期古老的穆扎卡家族的徽章图案是一道水流和两把火炬。

当时，在阿尔巴尼亚不仅富有的平民和王侯会使用纹章，机构和城市以及社会、宗教和工艺团体也会用。阿尔巴尼亚各种形式的纹章都得到发展。从中世纪开始，阿尔巴尼亚就出现了不同种类的徽章，并且在新的联盟、联姻基础上不断演变。安德雷阿·托皮亚成婚后，他的印章图案添加了代表新娘国家——法国的符号。作为公认的暴君，穆扎卡家族的门饰带有拜占庭帝国的符号，除了双头鹰，还有穆扎卡所从属的巴尔沙家族的六角星标志。后来，斯坎德培的孙子进入了教会阶层，将代表三位一体的三角形图案加入卡斯特里奥蒂家族徽章中，并对颜色做了些改动。

纹章的发展也受到阿尔巴尼亚丰富的民俗符号的影响，而且在很多资料和文化物品上可以从神话、宗教和仪式的角度找到解释。

12世纪阿尔巴尼亚公国的徽章融合了建筑价值和艺术价值，所用语言是拉丁语，这在当时被认为是贵族的语言。徽章本身也被视作一件艺术品。

14世纪托皮亚家族的印章保存在爱尔巴桑的圣约翰·弗拉基米尔修道院里（属于地拉那国家历史博物馆的收藏），这一印章是按照当时的纹章规范制作的，由本地大师齐米特尔·斯帕达雕刻，用了拉丁语、希腊语和斯拉夫语三种语言，这也表明这位阿尔巴尼亚世家的司宗谱纹章官员也是一位知名艺术家。

印章是纹章中艺术水平最高的代表，因为新的元素需要按照既定规则进行添加，而这些装饰和艺术元素的组合就是印章。

中世纪的贵族家庭拥有自己的旗帜，就像纹章图案一样。1444年3月2日莱什的阿尔巴尼亚公国建立时，公国将卡斯特里奥蒂的旗帜作为阿尔巴尼亚统一公认的旗帜。

在被奥斯曼帝国占领的国家里，民族文化遭受了打击，同欧洲国家一样，作为阿尔巴尼亚文化和社会发展中的元素和指示灯的纹章也遭到冲击。

在阿尔巴尼亚本土保存的纹章十分稀少，这是由于侵略者有计划地破坏这些文物。1912年在塞尔维亚人占领时期，莱什城堡中的三枚徽章不知去向。亚布拉尼策（科索沃，佩奇）的双头鹰徽章和泰托沃（马其顿）北部坟墓的石刻徽章于1912年被塞尔维亚军队偷走。20世纪时，科索沃一些贵族家庭放在花园水井上面的源于12世纪—15世纪的徽章也消失不见或者遭到毁坏。还有很多关于徽章文物遭到抢劫的报道。

值得庆幸的是至今仍有一些徽章保存在阿尔巴尼亚，它们来自巴尔沙、穆扎卡、托皮亚、斯库拉伊、布埃、什帕塔、恩哲洛勒特、布基亚、阿拉尼蒂、布泽齐、杜卡吉尼、杜什马尼、格罗帕、希马拉、科皮利、马特兰加、特里巴尔迪、扎卡里亚、斯帕尼、久拉、德雷尼和永古等贵族家庭。现在阿尔巴尼亚国内保存的徽章包括12世纪阿尔伯利亚公国、卡斯特里奥蒂家族的徽章以及14世纪末受安茹统治的“阿尔巴尼亚王国”的徽章。

阿尔巴尼亚纹章的第二个阶段始于16世纪，当时阿尔伯利亚人参与了很多重要历史事件，文艺复兴时期他们在文化、科学和宗教等诸多领域为西方国家工作，获得了贵族头衔。一些阿尔巴尼亚贵族家庭从国家继承了贵族头衔，比如德·拉达、克拉扎、马鲁利、拉利、发罗拉、普莱扎等，然而关于几百年前他们的徽章样式我们却不得而知。几世纪来，阿尔巴尼亚贵族家庭在西方得到认可和尊重，这其中有佩塔、马尔莫拉、马克里、卡鲁佐、阿拉尼特、穆扎卡、博卡利和巴斯塔等家族，他们在军队和行政领域颇有声望。一些阿尔巴尼亚贵族家庭得到教会的认可，他们的徽章继承了13世纪—15世纪的很多象征元素，比如康斯坦丁·卡斯特里奥蒂、皮耶特尔·博格达尼、尼科尔·梅卡伊希等，稍晚获得贵族头衔的还有武尔加里、拉帕察亚、帕里诺等。

在文化、科学和艺术领域，阿尔巴尼亚人也在海外继承、获得贵族头衔，目前收藏有乔恩·卡祖利、卡拉亚尼、马鲁利等家族的徽章。

在被奥斯曼帝国占领之前的几世纪中，阿尔伯利亚的经济、文化和法律传统在诸多城市得到强有力的自主发展，其中有一些城市延续了古代的传统，比如斯库台、莱什、都拉斯、普里兹伦、亚尼纳、乌尔齐尼、培拉特、亚涅瓦和发罗拉。与此同时，也有一些非常欧洲化的城市出现和发展，比如达尼亚、沙西、德里什特、舒尔扎胡等。在不断发展的过程中，这些城市拥有了自己的雕像并“印上”徽章作为标记。我们已知的雕像上的徽章来自斯库台、乌尔齐尼、莱什、阿尔塔、斯瓦奇（今沙西）、德里什特等地。

印章方面，目前我们有印着约翰·卡斯特里奥蒂印章的图案文物和乔治·斯特拉齐米尔·巴尔沙的印章；对于都拉斯、希马拉、乌尔齐尼、蒂瓦尔和莱什的徽章有一定了解，但并不知道它们的图案是怎样的。在土耳其人统治时期，巴尔齐和梅卡伊希主教的印章得以保存，其中包含他们所在贵族家庭的象征元素。最重要的是，我们了解15世纪阿尔巴尼亚公国的领袖——乔治·卡斯特里奥蒂·斯坎德培的印章样式，而阿尔巴尼亚国旗也从中继承了一些符号。

1601年—1602年，杜卡吉尼大会上13位来自科索沃、杜卡吉尼、什帕蒂和米泽切等地的代表聚在一起商讨解放阿尔巴尼亚，他们在协议上盖上自己的印章，这份有图案的档案保存至今，上面写着“马其顿和阿尔巴尼亚王国印章”，中间是一只双头鹰，和阿尔巴尼亚国旗上的一样。

战争时期，所有阿尔巴尼亚贵族都有属于自己的旗帜，但是在仪式和战场上，他们会挥舞国旗。根据国内外档案的记录，阿尔巴尼亚国旗虽然没有经过占领者同意，却依然不断出现在阿尔巴尼亚各地区发生的大大小小的历史事件中，直到1912年11月28日独立日，正式的阿尔巴尼亚国旗才得到承认。

中世纪时阿尔巴尼亚工匠制造的徽章在诸多档案和游记中被提及，当时城市中的各类团体也有独有的旗帜。已知的包括佩奇的铁匠、爱尔巴桑的皮革工人和哈伊梅尔（斯库台）的枪炮大师的徽章。

此外，我们拥有民族复兴时期海内外各文化团体、出版机构的徽章照片和出版物。1909年凯尔·马鲁比的“阿尔巴尼亚语俱乐部”徽章至今仍然保存完好。

在阿尔巴尼亚语中有关纹章学的术语方面，有从口语到书面文字的各类记载。在统治者管理力度有限的偏远地区，我们发现了很多关于“先生”的词语（比如伊巴拉的贵族），这些词在阿尔巴尼亚语中用来表示对贵族的尊重。现存的米尔迪塔和马蒂地区的传统背心上绣着卡斯特里奥蒂家族的徽章，被称为“马洛亚”（maroja），同带有名字的盾牌保存在一起。按照17世纪的历史学家、民族学者弗朗格·巴尔齐的记载，出身贵族家庭的人在阿尔巴尼亚语中被称为“尊贵的人”和“慷慨的人”。“慷慨”一词至今依然被意大利的阿尔布莱什人使用。而阿尔巴尼亚语中的“信使”则对应了欧洲人所用的“司宗谱纹章的人”一词。这个词语的意义在于它表明了自从古代阿尔巴尼亚地区出现纹章起，阿尔巴尼亚语中就有了对应这门学问的专有名词。皮耶特尔·博格达尼曾写道：“阿尔巴尼亚语中表示盾牌的词是外来词，按照阿尔巴尼亚语的词法结构进行了改变。”

12世纪—15世纪的阿尔巴尼亚徽章在欧洲的各类私人和国家档案馆中有档案记录，但是其中只有很少一部分信息被公布。虽然阿尔巴尼亚纹章学并未被作为研究的重点，但是也已经进行了一定的研究。

作者：亚霍·布拉哈伊

建筑和城市发展

阿尔巴尼亚的建筑遗产历史悠久，几世纪以来形式多变，是阿尔巴尼亚人民重要的文化传承。

早期建筑中著名的有在杜纳维茨发现的史前居所（沿海居所，公元前5世纪），属于新石器时代中期；在马利奇发现的居所属于新石器时代后期。这些房屋建在木地板上，依靠垂直打入地面的木桩支撑。史前居所被分为三类：1. 完全插入地面的房屋（在卡克朗）；2. 半嵌入地面的房屋（在卡克朗）；3. 房屋建在地面上，带有一间凹室。

议事厅（阿尔忒弥斯神庙），
阿波罗尼亚，公元2世纪

防御中心在地面位置和平面设施方面是成体系的。这些防御工事在城市出现之前作为居住场所，之后转变为真正的城市中心，在建筑外形、设施以及建筑工艺上不断发展。这类建筑象征古代防御要塞的开端。

公元前5世纪的建筑和城市规划以古希腊的成就为基础，由于都拉斯和阿波罗尼亚经历了繁荣时期，因而建筑设计也同伊利里亚的发展紧密相连。除了这两座殖民城市，在伊利里亚南部还有很多城镇，比如拜利斯、阿曼蒂亚、迪马尔、阿尔巴诺堡、利希等。这些地方的建筑建在山顶，被高墙环绕，在墙（石砖）的形状、大门和方形或圆形防御塔的外观方面运用建筑技艺。这些防御工事有很多共同的防守元素（塔、入口），根据面积要求、建筑外观和地面状况等因素以不同方式进行建造。砖石建筑的修建通过使用简单的石砖来完成，并运用雕刻技艺进行装饰。

安提戈尼亚

城市对卫城方位、贸易和社会中心的规划依据地形地貌的差异而有所不同。

这些古城的规划展现了有序而现代的道路网，在早期中心阿波罗尼亚、奥里库姆和较晚时期的中心安提戈尼亚都有所体现。这表明了一种先进的城镇规划策略，同罗马帝国规范整齐的城镇规划相符。

尽管布特林特的卫城位于城市中部，倾斜的山坡还是造就了一个不同的设计规划。市中心建在开阔地带，房屋则建在山坡北边和东边。除此之外，城市中心重要的历史遗迹还包括林阴道、剧场和神庙。

在一些城市，如都拉斯、发罗拉，卫城都建在城市外面。这也是为什么很多历史学家和考古学家将卫城称为“市郊”，将城市称为“市中心”。根据希波丹姆所言，阿波罗尼亚和安提戈尼亚拥有正交道路系统，而拜利斯和迪马尔则有纵向道路系统。在安提戈尼亚的三个区域发现主路互相垂直交叉，形成边长50米的区域。

这一时期最先进的居所是在阿波罗尼亚发现的。居所的核心区域是露天庭院，被称作列柱廊，被有屋顶的走廊环绕。内部设计上，同阿波罗尼亚和都拉斯地面装饰马赛克的房子相比，这栋先进的房屋地面使用了大理石和陶土砖片。在都拉斯的一栋房屋内，发现了一副保存完好的镶嵌画《都拉斯美人》。这幅属于公元前4世纪到公元前3世纪的镶嵌画，是世界上极具艺术价值和市场价值的艺术品，目前珍藏于地拉那国家历史博物馆。

社会建筑的构建是评判古代建筑水平最重要的指标。

阿尔巴尼亚最古老的庙宇是阿波罗尼亚的阿尔忒弥斯神庙和布特林特的阿斯克勒庇俄斯神庙。两座神庙都地处中心地带，在城市规划中扮演重要角色。然而，也不乏神庙建于城市外的例子。神庙通常有两类，第一种带有柱廊和4—6根柱子，第二种的在柱廊前面带有柱子。

林阴道是城市规划中的重要部分，因其建筑风格而著名。在露天花园旁有带屋顶的柱廊，花园为晴雨天的贸易和演讲提供场地，也是屋顶下的步行空间。最著名的林阴道是在阿波罗尼亚、布特林特和拜利斯发现的。

阿波罗尼亚的剧场

同林阴道一样，这一时期主要的剧场也位于阿波罗尼亚、布特林特和拜利斯。阶梯修建的方式相同，均建于陡峭的山坡上，或是适应地形而建，呈半圆形。不同点在于容纳的观众人数取决于剧场大小，城市的经济实力决定了剧场的精致程度。这一时期最大的剧场在阿波罗尼亚。考古学家发现部分舞台前面带有三槽板陶立克柱。布特林特的剧院同样保存完好，位于卫城与围墙之间，可容纳1500人。最小的剧场在尼基亚，可容纳1000人。

在公元前3世纪到公元前2世纪，体育运动迅速发展，建造了阿曼蒂亚体育场等宏伟建筑。这座体育场具有典型的古代特征，跑道长184.8米，宽12.25米。体育场保存完好，两边各有17排和8排由石灰岩制成的阶梯。

公元1世纪—5世纪时，建筑保留了之前的特征，防御工事沿用了相同的建筑工艺。在罗马占领后，很多伊利里亚城市，如都拉斯、布特林特、拜利斯、斯库台等都成为了殖民地。

罗马对这些城市的影响是有限的，因为原有的先进建筑的存在，建筑工艺在其影响下发展到更高水平。奥古斯都年轻时曾在阿波罗尼亚学习，后来他在罗马居住时影响了罗马建筑向希腊建筑的过渡。

从6世纪初，在罗马皇帝阿纳斯塔斯统治期间，在都拉斯修建了三面围墙和一个新的竞技场。多数现代工程如排水系统，都已日臻完善。尽管两次地震摧毁了城市，很快它又得以重建，因为皇帝有大量财宝保存于此，加之城市有着重要的经济和贸易地位。

在这一时期的城市规划方面，伊利里亚的城市保存了之前的设计。在阿波罗尼亚，城镇规划延续了之前希波丹姆的正交道路系统。新元素改变了市中心的样子，比如出现了音乐厅、图书馆和剧场等新的建筑。

在布特林特，道路系统沿等高线设计，建筑物布局无序。建筑物（热水浴室和休息场所）或蓄水池分布在山上各处，建在围墙之外，展现了像庞贝、赫库兰尼姆一样的沿海特征。

布特林特的房屋主要是列柱廊式风格（柱廊围绕在庭院周围）；而在阿波罗尼亚的一栋房屋装饰着镶嵌画，附带中庭，毫无疑问这所房子属于上层阶级。社会建筑物是这一时期最宏大的古迹，包括都拉斯建于公元2世纪的圆形剧场。在城市围墙的西侧，椭圆形的剧场长150米，高20米。剧场建于山坡上，一侧有阶梯，有高4米、宽2米并带房顶加固的地下通道。

阿波罗尼亚中心区有两处很重要的遗迹：音乐厅（有屋顶的剧场）和神庙。后者是城市议会的议事场所。在神庙和音乐厅中间，人们发现了凯旋门的地基。在都拉斯和阿波罗尼亚有图书馆，在布特林特则有学校。

都拉斯圆形剧场，
公元2世纪

热水浴室按照整齐的建筑学和美学风格修建而成，所装饰的镶嵌图案具有很高的艺术价值。在阿波罗尼亚、布特林特和都拉斯都发现了热水浴室，都拉斯的浴室因其建筑保存完好而非常有名。

早期基督教仪式的建筑

自公元4世纪君士坦丁大帝宣布基督教为国教后，教堂和宗教建筑开始出现，总体上延续了几百年前罗马的建筑设计。公元4世纪—6世纪的早期基督教建筑同在邻国意大利和希腊发现的建筑有一样的价值。这一风格扩展到伊利里亚自北到南的广阔领地。

受罗马建筑影响，伊利里亚的长方形会堂的房顶为木质骨架。阿尔巴尼亚最大的长方形会堂位于布特林特，坐落在城市东南部。

布特林特洗礼堂建筑大厅内排成同心圆状的16根花岗岩石柱支撑着主厅顶，体现了公元5、6世纪伟大的建筑价值，其重要性不仅体现在伊利里亚，也是当时地中海地区最漂亮的建筑。洗礼堂呈直径13.5米的圆形，铺设了五颜六色的几何图形和动物马赛克图形，具有极高的艺术价值。镶嵌画上方的两排花岗岩塔支撑了洗礼堂的屋顶。

7世纪—15世纪——拜占庭时期

阿尔巴尼亚的拜占庭建筑被认为是伊利里亚建筑的有机延续，受到当时各类新元素影响。

伊利里亚领土位于连通东西方的走廊之上，是西方和东方相互传输建筑价值的转接点。在中世纪早期，建筑风格通过不同的建筑物和结构得到展现，比如住宅、防御工事、宗教和祭祀建筑以及工程项目。建筑的多样性和高超的建筑水平表明，阿尔巴尼亚先进的中世纪建筑学毫不逊色于邻国。原有的拜占庭时期之前的建筑结构方案在拜占庭风格的建筑中也充分得到体现。

在阿尔巴尼亚封建主义时期，建筑艺术繁荣兴旺。城市中出现了一个很重要的现象，被称为“瓦罗什”，这是位于城市围墙外的住宅，也由此催生了不设防城市的出现。

13世纪—14世纪，因为在阿尔巴尼亚出现了强大的公国，如佩特雷拉、克鲁亚和吉诺卡斯特等，防御工事得到修复、延展和扩大，有时候连“瓦罗什”也被高大的城墙环绕其中。

重要的基督教建筑成就也属于这一时期，依照拜占庭模式发展，与此同时又保留了原始特征，因此同邻国的建筑有所区别。

中世纪的防御工事被修建为封建社会的住宅、城堡、军事防御要塞和观测点等。中世纪的城市是基于贵族的住所和城堡而修建的，如佩特雷拉、克鲁亚和吉诺卡斯特。其他城市，比如斯库台和卡尼纳则拥有三个防御区，通过大门彼此相连。这些区域构成了市郊、市中心和城堡，而城堡通常位于城市最重要的地方。

15世纪的土耳其–阿尔巴尼亚战争导致很多建筑价值极高的防御中心和建筑物遭到摧毁。不设防城市“瓦罗什”的发展也很快被扼制。

这期间，新的防御工事依靠战时最先进的方式修建起来。莱什、佩特雷拉、德沃利、布特林特和斯库台的城堡均属于这一时期。都拉斯城以城墙和塔楼严密防御著称。

15世纪—19世纪的防御建筑被看作是战略中心的重构，如爱尔巴桑、普雷扎、台佩莱纳和发罗拉的城堡都是阿尔巴尼亚沿海地区的防御要塞。

18世纪—19世纪的防御工事证明了帕夏管辖区的统治地位。18世纪初，布沙特帕夏修复了斯库台城堡，艾哈迈德·库尔特帕夏修复了培拉特城堡。在所有帕夏中，阿里·帕夏·台佩莱纳修建的防御工事最出色。阿里·帕夏启用国外建筑师和工程师来修建他在亚尼纳、普雷韦扎、阿尔塔和苏尔的城堡。他修建了很多城堡，包括波尔图–巴勒莫、培拉特、台佩莱纳、吉诺卡斯特、圣特里阿泽、布特林特和利博霍瓦的城堡。其中大部分都保存完好，所用的石雕、规律的平面几何图形、稳固的高塔和带有漏孔的护墙等建筑元素也很有特色。

在建筑物外部，城堡墙体由石雕砌成，建有恢宏的可折叠城门，塔楼上部有齿形装饰。

伊斯兰教建筑最初沿用了土耳其样式，随着时间的推移采用了一些独创图形。清真寺分为圆顶清真寺和有房顶的大厅样式的清真寺。后者是土耳其人占领后建造的第一批清真寺样式，在斯库台、克鲁亚、培拉特、爱尔巴桑和卡尼纳已有的教堂的基础上进行了改建。修建的工艺非常有趣，特别是圆顶、门楣、拱券以及使用砖石修建外城墙的方式。这些并没有出现在土耳其清真寺中，也证明了伊斯兰教建筑受本地建筑风格影响。18世纪末，尖形拱券被半圆形拱券替代，被广泛应用于建筑特别是基督教建筑中。

阿尔巴尼亚最大、最复杂的清真寺是斯库台的大清真寺，由穆斯塔法·布沙特帕夏建于1773年—1774年间。它很像伊斯坦布尔的清真寺，中心区域的角落由三角形屋顶覆盖，带有柱廊，三排式窗户是清真寺的最大特色，宣礼塔也是重要的组成部分。

基督教建筑继承了很多先前建筑的特征，自16世纪中叶起，出现了大量外形简单的小教堂，到18世纪中叶达到巅峰。基督教建筑以对风格和图形的自由诠释为特征，展示了建筑大师作品中独特的个人魅力，及其对新的建筑表达方式的追寻。

16世纪—19世纪，在土耳其统治后的漫长时期，大量基督教圣所建立。这期间最早的建筑建于16世纪中叶，建筑面积小、形式简单。更为复杂的教堂在18世纪涌现，沃斯科波亚的大教堂是其中的代表。

后拜占庭时期的教堂分为三种：1. 有一个中殿；2. 呈十字架形状，有圆顶；3. 长方形基督教堂。

沃斯科波亚的圣科尔教堂是具有极高价值的历史遗迹。由大师大卫·塞莱尼察和康斯坦丁·佐格拉菲、阿萨纳斯·佐格拉菲兄弟绘制的图画覆盖了内墙。

这类教堂普遍水平距离很长，甚至超过垂直高度。装饰物呈现在封闭的空间里，内部照明空间狭小。

这一时期也有很多修道院。这些建筑物在风格上自成体系，建于城镇中心、防御完好、风景如画。教堂是整体建筑中的主体。这些搭配以其良好的紧密度为特征，建筑物则各有功用。需要提到的是，阿尔德尼察和阿波罗尼亚的修道院在建筑风格和圣像创造方面很有代表性。

阿波罗尼亚的修道院，
摄影K.T，2009年

15世纪—19世纪的城市发展

土耳其统治对阿尔巴尼亚城市发展虽然有负面影响，但除了土阿战争时带来的毁坏，也实现了一定的发展。17世纪，阿尔巴尼亚的城市繁荣兴旺。当时一位名为埃弗利亚·采莱比亚的旅人曾在笔记中提到，像培拉特、吉诺卡斯特和爱尔巴桑等城市发展显著。在这点上，阿尔巴尼亚的城市通过保留几个世纪以来的主要特色，创造了属于自己的城市样貌。17世纪时，集市转型成了真正的交换和生产中心。高大的钟楼令这些中世纪城市的集市更显完整。

18世纪时，带有钟楼的清真寺在其他宏伟的社会建筑如公共浴场、经学院（学校）中间变得颇为醒目，使城市中心的建筑物类型更为丰富。城市的每一个分区都有自己的小中心，由清真寺、公共浴场和喷泉组成。

19世纪，阿尔巴尼亚城市再一次繁荣兴旺。在多数城市中，集市被建为贸易和生产中心，然而城市规划的发展速度各有不同。爱尔巴桑、吉诺卡斯特和培拉特总体上按照城镇规划发展；斯库台则扩建到今城市边界，直到罗扎发城堡处，后者在19世纪中期已经完全失去了重要性。如果说斯库台的城市发展没有按照常规的城镇规划的话，那么科尔察则是按照现代城市规划体系扩建的（宽阔街道的正交系统），同当地的贸易繁荣步调一致。

之后的阿尔巴尼亚城市保留了17世纪中叶的主要城市特征，解决了城市发展和扩大的重点问题，比如市中心和道路系统大体沿用至今。

阿尔巴尼亚的中世纪城市可以分为两类：一种是有城堡和防御工事，建于陡峭的山坡上，比如培拉特、吉诺卡斯特和克鲁亚；另一种则建在平地，如地拉那、卡瓦亚和爱尔巴桑。

培拉特的景观（千窗之城）

建于城堡内的城市最为古老而发达。起初，城市紧连着防御工事，随后通过扩张，将城堡外的区域“瓦罗什”也囊括其中。

多坡的丘陵地形是天然防御，对建筑整体有很大影响，迫使所有房屋必须覆盖山坡，形成紧密而有机的建筑整体。空间和平地的缺少意味着房屋必须成排修建，如培拉特的曼加莱姆社区。其他情况下，也有无规律排列的房屋，比如吉诺卡斯特的房屋。在这两种情形里，房屋在土地上的排列方式展现出一种壮观性。房屋建于道路两侧，成为了建筑构成体系的一部分。陡峭的地形使得房屋需要在垂直方向上以阶梯方式紧凑排列，由两或三层构成。宗教建筑完全融入了动态的“阶梯式”房屋群中，也是这种建筑的主要特色。

平原城市有着全然不同的特征。房屋建在广阔的土地上，被高墙环绕。只有宗教建筑会打破这种单调的构造，建筑物常建于平地，展示动态建筑的立体效果。

上层阶级的房屋建在环境更合适的地方，通常开阔、明亮，有植物。而下层阶级的房屋较小，彼此紧挨在一起，建于狭窄的地方，没有足够的光亮。在阿尔巴尼亚多数的大城市里，有穆斯林、天主教徒和东正教徒的住宅分区。

在防御城市中，主街道起于城堡的主要入口，再延伸到城市的次要道路。垂直的道路被建为阶梯状。道路的另一关键作用是连接居住区和经济贸易中心。

在地势平坦的城市里，铺有石头的宽阔主街道同其他街道一起构成城市的道路网络。

植物是中世纪城市的特色，特别是在陡峭的山丘区域，植被将房屋和大地天然地连在一起，彰显建筑特征。

阿尔巴尼亚的博物馆城市培拉特和吉诺卡斯特均作为奥斯曼建筑的

最佳范例列为联合国教科文组织世界遗产。这两个城市以及爱尔巴桑和科尔察的老城代表了18世纪—19世纪的城市发展成就。

阿尔巴尼亚的房屋

阿尔巴尼亚境内的房屋因其建筑类型和价值在巴尔干半岛国家里具有重要的意义。18世纪—19世纪，阿尔巴尼亚房屋因其在乡村和城市的建筑成就而知名。伴随着资本主义诞生而兴起的民族复兴运动提升了阿尔巴尼亚房屋的建筑价值。城市住房不同于农村住房，特别是同典型的阿尔巴尼亚北方农村住房不同。总体而言，城市的一栋房屋里一般居住着一个家庭，但也有房屋里居住两家人（比如兄弟）的例子，这种情况下房子是参照对称的形式修建的。

阿尔巴尼亚房屋分为农村和城市两类。

根据房屋的大小和平面构成，城市住房分为四类：

1. 带壁炉的房屋（地拉那的房屋）；
2. 带门廊的房屋；
3. 带休息室的房屋；
4. 民用塔楼（吉诺卡斯特的房屋）。

20世纪的城市发展和建筑

20世纪的城市和建筑发展始于第一次世界大战时奥地利占领的时期，随后在意大利占领下、由范·诺利的民主政府所领导的索古王朝时期达到顶峰。阿尔巴尼亚的城市带有中世纪就存在的城镇规划的痕迹，奥地利建筑师进行了恰当的城市设计研究，旨在使阿尔巴尼亚城市欧洲化。

1920年，地拉那被宣告为阿尔巴尼亚首都，范·诺利政府决定为这个欧洲行政中心修建现代政府建筑，设计了斯坎德培广场和周围的政府建筑，其所在位置与现在相同。南北林阴大道也是在这一时间决定修建的，主要建筑师是埃什雷夫·弗拉舍里，时任范·诺利政府的部长，得到意大利建筑师奇亚拉维利和奥地利建筑师维斯协助。

国王索古一世在主要城市的城镇规划中起到了重要作用，推动了这些计划的执行。1930年，名为“索古一世”的林阴大道和政府建筑开始在地拉那兴建。主要道路扩宽，城市边界得到确定。1931年，地拉那的面积有600公顷，经过详细的城市研究与设计，边界内包括工业区和住宅区。当时，地拉那城市规划的主建筑师是奥地利人科勒。与此同时，在科尔察和其他地方也修建了装饰精美的别墅。

1939年，在意大利占领后，意大利建筑师回顾了所有城市规划和研究，并从最开始的阶段进行了很多城市规划。设计风格理性，包含法西斯时代特有的设计，比如地拉那“索古一世”林阴大道尽头的包括办公室、体育场的复合建筑以及都拉斯港口的建筑。参与了现代地拉那城市设计的最知名的意大利设计师有格拉多·博西奥、伊沃·兰博蒂尼和费迪南多·波吉奥，他们也参与了都拉斯、发罗拉、爱尔巴桑、培拉特、佩特雷拉和萨兰达的城镇规划项目。除了具有理性的特点，他们在设计私人住宅时，也尊重了阿尔巴尼亚人的受众心理和民族传统。他们将地拉那设计成一座大城市，拥有私人别墅，保存了城市的历史中心，包括将清真寺、钟楼和市场继续作为城市的重要区域。

1942年的阿尔巴尼亚城市规划由意大利建筑师提出，被视为国家独立后城市规划的基础。

二战后社会共产主义时期的城市和建筑

1944年后，主要城市的平面规划得以保留。吉诺卡斯特、培拉特等城市被宣布为“博物馆城”。

1957年开始在地拉那实行新的控制性详细规划，主要包括了对现有街区的重建以及以卫星城的形式建设新的周边区域，以此在沿交通要道和市郊处为新兴的地方工业（机械和纺织）、农业企业、煤矿业等提供劳动力。

1960年后，修复改造工程率先面向阿尔巴尼亚工业和农业。主要的基础建设工程，包括水电厂、灌溉工程、铁路、公路、工厂、矿井和石油工业开始发展。

新建的阿尔巴尼亚房屋是五六层的小型公寓，靠义工修建，这反映出了当时人们贫困的生活状况。新的城镇和老城镇的新建部分都体现了严格、整齐的城市规划特色。阿尔巴尼亚的社会建筑，比如学校、医院和幼儿园，也是按照统一标准设计的，目的是节约成本和时间。

1967年的阿尔巴尼亚文化与意识形态革命在全国毁坏了大量很有价值的建筑物，直接毁掉了宗教建筑，或者将其改造为文化会馆、影院和体育馆等，比如斯库台的天主教堂。

才华横溢的阿尔巴尼亚建筑师创造了为数不多却不朽的建筑物，像是“会议中心”和“金字塔”等杰作，都是为了歌颂前领导人恩维尔·霍查而建的。

1985年，国家城市规划设计研究所开始拟订新的控制性详细计划，该计划1989年被政府采用。

该计划的第一个目标是在2005年以前满足人民住房需求；通过解决污染问题，为工业发展预留新空间；扩大道路网络并提高道路质量。

第二个目标是重新评估占地面积很大的一部分规划不合理的居住区。960公顷的居住区中，只有460公顷安排合理，剩余的500公顷是重新评估计划的重点，其中服务设施所占空间甚至是以破坏现有结构为代价获取的。

第三个目标是解决令人备受困扰的移民问题，这一难题自1990年后一直难以解决。

地拉那的居民人数从1945年的6万人增长到1992年的30万人。新计划是为到2005年人口增长至31.7万人而准备的。除了现有的人口变化，新规划也通过扩大居住空间，将居住密度从1988年的每公顷224人降至2005年的每公顷170人。

1990年以后的城市和建筑

90年代初，政治和经济领域发生的变化迅速而激烈，使得常年建造同样规格、鲜有创新的建筑师毫无准备。1991年—1993年，阿尔巴尼亚建筑出现了身份认同危机，却也因此开启了一个新时代。地拉那建筑走向了私人工作室时期，地拉那的建筑师和建筑领域的专家组织在一起，基于务实的目的，参与小型私人项目。私营企业的参与也是建筑领域的转折点。与此同时，很多建筑师通过出国旅行了解国际建筑。

1996年，曾被卷入“金字塔骗局”（引发阿尔巴尼亚经济危机、社会动荡的集资骗局）的人开始投资楼盘等需要建筑设计的项目，此举一度令建筑师这一职业重获新生。这些工程大多庞大，尽管多数情况下并未动工，依然对建筑师的就业产生影响，让建筑师终于有机会自由发挥创意，也为阿尔巴尼亚建筑业注入活力。特别是在大城市的市中心，近年来的投资热潮主要带来了大量多层建筑。

在1990年后的转轨时期，城市规划领域出现了很多不法行为，还有非法建筑，特别是在地拉那等主要城市。随着私有制的重归，阿尔巴尼亚住房的形式和外观因地形、位置、原料和资金等各不相同。

在阿尔巴尼亚，没有其他地方像地拉那一样发展迅速，并时不时出现不规范的情况。主要是因为有大量从乡村到城市的区域性移民，使得地拉那人口在不到二十年的时间里增长四倍。自然，这造成了一系列交通问题，比如瓶颈路段、狭窄街道、停车场缺乏以及废物管理和应急服务上的难题。

90年代初，在经历了对私营企业漫长而迫切的等待后，酒吧和咖啡馆日益增多。大量店铺出现在城市公园附近，沿着拉纳河而建。从1997年到2004年，市政府开展了“回归自我”运动，拆除了市中心所有非法建筑；时任市长埃迪·拉马提出建设“多彩城市”。沿林阴大道和环线两侧的房屋焕然一新，被涂上了不同颜色的几何图案、口号和图画，很多建筑至今依然很流行。这一概念也在阿尔巴尼亚全国广泛采用。

阿尔巴尼亚近来因为采用了其他欧洲城市不太会使用的设计而受到国际城市发展的关注。很多设计（包括主要地下停车场）考虑到了交通和其他基本问题，是城市现代化和市中心发展规划的一部分。

此外，还有主要道路的修建工程，包括一条连接都拉斯和科索沃山区的四车道高速公路，公路中包括巴尔干半岛最长的一条5公里的隧道。

2003年5月，在欧洲房地产研究联合会的国际会议上，地拉那中心的城市规划竞标开始。至少35家国际知名工作室参加，其中仅1家来自阿尔巴尼亚。由国际评审团选出的候选名单有：建筑工作室（法国）、博尔思&威尔逊（德国、澳大利亚）和美卡诺（荷兰）。获胜的法国建筑工作室享有国际知名声誉，设计过很多重要项目，包括欧洲议会总部的建筑。

建筑工作室提出的设计版本着重考虑了人行道、绿化和水，其设计师建议在一些城市重要区域禁止汽车通行，如斯坎德培广场和特蕾莎修女广场。城市大道和拉纳河的修建工程包括修建人行道和扩展绿地面积，这涉及了城市肌理的新元素是为了让林阴大道焕然一新，设计中提议在道路两侧修建平行的建筑群，由25到30层的高层建筑构成，建筑物之间相距50到100米的距离。林阴大道两侧会有充足的绿化，道路尽头靠近火车站的地方将有一块封闭的绿化区，以此和青年公园的绿化区相呼应。同时，封闭的绿化区给重要的基础设施建设的扩展区域划定边界，罗扎发城堡位于城市北部正在发展的地区。

在地拉那中心的英雄路旁，双子塔拔地而起。两栋15层的办公高楼于2004年完工，外观的蓝色玻璃极具现代感。不远处有16层高的欧洲贸易中心，是带地下购物中心的办公高楼，由钢筋混凝土构成，有半圆形的玻璃幕墙。

地拉那其他的工程有比利时建筑公司设计的TID大楼，高85米，坐落于地拉那老城区的中心，地拉那的创造者苏莱曼·帕夏的墓地就在这一区域的东北角。

全国范围内开启了一些重要项目，比如都拉斯的伊利里亚广场设计竞赛。有36家国内外工作室参加2008年的竞标，他们竞争都拉斯的广场重建，建设于2009年开始。同样，国内也出现了很多大型商业、居住中心，主要在市中心和高速公路沿线。有时候整个城市都在重建，比如位于地拉那和都拉斯之间的花园城。花园城由31个街区构成，街区有5层高的公寓和基础设施完善的居住环境，包括商店、街道、便利设施和24小时安全监控。在发罗拉和其他城市也有类似的工程。

或许是取形于阿尔巴尼亚传统建筑塔楼，高楼的修建进入了快速发展的新阶段。几乎阿尔巴尼亚的各大城市都有“天空塔”，包括都拉斯、地拉那、爱尔巴桑、科尔察和科索沃的一些有阿尔巴尼亚人居住的城市。这些天空塔主要由办公室和小商店组成，特色是屋顶咖啡馆。年轻的建筑专家阿尔贝尔·霍提表示：“‘天空塔’提供了360度全景视角，在享用咖啡、召开会议的时候可以欣赏美景；尽管已经不再需要‘塔楼’的防御功能，但是从新的高楼处依然可以看到‘混凝土士兵’向着城市和天空开战。”

作者：凯伊达·卢洛/凯文·图蒙斯

参考文献

阿尔巴尼亚建筑模型史，1970.
地拉那中央技术档案馆档案，2000.
埃明·里扎，皮罗·索莫. 巴尔干传统建筑，1990.

教育和科学

伊利里亚是古代教育的摇篮，在都拉斯和阿波罗尼亚设有古老的图书馆，在布特林特设有一所学校。众所周知，屋大维（奥古斯都）在成为罗马建筑史上伟大的开启者之前，在阿波罗尼亚进行学习和研究。事实上，亚里士多德和西塞罗也都提到过阿波罗尼亚。

中世纪，对年轻一代的教育和启迪工作在国内外都开展起来，人们可以在附属于宗教机构的学校接受教育。当时有对个人开展的教育，也有集体模式的教育。个人教育包括阅读和学习教会歌曲。西欧国家传统的学术课程形式是集体上课，课程分为两个等级：初级课程，包括语法、修辞、逻辑；高级课程，包括算术、几何、天文和音乐。

除了在这些宗教类学校能接受到教育，许多阿尔巴尼亚年轻人也会到国外学校学习，比如意大利的拉古萨和帕多瓦。在这些学校，毕业生会被培养成学者、牧师、僧侣或专业人才。他们中大多数人在封建领地和国家的主要城镇创建了主教办公室。14、15世纪，大量来自城市的神职人员出现在阿尔巴尼亚的一些小镇上，其中许多人在达尔马提亚小镇从事办公室工作或者当老师、教区牧师等。

与中世纪一样，在奥斯曼帝国统治时期，宗教机构仍然进行教育工作。阿尔巴尼亚的学校使用多种语言授课，包括土耳其语、拉丁语、意大利语、希腊语和阿尔巴尼亚语。在穆斯林的宗教机构附属的小学里，宣礼员教学生阅读《古兰经》。在大城市里，伊斯兰学校开设教授阿拉伯语、波斯语和奥斯曼语语法、阅读的课程以及东方修辞学和文学。在东正教会和修道院的学校中，课程包括宗教课和阅读课，受伊斯坦布尔宗主教的保护，学校的赞助资金来自于信徒的捐款和东正教公会的捐赠。在天主教会，方济会修士开设了教拉丁语和意大利语的中小学，天主教的传教士主要帮助普通的阿尔巴尼亚人解决语言上的一些问题，教会也开设了一些教阿尔巴尼亚语的学校，比如在佩扎内（1628—1675）、布利尼什特、库尔宾、扬涅沃（1671）、米尔迪塔的韦列（1692）、斯库台等。这些学校对于增强民众的民族意识起到了作用。当有阿尔巴尼亚血统的教皇克莱门十一世上任后，为阿尔巴尼亚的教育提供了更好的条件。在他的提议下，阿尔巴尼亚主教理事会于1703年7月20日在斯库台附近扎德里马的梅尔奇举行，会议决定在阿尔巴尼亚传播宗教文学。

学校教育在沃斯科波亚取得的发展更为显著。1710年，这里成立了一所学校，学生来自阿尔巴尼亚和马其顿，10年后又成立了一家印刷出版社。1774年，一所名为“新学院”的中学成立了，学校教授同其他先进国家相似的课程。教育、文化以及科学界的名人都在那里教书，包括毕业于帕多瓦大学的第一任校长塞瓦斯特·莱昂蒂亚齐，来自沃斯科波亚的塞奥佐尔·卡瓦廖蒂、科斯特·切卡尼和丹尼尔·哈吉。

这所学校的许多毕业生都能够进入维也纳、莱比锡、威尼斯、布达佩斯、克鲁日等国外大学继续深造。沃斯科波亚的学院善于培养拥有欧式文化的新知识分子。这里的学生知道笛卡尔、马勒伯朗士、洛克、莱布尼茨等人。

在19世纪最初的30年里，一些人努力在斯库台、科尔察、马纳斯蒂尔等城市建立拥有当时最先进课程的私人学校，许多拥有海外教育经验的老师在这些学校授课。

从15世纪到20世纪早期，阿尔巴尼亚语的书写用过不同的字母，早期用拉丁字母、阿拉伯字母、西里尔字母和希腊字母，这使得打印书本变得困难，但是爱国的神职人员和进步的知识分子努力在礼拜仪式中用阿尔巴尼亚语阅读，其中便包括乔恩·布祖库所写的《弥撒》一书，这是第一本用阿尔巴尼亚语写的书，于1555年出版。此后，17、18世纪的宗教书籍的翻译和改编也开始使用阿尔巴尼亚语。同样，1635年，第一本关于阿尔巴尼亚语的字典出版了——《拉丁语-阿尔巴尼亚语词典》，编者是弗朗格·巴尔齐。18世纪早期，第一本关于阿尔巴尼亚语语法的书籍开始编纂。1819年，第一本阿尔巴尼亚语《新约》出版，编者是万杰尔·梅克西。

在坦齐马特改革时期（1839—1870），由于阿尔巴尼亚穆斯林被认为等同于土耳其人、阿尔巴尼亚东正教徒被认为等同于希腊人以及阿尔巴尼亚天主教徒被认为等同于拉丁人，阿尔巴尼亚语学校被禁。因此，使用土耳其语、希腊语、保加利亚语、意大利语和奥地利语的外国学校纷纷建立。在阿尔巴尼亚北部，意大利和奥地利的学校得到各自政府的支持以及来自方济会和耶稣会的资助。在具有爱国精神的教师的努力下，这些学校也会使用阿尔巴尼亚语。

即使在奥斯曼政府和伊斯坦布尔宗主教的施压下，依然有人私下继续努力学习阿尔巴尼亚语，为此，出现了最早的阿尔巴尼亚语入门书籍。在19世纪60年代末，莱什、地拉那、克鲁亚、迪勃拉成立了教授阿尔巴尼亚语的学校。

第一本阿尔巴尼亚语入门书籍名为《简明阿尔巴尼亚语入门》，于1844年由民族复兴先锋纳乌姆·维奇尔哈尔吉着手编纂并出版，并于1845年再版，再版时添加了50页内容。

1867年，康斯坦丁·克里斯托弗里齐以托斯克和盖格两种方言出版了《阿尔巴尼亚语入门》，并且在伊斯坦布尔成立了一个委员会，以制定统一的字母表和建立文化社会为目标。1879年，萨米·弗拉舍里起草了《伊斯坦布尔字母表》，以拉丁字母为基础并按“一个发音用一个

纳乌姆·维奇尔哈尔吉（1796—1846）和他所编的《简明阿尔巴尼亚语入门》第二版封面（1845年出版）

字母表示，一个字母只发一个音”的原则来创立。同年，阿尔巴尼亚字母出版协会成立，协会开设学校，出版书籍、报纸和杂志。1886年，萨米·弗拉舍里出版了第一本用阿尔巴尼亚语编写的阿尔巴尼亚语法书《阿尔巴尼亚语语法》。

1867年出版《阿尔巴尼亚语入门》的康斯坦丁·克里斯托弗里齐

在伊斯坦布尔爱国者的共同努力下，1887年3月7日，阿尔巴尼亚民族学校在科尔察成立。这是一个兼有民族和世俗性质的小学，所有课程都用阿尔巴尼亚语教授。科洛尼亚、波格拉德茨、普里兹伦的学校也随之改用阿尔巴尼亚语教学。四年后，在科尔察成立了一所阿尔巴尼亚女子学校。这些学校引起了希腊东正教和奥斯曼政府的强烈不满。纳乌姆·维奇尔哈尔吉、内格瓦尼、卢阿拉西成为为这些学校献身的烈士。

继土耳其宪法宣布后，阿尔巴尼亚爱国者尝试利用这个环境，通过在阿尔巴尼亚开设民族俱乐部和学校以及出版报纸和书籍来推进民族教育和传播文化。如此之快的发展也使得制定统一的阿尔巴尼亚语字母表的需求更为迫切。为此，他们召开了马纳斯蒂尔代表大会（1908年11月14日—22日）。

大会决定采用两种字母表，即伊斯坦布尔字母表和新的基于拉丁字母的字母表。由于使用拉丁字母表更适合在国外出版书籍，后者很快成为阿尔巴尼亚语唯一的字母表并一直沿用至今。马纳斯蒂尔代表大会推动了教育和文化的进步，而爱尔巴桑大会的召开则进一步推动了这种发展（1909年9月2日—8日）。大会决定在爱尔巴桑开设一所提供教师教育的高校（师范学校），并且以科尔察为中心创立了进步协会。1909年12月1日，爱尔巴桑师范学校成立，为整个阿尔巴尼亚培养教师。

马纳斯蒂尔代表大会在这栋房屋召开（1908年11月14日—22日）

宣布独立后不久，发罗拉政府便采取了一系列措施来促进教育和文化的发展，开始在行政机构中强制要求使用阿尔巴尼亚语，为开设学校和培养教师制定并实施一些方案，派送年轻人出国接受更高的教育，并提出实施义务基础教育的设想。

虽然国家还处于贫穷阶段，但在1920年到1924年间，阿尔巴尼亚还是做出了许多努力来推动教育和文化的发展，在许多地区都开设了小学，在斯库台和吉诺卡斯特等地开设了中学，在地拉那创办了美国技术学校和“奇里亚齐·达科”学校。1920、1922和1924年举行了三次学术大会，会上通过了建设全国统一的世俗学校、起草教科书、开展义务基础教育等一系列重要决议。

在20世纪20年代末和30年代初，阿尔巴尼亚采取了新的措施来扩大和巩固基础教育以及开设普通教育和中等职业教育。1939年，全国有643所小学和18所中学。其中著名的学校有爱尔巴桑的师范学校、科尔察的学园、斯库台的中学、地拉那的女子学校和技术学校、发罗拉的商学院等，最大的成就是实现了教育的全国性和世俗性。

在反法西斯战争期间，阿尔巴尼亚开始了消除文盲的运动。当时，80%的人都是文盲，扫除文盲是教育领域的主要任务。1946年阿尔巴尼亚进行了教育改革，确定十一年普通教育的结构：四年小学教育、三年初中教育、四年高中教育，小学和初中为义务教育。到1948年，近12.9万人学会了读写。

基础教育遍布全国各地，覆盖大约2380个居民区，建造了超过500所新学校，中学数量增加，为低级和高级的技术（职业）教育奠定了基础。1948年，已有948所中小学。

20世纪50年代，教育体制呈现出群众化特征。1955年，大约19.8万人学会了读写，已基本没有文盲，学校招收超过15.9万名学生。除了基础教育，义务教育还普及到中学教育。学校数量增长到了3000所，有1.1万名老师和30万名学生。

第二次世界大战后，第一所高等教育、科学和文化机构开始建立。国内第一个高级研究学术机构名为“研究所”，成立于1946年。实际上，二战期间阿尔巴尼亚已经成立了“阿尔巴尼亚研究所”，1948年改名为“科学研究所”，不久后又改名为“历史和语言学研究所”并进行重组。与此同时，在地拉那、斯库台和爱尔巴桑成立了各类知识领域的高级教育机构和科学研究所，这些机构的成立早于地拉那大学和国内其他大学。地拉那大学于1957年成立，接管了当时的高等教育科学机构，开展教育学术活动。

政治化和意识形态论成为了学术课程和教科书中所授知识的两条主线。从一方面看，继续普及教育起到了积极作用。1970年，学生数量达到66.1万人，还有11.4万名非全日制的学生。

地拉那大学的主教学楼

1994年，发罗拉大学的成立，开创了阿尔巴尼亚高等教育的新时代；2002年，地拉那-纽约私立大学的成立又将阿尔巴尼亚高等教育推上了一个新的台阶。截至2009年，阿尔巴尼亚有13所州立大学及至少14所私立大学。这些大学大部分位于地拉那，其他一些位于科尔察、发罗拉、爱尔巴桑、都拉斯、培拉特、吉诺卡斯特和斯库台。

发罗拉大学有幸成为社会主义时期结束后阿尔巴尼亚的第一所公立大学。它成立于1944年，目前拥有1.5万名学生，仅次于地拉那大学，是招生人数第二多的学校。

除了公立大学，还有一些私立大学获得了资格认证或是得到部长会议认可。许多私立大学的公开运作模式和企业相同，比如马林·巴尔莱蒂大学，可通过相关附属企业为学生提供实习机会。除了建筑类项目，阿尔巴尼亚大学（曾经的U.F.O大学）通过电视频道播送具有学术、教育和主流特色的节目，而波利斯大学则与欧洲和北美的大学合作，专注于建筑和城市基础设施研究。

地拉那–纽约大学（2002）等其他高校正逐步提供美国式教育，着眼于国际大学生企业家联盟（SIFE）等国际项目。国际大学生企业家联盟是一个由学生和商界领袖组成的国际组织，鼓励全世界的学生在当地社区运用课堂知识处理现实中的经济和商业问题。SIFE在阿尔巴尼亚九个公共和私人机构中提供服务。地拉那纽约大学在纽约、雅典、布拉格、贝尔格莱德有分支机构，同瑞士和英国有合作关系。位于地拉那的欧洲大学主要研究欧洲政策、经济、社会等，由阿尔巴尼亚和欧洲的教授授课，甚至阿尔巴尼亚统一部部长也为学生讲解欧盟制定的《阿尔巴尼亚互助稳定协议》。

每个学校都有不同的专长，包括商业管理、经济、社会科学、新闻学、法律等。从2006年开始，女子优秀委员会大学开设了卫生保健专业，还有社会科学、经济、计算机专业。马鲁比大学（2004）专注于同电影相关的研究，包括导演、编剧和电影后期处理。查士丁尼一世大学（2006）和正义大学都只专注于法律研究。

科学和研究

自古代起，阿尔巴尼亚阿波罗尼亚、都拉斯的学校和图书馆里的学者、研究人员以及科学家已经享誉世界。著名人类学家萨米·弗拉舍里为土耳其现代科学的发展奠定了基础，还参与编纂了土耳其百科全书。

1972年，阿尔巴尼亚科学院成立，这是全国最重要的科研中心。科学院有两个分部。社会科学和阿尔巴尼亚学部包括考古研究所、民俗文化研究所、历史研究所、语言文学研究所、艺术研究中心和阿尔巴尼亚百科全书中心。自然和技术科学部包括核物理研究所、信息与应用数学研究所、水文气象研究所、地震研究所、生物研究所、地理研究中心和水利研究中心。

20世纪90年代，阿尔巴尼亚大约40%的教授和科研人员移民海外。一些在国外接受高等教育的人学成后回国，其他人则没有回来。2006年，政府开始实施“人才引进”项目，借此调整高等教育法、鼓励海外阿尔巴尼亚学者回国，减少对访问学者和教授的限制，发展学术管理新模式，通过提倡男女平等改善工作环境，以专业特长而非政治需要为标准选拔人才。

2007年，阿尔巴尼亚参与了欧盟第七框架计划（FP7），与欧盟签订了谅解备忘录，这是欧盟最大的研究计划，预算超过500亿欧元，时长7年（2007—2013）。计划旨在帮助阿尔巴尼亚和其他欧洲国家在食品安全、公共健康、环境和能源方面达到欧盟标准。

2004年欧洲科学技术合作计划（COST）的主要领导人到访阿尔巴尼亚，并于2008年FP7会议后再次访问，与政治界和科学界的最高级别代表进行商讨，鼓励与欧洲主流研究实现互利互惠的合作。截至2009年，阿尔巴尼亚还未与COST签约。

卡尔·盖加是著名的阿尔巴尼亚裔工程师，他在奥地利山区设计并建造了塞默林铁路，现为联合国教科文组织世界遗产。阿尔巴尼亚裔科学家费里德·穆拉德因发明药物“万艾可”而获得1998年诺贝尔生理学或医学奖，他在地拉那的“特蕾莎修女”医院中心展示了他的发明。

在过去的几十年中，许多科研中心和科研项目依靠中央政府和部委的帮助得以立项。除了政府的支持，相关科学领域的研究机构之间也有着密切的合作。

政府部委下属科研机构

总理办公室：“人才引进”项目由总理办公室、阿尔巴尼亚政府、联合国开发计划署执行，由亚历山大·莫伊西大学提供支持。

经济、贸易和能源部：阿尔巴尼亚地质服务中心（地拉那）、矿物提取与处理技术研究所（地拉那）、国家碳氢化合物科研中心（费里）、轻工业设计研究所（地拉那）、力学与木材研究所（地拉那）、冶金研究所（爱尔巴桑）。

农业、食品和消费者保护部：大田作物研究所（克鲁亚）、食品研究所（地拉那）、兽医研究所（地拉那）、畜产研究所（地拉那）、植物保护研究所（都拉斯）、玉米和大米研究所（斯库台）、水果种植研究所（发罗拉）、蔬菜和土豆研究所（地拉那）、土壤研究所（地拉那）。

卫生部：公共健康研究所（地拉那）。

旅游、文化、青年和体育部：文化古迹研究所（地拉那）、体育研究中心（地拉那）。

公共事务部：交通研究所（地拉那）、建筑研究所（地拉那）、城市规划研究所（地拉那）。

教育科学部：所有大学。

国防部：斯坎德培军事大学。

环境、森林和水资源部：森林和牧场研究所（地拉那）、渔业研究所（都拉斯）、环境研究所（地拉那）。

作者：佩特丽卡·森基利/根茨·米弗蒂乌/塞伊特·曼萨库/布莱丽娜·贝尔贝里

摄影

马鲁比王朝留下的遗产是19世纪下半叶和20世纪上半叶欧洲摄影领域最知名的一幅作品。

这个著名的王朝由皮耶特尔·马鲁比（1834—1903）开创，受到奥匈帝国占领者的迫害后，他于1856年抵达斯库台。马鲁比在摄影、建筑、绘画、雕塑等艺术领域同时发展。1858年，他用他的“魔法盒”拍摄了他工作室之外的生活，包括当时的一些政治事件，如：米尔迪塔起义（1876—1877）、普里兹伦同盟（1878—1881），这些都被刊登在了当时享誉欧洲的杂志上，比如《伦敦新闻画报》。

马鲁比工作室（1885—1990）不亚于欧洲任何一间高级工作室。当时，皮耶特尔·马鲁比决定由来自科德里马的罗克·科泽利的两个儿子来接替他在工作室的工作，起初是马蒂·科泽利（英年早逝，1862—1881），随后是米凯尔·科泽利，凯尔为了向大师致敬改用了新姓氏，叫做凯尔·马鲁比。

皮耶特尔·马鲁比

凯尔·马鲁比（米凯尔·科泽利，1870—1940）1885年15岁时开始在马鲁比工作室工作。在马鲁比大师去世后，凯尔·马鲁比成为了工作室的合法继承人，他把这里变成了一个真正的艺术工作室。他用当时最著名人物如乔治·费施塔、米吉安尼、科利奇、加利察、戴德·焦卢利、巴伊拉姆·楚里、范·诺利、艾哈迈德·索古等的摄影作品丰富了工作室的摄影集，并且收藏了普通百姓身着民族特色服装的照片、城镇的图片以及反映了19世纪末 20世纪初阿尔巴尼亚国家的生活、风景以及其他一些方面的照片。他成功地还原了阿尔巴尼亚近55年来所有最重要的事件，因此成为了当时欧洲摄影领域中反映公众生活和历史记录的领导人物之一。凯尔·马鲁比也是一个狂热的爱国者并且参加了阿尔巴尼亚独立运动，参与组建了许多社团，比如1908年的阿尔巴尼亚语文学会和新闻出版社“斯库台之声”。凯尔·马鲁比在海外也很出名，经常受邀到黑山国王法庭负责摄影工作。

凯尔去世后，他的儿子盖格·马鲁比（1907—1984）接替了他的位置。他曾在巴黎的卢米埃尔兄弟学校学习，这是法国第一所电影和摄影学校。1970年，他将包含15万张底片的整个合集交给了国家。马鲁比的摄影作品一直被用在法国和意大利的各种出版物和相册上，部分摄影作品收录于《斯库台摄影集中的国家历史痕迹》（1982），而这些选出来的作品与伊斯玛依尔·卡达莱的序言一同收录在了影集《卢米埃尔》中。

20世纪初，斯库台成为了世界知名的摄影中心。作家法迪尔·克拉亚曾说，“斯库台火枪手”是戴德·亚科瓦（1915—1973）、尚·皮齐（1904—1976）、盖格·马鲁比（1907—1984）、皮耶特尔·拉波什塔和安杰林·嫩沙蒂（1929—2008），他们五人创作并保留下5万张关于历史、人物、自然、文化、教育和体育等主题的照片底片。每位摄影师都有自己的风格、品味和观点。戴德·亚科瓦的工作室挨着马鲁比的房子，位于阿尔巴尼亚最古老的公共花园“人民花园”前面，他用他的相机拍摄斯库台的年轻人、城市的学生以及从海外归来在城市游玩的美丽姑娘和英俊小伙，所有这些照片使他成为“捕捉快乐、美丽和青春的摄影师”。尚·皮齐被称为“自然摄影大师”。他是一位登山家，拍摄了许多峡谷、森林、山谷、雪崩以及阿尔巴尼亚北部风景的照片。皮齐的照片在欧洲广泛传播，一些被制成明信片售卖，另一些则制作成邮票和精美的海报。摄影师盖格·马鲁比是“摄影师院长”，他记录了最重要的事件和人物。“儿童摄影大师”是皮耶特尔·拉波什塔，50年来他为许多儿童拍照，包括当时那些名门贵族家庭。安杰林·嫩沙蒂保留了大部分的照片底片并继续教授摄影，而他的儿子也是一名摄影师。如今，他们的作品都能在《马鲁比国家摄影集》中找到。

其他有天分并且拥有国际经验的摄影师有：

科尔·伊德罗梅诺（生于斯库台，1860—1939）是位多才多艺的艺术家，他向皮耶特尔·马鲁比学习摄影，而且他还热衷绘画，尤其擅长肖像画。他被称为推动阿尔巴尼亚电影发展的第一人。

于梅尔·巴利（生于地拉那，1894—1967）在奥地利完成了他的学业。他擅长拍摄人像和集体照。他没有结婚，也没有留下继承人来管理他丰富的摄影档案。在他去世后，他的侄女将他的收藏捐赠给了位于地拉那的中央档案馆。

亚尼·里斯塔尼（生于吉诺卡斯特，1913—2005）年轻时在伊斯坦布尔的罗伯特学院求学，这是一个技术工程学校，在那里他学习使用方铅矿作为整流器的无线电接收技术以及浪漫主义摄影。他上的第一课是土耳其摄影大师尼科·胡祖里教授的，后在土耳其展开了火热的摄影活动，用“里斯塔尼”作为署名的作品《土耳其小姐》(1933）刊登在当地报纸上。1935年，他回到地拉那，成立了里斯塔尼工作室，这是第一个现代工作室，其实验室尤其出名。里斯塔尼的照片中最有名的是1938年地拉那市中心的图片、游击队生活照、各种地拉那解放斗争的画面以及在地拉那游行的游击队照片。他的一些阿尔巴尼亚自然风景照也非常出色。1947年他的工作室被收归国有，被迫交给国家数万底片而没有得到任何官方收据。1965年6月，他凭借水电站的建筑图和其他作品在柏林国际摄影节获得三个一等奖。自1954年以来，里斯塔尼通过在他的实验室中发展彩色摄影而成为欧洲的先驱，到1957年，他开始印刷彩图。瓦西尔·里斯塔尼在亚尼·里斯塔尼的指导下，一直在其工作室干到1947年。里斯塔尼的名字延续至今，由佩特里特·里斯塔尼继承，他为自己建立了一个中等大小的工作室。

米哈尔·波皮（生于斯库台，1909—1979）于1921年搬至地拉那。在国家被占领后，他便致力于摄影并且有时以摄影师的身份在地拉那电台工作。后来，他在新市场开了一间工作室，通过拍照和复印文档在战争中为国家做出贡献。在人民剧院中波皮属于最早一批拥有成功职业生涯的艺术家，他被授予了“人民艺术家”的称号。

米斯托·齐齐（生于波格拉德茨，1902—1981）同他的兄弟一起致力于摄影。他在希腊和意大利的经历对他把一生献给摄影产生了重要影响。作为阿尔巴尼亚第一位艺术摄影师，1925年，旅游新闻宣传局指派他拍摄了一系列波格拉德茨的艺术图片。

佩特罗·齐米特里（1861—1946）被称为“摄影师”或“阿尔巴尼亚人”，一生都在希腊工作。

克里斯塔奇·索蒂里（1883—1970）自1922年起开始摄影工作，擅长人像摄影，终生在科尔察工作。

阿吉姆·韦尔齐沃利（1934—　）是“新阿尔巴尼亚”电影制片厂的摄影师，他在地拉那的先锋大厅自发为年轻人开设摄影培训课。后来这里成为年轻摄影师的培训中心。

乔恩·米利（生于科尔察，1904—1984，美国籍）在年轻时与家人一起搬到了罗马尼亚。1923年米利完成高中学业后，他们一家搬到了美国。他在麻省理工学院继续深造，毕业后在威斯汀豪斯工作。在波士顿，米利是阿尔巴尼亚《太阳报》的编辑，并联系上其他阿尔巴尼亚人。与此同时，他拜见了法伊克·科尼察，正是科尼察说服乔恩·米利保留了他的阿尔巴尼亚名字“乔恩”而不是改用“约翰”。1937年，米利拜见发明了电子闪光灯的哈罗德·艾格顿教授，随后他决定以摄影师的身份继续他的职业生涯，并且在《生活》杂志开始工作。他为音乐家、运动员、舞蹈家、画家等拍摄照片，于1942年以舞蹈家莱昂·詹姆斯和薇拉·梅·瑞克为背景拍摄了著名的《林迪舞》。米利在纽约二十三街创办了自己的工作室，吸引了艾灵顿公爵、比莉·哈乐黛、莱斯特·荣格和吉恩·克鲁帕等知名艺术家和创意领域的人物，大家聚集在一起讨论创意和其他感兴趣的主题。亨利·卡蒂埃·布勒松称乔恩·米利是“纽约的雅典人”。1944年，米利回归电影摄影并制作了关于爵士乐的纪录短片《即兴布鲁斯》。当时，米利的照片被刊登在《生活》杂志封面，这家杂志在美国的销量过百万。1946年，让-保罗·萨特在米利的巴黎展览上发表了热情洋溢的讲话。米利一生曾为许多名人拍过照片，比如杜鲁门总统、时任苏联外交部部长的莫洛托夫，巴勃罗·鲁伊斯·毕加索、乔治·布拉克、亨利·马蒂斯等画家，伊戈尔·菲德洛维奇·斯特拉文斯基、艾灵顿公爵、弗兰克·西纳特拉等作曲家和音乐家。1971年，法国阿尔勒摄影双年展的主题是向米利致敬。一些出版物选用了他的照片，比如，1980年纽约图形学会的《乔恩·米利：照片和回忆》、1999年的《照片集》、2008年“生活—经典系列”的《世界人民肖像》，此外，从1998年起，麻省理工学院开始组织“米利和埃杰顿”摄影比赛。纽约现代艺术博物馆收有最多米利拍摄的照片。阿瑟·米勒曾说：“米利喜爱民间舞蹈，每周他都会去百老汇和其他阿尔巴尼亚人跳舞……”；让–保罗·萨特说：“对于他来说有无限种拍摄方式，就像我们周围有无限多的事物一样”；纽约现代艺术博物馆前董事约翰·施华洛世奇认为：“……米利拥有伟大的智慧，或许比起摄影师，他更像一位思想家。”

20世纪90年代后，数码技术全面兴起，包括在阿尔巴尼亚，数码相机的使用不仅影响了摄影风格，而且也让人们关注社会问题、环境、旅行以及边缘化群体等。

阿尔巴尼亚艺术院校引入了新的教学方案，让学生能够练习并学习更多关于拍摄数码照片的技能。比如在约尔丹·米西亚艺术高中，开设了新的数码摄影课程，艺术学院（除了平面设计等课程）与国际艺术家和支持者合作在其画廊和其他地方组织了展览。私人课程、学校和非政府组织鼓励学生通过各种数字照片和软件来进行训练、学习和讨论。阿尔巴尼亚摄影学校也举办了一年一度的“索蒂里国际摄影比赛”。

一些摄影活动在画廊和网络上举办。2007年—2008年，荷兰大使馆在地拉那国家美术馆举办了世界新闻摄影大赛，瑞士发展办公室为斯库台和地拉那的“全球化世界的故事”巡回展提供支持。在文化国际中心和国家历史博物馆中，大部分的照片展览是关于90年代的政治、社会和经济事件以及人们对此的回应。在斯库台、地拉那和科尔察有摄影比赛。索蒂里国际摄影比赛仍然是一年一度的国际摄影大赛，而马鲁比摄影比赛只持续了几年。

由阿尔巴尼亚艺术家、策展人、管理人员和研究人员等发起并组织了提倡合作与交流的项目，这包括得到欧洲文化基金会支持的“聚焦亚得里亚海欧洲区”和阿尔巴尼亚英国协会组织的“共同生活”国际数码摄影展等。

一些私人商业照相馆开发了不同格式的图像，有可以自助服务的数码设备。职业摄影师也会在各种媒体工作室、电视频道、新闻报纸、特殊家庭活动、自由职业中锻炼自己的技能。

有的阿尔巴尼亚摄影师通过摄影反映当代阿尔巴尼亚社会、环境和经济的矛盾和现状。新一代的艺术家、摄影师有：

贝维斯·弗沙是著名的阿尔巴尼亚摄影师，他参加过荷赛奖以及其他欧洲和北美的摄影比赛，并已在多个国家举办过展览。

阿尔凯特·伊斯拉米是第一位且唯一一位“来自天空的摄影师”，他还参加过洛加拉的阿尔巴尼亚滑翔伞大赛。从2000年起，他陆续在比利时、法国等地举办过个人展，展出他从天空拍摄的阿尔巴尼亚的照片。他的摄影集《来自天空的阿尔巴尼亚》非常成功，由他拍摄的纪录片也被收录在了《发现阿尔巴尼亚》一书中。

其他活跃的阿尔巴尼亚摄影师有：拉拉·梅雷迪斯·武拉伊、贝西姆·弗沙、佩特里特·库米、尼科·祝弗克、阿尔曼德·哈巴扎伊、布里姆·米弗蒂乌、法迪尔·贝里沙、布蕾尔塔·卡姆博、莱昂纳德·曲拉菲等。

《来自天空的阿尔巴尼亚》，由阿尔凯特·伊斯拉米拍摄，2006年

阿尔巴尼亚的外国摄影师

如同浪漫主义时期的欧洲游客，外国艺术家对记录阿尔巴尼亚民俗、人物、地理和事件具有浓厚兴趣，这使他们在旅行中继续探索阿尔巴尼亚。罗伯特·埃尔西认为，德国学者约翰·乔治·冯·汉（1811—1869）通常被视为阿尔巴尼亚研究的创始人之一，他在奥地利驻亚尼纳副领事馆工作期间，与阿尔巴尼亚及其人民保持着紧密的联系。他写过一些关于阿尔巴尼亚历史、文献和民俗文化的书，并且在1863年的远行中第一次拍摄了50张照片。而后，他给维也纳科学院写信要求一个称职的摄影师来帮助他，25岁的约瑟夫·斯泽莱齐博士便来到了阿尔巴尼亚，接受了这一漫长而艰巨的任务，拍摄阿尔巴尼亚和巴尔干地区的景观和人民。2000年，马克·科恩在奥地利国家图书馆重新发现了这些照片。

1916年，马克思·兰贝茨在阿尔巴尼亚出版摄影集，他作为奥地利科学院巴尔干委员会委员访问了阿尔巴尼亚北部和中部，收集素材用于比较语言学和民俗学的研究。他曾在阿尔巴尼亚学习语言和方言，收集民俗材料并制作成照片集。在同年第二次访问中，他成为了阿尔巴尼亚文学委员会委员，并且在乔治·费施塔任编辑的《阿尔巴尼亚邮报》上发表了关于阿尔巴尼亚民俗诗歌的文章。他在以后的生活中仍然与阿尔巴尼亚保持着联系，还写了几本关于阿尔巴尼亚研究的书。

此外，奥匈帝国学者巴伦·弗朗茨·诺普乔（1877—1933）于1903年访问阿尔巴尼亚时拍摄了许多照片；1913年—1914年，荷兰军事代表团第一次到访阿尔巴尼亚的照片收录于2007年在普里什蒂纳出版的《用光书写：早期阿尔巴尼亚和西南巴尔干地区的摄影集》中。

20世纪90年代阿尔巴尼亚转轨后，国际摄影师非常热衷于重新探索阿尔巴尼亚的山鹰、传统、文化、城市、国家形象和社会主义时期的遗迹，如全国各地成千上万的地堡等。

作者：根茨·米弗蒂乌/布莱丽娜·贝尔贝里

新闻出版

阿尔巴尼亚新闻业的出现和19世纪中期解放运动的开始息息相关。1848年2月2日，阿尔巴尼亚人创办的第一份报纸出现在意大利那不勒斯，名为《意大利的阿尔巴尼亚人》，由伟大的阿尔巴尼亚裔意大利诗人耶罗尼姆·德·拉达主办。1884年8月10日，阿尔巴尼亚教育教学和文化文学杂志《光明—知识》在伊斯坦布尔发行。当时有三本关于阿尔巴尼亚的期刊:《佩拉斯吉》，1860年在希腊拉米亚发行;《阿尔巴尼亚之声》，1878年在雅典发行;《阿尔伯利亚人的旗帜》，1883年在科森扎发行。

1887年泽夫·斯基罗伊在巴勒莫发行了杂志《新阿尔伯利亚》，直到1908年，在罗马尼亚、保加利亚、埃及、美国、希腊以及意大利等地，关于阿尔巴尼亚的阿语出版物开始得到海外阿人群体的支持。当时，阿尔巴尼亚仅有的阿语出版物是由斯库台天主教会每月出版的宗教刊物《圣心报》(1891—1913)。

杰出的作家和出版人中有创办三本期刊的德·拉达以及后来的泽夫·斯基罗伊、纳伊姆·弗拉舍里、尼科拉·纳乔、安塞尔苗·洛雷基奥、维萨廖恩·多达尼、克里斯托·卢阿拉西、德尔维什·希马、米洛·杜齐、沙欣·科洛尼亚、亚沙尔·埃雷巴拉、索马·阿维拉米、尼科拉·伊瓦纳伊、萨里·尼维察、索蒂尔·佩奇、范·诺利、乔治·费施塔、米特哈特·弗拉舍里、恩多茨·尼卡伊、亚尼·弗鲁霍和马蒂·洛格雷齐，他们都投身于阿尔巴尼亚新闻业。

阿尔巴尼亚最早的专业新闻报刊是双周刊：由法伊克·科尼察创办发行的《阿尔巴尼亚》(1896—1908)和《小阿尔巴尼亚》(1899—

1903）。《阿尔巴尼亚》杂志主题范围涉及民族、时事，体裁涉及文学和新闻报道，是阿尔巴尼亚新闻业的领路者。

新阿尔巴尼亚新闻业的历史分为几个阶段，各有特征：二战时期（1941—1944）、二战后（1945—1990）和转轨期（1991年后）。

独立时期标志着全面而复杂的新闻出版业的形成，其类型具有多样性，涵盖政治、社会、意识形态等不同方面。这一阶段最早的报纸是斯库台的《阿尔巴尼亚信义》报，1913年5月18日出版，直到1921年停刊。三个月后的1913年8月24日，《阿尔巴尼亚复兴》报作为发罗拉政府的官方报纸出版。这些报纸出类拔萃，1913年10月后，开始出现一些不同类型的报刊，最早是由乔治·费施塔在斯库台发行的杂志《明亮的星》，这是方济会会士创办的，流通时间较长，内容除了与宗教有关，也涵盖文化、历史和民俗领域。

直至1920年，新闻出版业在各地不断发展。与此同时，涌现了86家报纸、杂志和新闻简报；其中发罗拉6家、科尔察6家、斯库台16家、地拉那22家、都拉斯3家、吉诺卡斯特2家、爱尔巴桑2家。此外，在海外阿尔巴尼亚人聚居地，如波士顿、阿根廷、澳大利亚、瑞士等地也有。

卢什涅会议后，拥有40余家报刊的地拉那成为了新闻出版业的中心。当时最重要的报刊有《电讯》《时间》《阿尔伯利亚》《意志》《阿尔巴尼亚的复兴》《阿尔伯利亚的意志》《信义》《蒂亚娜》《阿尔巴尼亚的奋斗》《光明》和《新闻》。

较有名气的记者在报道过程中对内政外交政策的制定会产生决定性影响，总体上，他们受雇于支持政府的老板和编辑。优秀的记者有内比尔·奇卡、蒂莫·迪洛、伊斯拉姆·弗里奥尼、米哈尔·谢尔科、布兰科·梅尔扎尼、瓦西尔·扎奇卡、科斯特·切克雷奇、哈里拉·巴卡利、万杰尔·科察、菲奇里·鲁西、杰瓦特·卡拉伊吉、菲奇里·拉加米、埃尔内斯特·科里奇、佐伊·佐扎、克里斯托·弗洛奇、塞伊特·凯马尔和纳米克·德尔维纳。同样，具有文化传统的城市也滋养了拥有年轻记者的新闻业。1934年—1935年，科尔察为阿尔巴尼亚新闻业奠定了发展基调。当地发行了双月刊《旗帜》和《复兴》以及大量进步民主期刊。《新世界》引领了各类报刊，将新文学带入现实的、批判性领域，吸引了很多虚构和非虚构小说作者，像米吉安尼、佩特罗·马尔科、农达·布尔卡、塞利姆·什普扎、斯德尔约·斯巴塞、韦利·斯塔法、齐米特尔·舒特里奇、克里斯塔奇·采帕和安德烈·瓦尔菲等。

1939年4月7日，意大利法西斯占领阿尔巴尼亚后，出现了两类相互激烈对抗的新闻报刊。在意大利投降之前，国内发行的主要刊物是法西斯刊物，比如《法西斯》《托莫里》和《小托莫里》。后来直到1944年年底，《国家统一日报》和《国家日报》成为了官方报纸。这一时期，民族主义组织的《祖国报》以及国民阵线“巴利组织”的《法制报》和《国防报》也在发行。

在法西斯纳粹占领下，地下的反法西斯出版物涌现，起初是传单和宣传册，之后在1942年8月25日发行了《人民之声报》。其他以抗争为目的的出版物包括反法西斯民族解放委员会的刊物《统一》（1943年3月25日）、青年阿尔巴尼亚反法西斯联盟的刊物《自由呼声》（1942年8月29日）和阿尔巴尼亚妇女联盟的刊物《阿尔巴尼亚女性》。

1944年11月29日国家解放后，新闻出版业进入了二战后的新阶段，成为一种具有政治意识形态导向的结盟的新闻业。这一时期从1945年持续到1990年，有完整的大众传媒体系：报纸、杂志、广播和电视。至1949年，在战争期间停刊的《人民之声报》恢复发行，当时的主要报纸民主阵线的还有《统一报》。此外，在1991年之前，还有两家半月刊和一系列中央报，比如《青年》（1954年起改名为《青年之声》）《工作》《先锋》《战士》《体育》《光明》等，也有杂志《新世界》《十一月》等。

20世纪90年代初，阿尔巴尼亚没有任何独立的出版社和报纸，市场上的主要报纸都带有政治性，以满足为新政体提供舆论支持的需求。在私营企业和自由市场确立了阿尔巴尼亚言论自由后，越来越多的报刊渐渐出现。90年代中期，通过开放的沟通和交流新观点，人们得以通过各类报纸杂志获取越来越多关于体育、政治、经济和文化等方面的信息。

随着《民主复兴》日报的发行（1991年1月5日），阿尔巴尼亚媒体开启了多元、过渡、自由的时代。各政党的刊物也接连出现，如《共和国》《社会民主选择》等。独立的或是非政府的出版社得到支持，各式各样的政治文化团体开始出版刊物。

1994年，法托斯·卢博尼亚创办了独立的文化哲学刊物《奋斗》以及多本杂志，如《生活》《玛波》《建设者》《箴言》《阿语》《光谱》《计算机》《儿童国家地理》《外交政策》等。唯一和文化有关的杂志是《阿尔巴尼亚》，在阿尔巴尼亚和科索沃等地发行，专注于传统、艺术、文化和历史等领域；杂志《崇拜》则包含了国内发生的各类文化活动。

现在的报纸，诸如《世纪报》《电讯报》《阿语》《阿尔巴尼亚报》《全景》《大都市》《信使》《地拉那观察》《主题》《今日》《体育》等，每周或是每月有关于文化、诗歌、新闻等不同领域的副刊。和世界上很多其他报刊一样，《星期一》报的副刊《蓝牙》刊登了大量广受关注的名人照片和新闻，某种程度上可以归类为八卦新闻。全国唯一免费的报纸是分析家弗罗克·楚皮创办的《黎明》。

阿尔巴尼亚中央政府和阿尔巴尼亚媒体研究所、地方政府合作，确保国内一些地区有面向少数民族群体的周报和月报，比如《奥莫尼亚之声》《伊庇鲁斯之声》《希腊文化》《视觉2000》使用希腊语、阿尔巴尼亚语和英语等语言出版，地方政府还出资培养记者、编辑，为少数民族出版业服务。

海外的阿尔巴尼亚语报纸让移民在外的阿尔巴尼亚人得以了解家乡的现状和信息，内容还包括阿尔巴尼亚人在移民国家的生活。比如：美国的《伊利里亚报》刊登文章《年轻人伴着阿尔巴尼亚音乐庆祝哥伦布纪念日》；同样，希腊的《阿尔巴尼亚论坛报》的记者也报道阿尔巴尼亚新闻和阿尔巴尼亚人在希腊的生活。在国际新闻网络中，除了阿尔巴尼亚通讯社以多种语言报道国内和国际新闻，路透社和美联社也在地区内起了重要作用，报道阿尔巴尼亚文化、政治、经济类的新闻，并将新闻转载到其他独立的东南欧报纸、博客等。

阿尔巴尼亚语和其他国际语言的网络信息平台频繁更新阿尔巴尼亚和阿尔巴尼亚人移民所在国的新闻。大多数阿尔巴尼亚日报都可以在网上阅览，其中一部分在国内外都可以读到，弗罗西纳机构（Frosina）向在美国的阿尔巴尼亚人提供各类相关信息，还有巴尔干网（BalkanWeb）、阿尔巴尼亚网（Shqiperia.com）、阿裔加拿大联盟信息服务（ACLIS）、每日新闻网（ShtypiDites.com，属于网络日报）等网站报道新闻。

作者：哈米德·博里奇齐/布莱丽娜·贝尔贝里

视听媒体

自1998年起，《阿尔巴尼亚共和国公共及私人广播电视法》对广播电视活动进行了规范。这一领域的最高机构是国家广播电视委员会（KKRT）。KKRT负责授权视听媒体的广播、保障法律的实施以及监督广播节目。委员会由七个成员组成，其中三名是执政党的代表，还有三名来自于反对党，国家总统为第七人。KKRT的成员任期五年，由阿尔巴尼亚议会投票选举产生。

阿尔巴尼亚广播电视台（RTSH）是国家的公共广播机构，大约有一千名员工，有两个电视频道和四个广播频道。图文电视服务通过公共电视频道进行播放，其中国内使用地面频道，国际使用卫星频道。

地拉那广播电台有四个频道进行播报，其中两个频道在国内，另外两个在国外。电台同时提供对外服务，用九种语言进行播报。公共广播电台有四个本地广播电视站，从北到南分布。电视信号覆盖了90%的地区，而广播信号则覆盖阿尔巴尼亚全境。

国家广播电台于1938年11月28日开始播音。目前电台播报使用短波、中波以及调频。

第一个电视节目于1960年4月29日播出，使用了民主德国电视台捐赠的一批二手设备进行准备和播放。

交响乐团属于广播电视台，40年前开始演出。

RTSH的管理及现状：RTSH有三个主要部门负责运行和监督公共广播活动——RTSH管控/领导委员会，由15名成员组成；管理委员会，由5名成员组成；当选的执行负责人，即RTSH总监、RTSH副总监、广播主管以及新闻与现状主管。管控委员会的成员来自于不同的社会团体，他们的职责是捍卫公共电台制作的节目中的各方利益，这些人都由阿尔巴尼亚议会选举产生。6名成员代表党派，9名成员代表公民社会。委员会这种组建模式的目的是为了保证社论的独立性，不受政府影响，虽然从实际角度说，政治的影响难以避免。

RTSH的经济情况：公共广播电视台的经济收入来源于以下三个方面——国家的资金支持、广播电视授权费、出租RTSH技术和商业广告的收入。国家的资助款项只能用于六个方面：针对海外阿尔巴尼亚人的广播服务、针对外国听众的广播服务、针对海外阿尔巴尼亚人的卫星电视播放、购买新技术、电影制作以及交响乐团。国家预算决定了国家资金支持的额度，该额度不会超过RTSH全年预算的50%。广播电视授权费只占非常小的数额，而大部分的收入来源于出租RTSH技术以及商业广告。

阿尔巴尼亚制定了关于私人广播电视节目的完整的法律框架。根据KKRT方面的资料，有近50家私人广播电视台在全国范围播放广播电视节目。

1996年年底，第一个私人电视台开播，私人广播则于次年开始。

在新法律框架下，国家从2000年开始对私人广播电视台进行授权，其营业收入来自广告及附属业务。

在国内一些城镇中，仍然还有人使用有线电视。

阿尔巴尼亚公共广播电视台通过其地方的分支机构保证了播出面向少数民族的节目（使用少数民族语言）。

国家广播电视委员会授权了一些广播电视运营商使用少数民族语言播放节目，如“阿尔波电视台”“第七频道”“阿罗马尼亚电视台”等。吉诺卡斯特的“阿尔吉洛波利斯电台”是为希腊少数民族播放的节目，而“普雷斯帕电台”则用马其顿语播放。在萨兰达，当地的广播节目“今日希腊少数民族”使用希腊语每周播出两次，每次两小时。在科尔察，广播电视中心使用马其顿语每周播出五次，每次一小时。在斯库台，有一些简短的电视广播节目使用塞尔维亚语和黑山语播报新闻。也有部分广播电视台为瓦拉几人、罗姆人等少数民族播放节目。

拥有顶级电视频道的顶尖媒体公司于2004年推出了“数字阿尔巴尼亚”，这是阿尔巴尼亚第一个卫星和地面数字电视平台，迅速获得了许多阿尔巴尼亚国内外用户的青睐。这个平台有许多频道，其中一些是高清频道。顶尖媒体公司推出的“数字阿尔巴尼亚”带领阿尔巴尼亚进入了地面数字电视时代，在欧洲范围也处于领先地位。四年后的2008年，特林通信公司成立了自己的地面和卫星数字平台。

经历了这些发展后，KKRT详细制定了针对地面数字电视节目的法规，同时也考虑为此进行带宽的再分配。

大多数的私人频道都能在互联网看到。

基于如宽带接入、交互式服务、社交媒体、移动媒体、多业务平台等数字技术的新媒体正处于一个显著但仍不平衡的发展阶段。阿尔巴尼亚社会正在应对这些新媒体发展带来的挑战。一方面，迫切需要在全国范围内为引入新媒体铺平道路，这将加强多元化及竞争优势；另一方面，法律框架必须明确有效，防止市场垄断，确保以合适的方式将互联网融入媒体。

作者：阿尔弗雷德·达利皮

戏剧

现存的位于伊利里亚地区，如阿波罗尼亚、布特林特、拜利斯（海卡尔）、尼科亚（克洛斯）、奥里克、腓尼基（菲尼奇）、索弗拉蒂克（靠近吉诺卡斯特）和都拉斯等地的古代大剧院遗址，都证明了阿尔巴尼亚自古代就有戏剧活动。在这一时期，这些剧院也和古希腊剧院保持着长期联系。戏剧活动的发展受到古希腊戏剧的影响。阿波罗尼亚是当时非常知名的中心城市，剧院能够同时容纳七千人，那里的音乐厅也有文学和音乐表演（公元前2世纪）。

拜利斯剧场，公元前3世纪

有证据表明，中世纪的戏剧活动具有民俗特征。

在19世纪民族复兴时期，戏剧活动再次焕发出生命力。1874年，科托·霍吉组织了第一场以“伦哲里亚婚礼”为主题的戏剧表演，由切萨拉特的师范学校塔佐格拉菲亚的学生参演。1899年，一群科尔察的学生表演了莎士比亚悲剧《奥赛罗》。1875年，萨米·弗拉舍里（1850—1904）发表了戏剧《信仰》，是用土耳其语书写的，但主题依然与阿尔巴尼亚相关（1901年出版了阿尔巴尼亚语版本）。1880年，莱昂纳德·德·马蒂诺（1830—1923）写了《圣诞夜》；1882年，帕什克·巴比创作了《犹太人的儿子》；弗朗切斯科·安东完成了《桑托里·埃米拉》；1909年，乔治·费施塔创作了《阿西西的圣·弗朗西斯》。同样，在争取独立的斗争中，范·诺利于1902年创作了《以色列人与腓力斯人》；1912年克里斯托·弗洛奇写了《宗教与民族主义》。斯蒂芬·杰乔维和米哈尔·格拉梅诺也创作戏剧，而安东·扎科·恰佑比将这一时期的戏剧文学推向高潮，他创作了悲剧《世界的男人》以及喜剧《14岁的新郎》（1902）和《死亡之后》（1910）。

19世纪，阿尔巴尼亚成立了一些进行戏剧表演的社团和俱乐部，如拉伯利亚俱乐部（1902年9月2日）、德维纳的团结俱乐部（1909）以及女子社团“清晨的星”。之后，出现了其他一些戏剧作家，如1921年创作了《爱情与忠诚》《幸福黎明》《卑鄙的迪布拉尼亚》的哈基·斯特尔米利；创作了《回忆里的花》的弗乔恩·波斯托利以及创作了《卡尔·托皮亚》的克里斯托·弗洛奇等人。

亚历山大·莫伊西（生于都拉斯，后定居维也纳）

亚历山大·莫伊西（1879—1935）

杰出的欧洲舞台剧演员，他的事迹尤其值得述说。虽然他大部分的戏剧演出都在德国进行，但不可否认的是他继承了阿尔巴尼亚民族的优秀素质，比如出众的气质、嗓音、智慧以及极强的可塑性。他最知名的表演有《哈姆雷特》《活尸》，歌德的《浮士德》和《俄狄浦斯王》等，扮演席勒作品《强盗》中弗兰兹·摩尔一角。

这些年，索克拉特·米霍成为了第一位导演兼主演，在舞台剧领域脱颖而出，他曾在巴黎音乐戏剧学院学习。此外，这样的演员还有洛罗·科瓦奇、皮耶特尔·焦卡、泽夫·尤巴尼、米哈尔·波皮、万杰尔·格拉波茨卡、佐尔卡·谢里、齐米特尔·德拉伊切、加齐·维西等，他们从舞台表演起步，最终成为地拉那、斯库台、科尔察和发罗拉等地专业戏剧演员的先驱。

戏剧的起点

阿尔巴尼亚表演和戏剧团体的出现要追溯到19世纪，受到当时民族复兴运动的影响，在地拉那也有各种业余戏剧表演。与此同时，我们不应忽视地拉那民俗文化带来的宝贵财富，比如著名的作品集《民间戏剧》，其中介绍了各类游戏、庆祝仪式、歌曲、舞蹈、婚葬仪式、喜剧模仿、哑剧、嘉年华、影子戏、木偶戏、蒙面表演等。在这方面可以说，虽然地拉那不是阿尔巴尼亚最古老的城镇，但是当地的戏剧发展源自早期的民俗文化形式。有意思的是，据史料记载，当时戏剧表演的形态已经多样化，无论其组织形式是否完全戏剧化，场景和剧本中都融入了诸多戏剧元素，表现同一个单一主题，或以其他适合舞台的形式呈现出来。

20世纪30年代，地拉那成为主要的音乐戏剧表演聚集地，有许多业余戏剧在此演出并不断发展进步。以米哈尔·波皮为首的“地拉那”剧团已日渐成熟，进行过一些戏剧表演——杰瓦特·赛雷奇改编的戏剧、波斯托利创作的戏剧、莫里哀和克里斯托·弗洛奇的喜剧、科纳和席勒的戏剧等。与此同时，许多高中的业余戏剧社团在地拉那也十分活跃。

1929年4月，国家的知识分子精英提出了建立阿尔巴尼亚国家大剧院的设想，但并没有实现。1930年，一场戏剧表演比赛首次在地拉那举办，国内许多剧团都参与了比赛。国家大剧院的建立变得越来越必要。

为了给国家大剧院的建立做准备，1932年教育部成立了阿尔巴尼亚第一所戏剧学校，招收了16名男孩和12名女孩，为阿尔巴尼亚戏剧培养未来的艺术家。在国内积极组织戏剧活动的阿尔巴尼亚少年联合会也是由教育部成立的。

二十世纪二三十年代，大规模的戏剧运动证明了阿尔巴尼亚人民对艺术的热爱，从更广泛的意义上来说，是文化的认同、解放和进步。伴随着阿尔巴尼亚戏剧艺术质量的提高，戏剧人才培养模式也开始成形，初步建立了一个基本制度，包括组建各类戏剧社团、比赛和培训未来艺术家等，这些都为地拉那戏剧活动的显著发展创造了基础。至此全国范围出现了一种民族文化现象，人们为国家解放发出自己的声音。在地拉那诸多剧团中，很多天赋异禀的演员脱颖而出，比如米哈尔・波皮、洛罗・科瓦奇、米哈尔・斯泰法和皮耶特尔・焦卡等。必须提到的还有伟大的阿尔巴尼亚裔演员亚历山大・莫伊西，他非常愿意帮助国家建立一所国家剧院。

在阿尔巴尼亚被意大利法西斯占领的时期，虽然国家艺术文化从总体上看逐渐衰退，但在一些城镇，尤其是地拉那，依然举办了许多艺术活动，其中也包括那些仍在坚持表演的剧团的演出，特别是声乐和音乐会以及娱乐节目。与此同时，一些剧团会表演本土作家为激起爱国之情而创作的作品，也有反映抵抗入侵的外国戏剧作品，例如席勒的《威廉・退尔》。

为争取国家自由而进行的反抗和斗争越是强烈，艺术家们开展一场艺术舞台运动的意愿就越清晰，他们想要反映人民在这种情况下反抗侵略、进行解放战争的精神。歌曲、游击队进行曲、独幕剧、短剧、史诗和民族舞等各类艺术形式迅速发展并广为人知。这场运动被称为“游击队戏剧”（1941—1945）。这一艺术活动开展的地点有三处：一为民族解放军队所在的山区，二是城市，三则是监狱。

在游击队中表演艺术作品同地拉那的地下表演存在相似之处，二者都表达了民主的特质和反法西斯精神，并且都具有简单的表现方式。

1945年5月15日，阿尔巴尼亚历史上第一个专业的公共剧院建成，1947年，人民剧院便在此基础上发展而来，这也就是现在的国家大剧院。为了培训演员，中心剧院开设了戏剧学校并举行了专业比赛。剧院最早的一批演员都进入了这所学校，他们后来成为了杰出的艺术家，如米哈尔·波皮、卡德里·罗希、纳伊姆·弗拉舍里、贝西姆·莱沃尼亚、德丽塔·佩琳库、普罗科普·米马等。剧院和学校由著名的舞台制作人索克拉特·米奥管理。戏剧学校也一直从城镇的业余表演活动中招募其他出色的演员，如桑德尔·普罗西、皮耶特尔·焦卡、苏莱伊曼·皮塔尔卡、维奥莱塔·玛努希、玛利亚·洛戈蕾齐、洛罗·科瓦奇等。

1950年，为了进一步开展音乐和舞蹈活动，地拉那成立了公共交响乐团，乐团包括地拉那广播交响乐团、公共合唱团、舞蹈团（芭蕾舞团）以及抒情歌唱家。此前，许多团体在人民剧院举办音乐会，但是随着公共交响乐团的成立，表演的专业性也随之凸显，这为1953年歌剧和芭蕾舞剧院的建立提供了基础。公共交响乐团为更高的艺术追求铺平了道路并为持续的节目表演提供了政策保障。在成立初期，除了歌曲和舞蹈，公共交响乐团还表演由阿尔巴尼亚作曲家尤其是那些世界知名的大师创作的交响乐和声乐类作品。交响乐团的大多数艺术家都来自业余表演行列并且才华横溢。不过这些剧团里也有在海外更高水平的艺术学校留过学的艺术家，如玛·克拉娅、科·安东尼乌、约·特鲁亚、米·齐科、罗·焦卡、特拉科和穆·克兰蒂亚等人。过了几年，艺术团的规模不断扩大，人员主要有在东方国家接受训练的新艺术家。

1952年，第一个杂耍剧院（公共杂耍剧院）成立，也就是后来的军人杂耍剧院。为了进一步发展国家芭蕾舞剧，必须在地拉那的歌剧和芭蕾舞剧院开设第一所舞蹈学校（1957）。同年，民歌乐团和舞蹈团作为中央的专业机构成立，负责表演民俗艺术和提升表演水平。戏剧表演机构通过戏剧院和杂耍剧院的建立不断发展，促使阿尔巴尼亚开设第一所高等艺术学校“亚·莫伊西”以及其他高等戏剧学校。

统一趋势

在最初的10年—15年里，专业剧团的剧目主要是以苏联和古典作家的作品为主。与此同时，人们越来越努力将本国原创的作品搬上舞台。因此，这一阶段完成了一些原创作品，如戏剧《哈利尔和哈伊里娅》、《我们的土地》（1954）、《渔人之家》（1955）以及一些喜剧。这一时期，戏剧艺术主要目标是创作一系列民族剧目，以写实方式探讨重要主题，偶尔由于受到原有经验影响，会以夸张的通俗剧手法表演。同时，从世界戏剧剧目中选出了一些杰出作品来表演，有《哈姆雷特》《奥赛罗》《李尔王》《无事生非》《钦差大臣》《万尼亚舅舅》《守财奴》《阴谋与爱情》。

音乐作品方面，切斯克·扎德亚的《第一交响乐》（1956）是这一时期创作出来的，成为了这类音乐中第一部巨作，艺术水平极高。1958年普·亚科瓦创作了阿尔巴尼亚第一部轻歌剧《玛利亚》并将其搬上舞台。

1960年后，在同世界艺术隔离的环境下，专业剧团活动显著增长，公众对于舞台剧表演的兴趣也随之提高。比如，1961年人民剧院完成了137场演出，接待了5.8万名观众。同样，歌剧和芭蕾舞剧院也有非常多的演出场次和高上座率，特别是民歌和舞蹈乐团、军乐团、公共杂耍剧院、军人剧院等。这些剧场对民族作品的兴趣非常浓厚。由于这个原因，加之意识形态的因素，民族作品开始缓慢而稳步地成为人们欣赏的主要内容。1963年，人民剧院的剧目主要是本国作者的作品，比如《市长》《我们的土地》《渔人之家》《林阴大道上的房子》《科尔察狂欢节》《阿莱克西医生》《哈利尔和哈伊里娅》等。至1962年，《哈利尔和哈伊里娅》已经表演过212次。仅那一年，剧团的剧目中就有13部歌剧由古典作家创作，它们是莎士比亚、果戈理、莫里哀、席勒和洛尔卡的作品，如《狐狸与葡萄》《杜尔斯卡太太的道德》《客栈的女主人》《蒙特塞拉特》《克里姆林宫的钟声》等。歌剧和芭蕾舞剧院，除了一些器乐表演，还有轻歌剧《玛利亚》和《春天》、歌剧《回忆里的花》以及芭蕾舞剧《哈利尔和哈伊里娅》和《德丽娜》。在舞台剧表演领域，作曲家普·亚科瓦创作了歌剧《斯坎德培》。

媒体放开后，大众的艺术品味和审美观念受到巨大影响。20世纪60年代末和70年代初，阿尔巴尼亚艺术开始寻找新的表达方式、现代模式以及培养对创新更敏锐的洞察力。在音乐方面，诞生了一些交响乐作品，而芭蕾舞剧《山中少女》（1970）被认为是最伟大的成就，其中音乐和编舞部分分别由尼·佐拉奇和阿·阿利亚伊完成。

第11届广播电视音乐节给观众留下了深刻的印象，这一活动后来被党政机关借用来传播艺术意识形态，这从70年代起就能深刻感受到。

在20世纪60年代到80年代间，阿尔巴尼亚各类剧院的所有剧目都是民族戏剧和音乐作品。80年代中期，剧目政策稍有松动，使民族戏剧作品与世界戏剧作品之间得以保持平衡，同时保持了前者相对于后者的优势。此时，为了寻找新的形式来缓解平庸戏剧带来的压力，对戏剧质量的追求变得更加迫切。在歌剧和芭蕾舞剧院、地拉那杂耍剧院都有着相同的趋势。

地拉那的戏剧院团

地拉那拥有一个包含各类剧目的稳定的戏剧网络，其中专业的团队在不同的舞台上进行季节性的表演活动。地拉那戏剧院团有：国家大剧院、地拉那杂耍剧院、歌剧和芭蕾舞剧院、木偶剧院、民歌和舞蹈乐团、军乐团、马戏团、军人杂耍剧院等，所有这些剧院都由政府给予补贴。此外还有多家民营剧团、管弦乐团和声乐团等活跃于城市并通过向阿尔巴尼亚多家基金会申请资金来支持独立运作。为了进一步促进戏剧创作，地拉那定期举办戏剧节、五月节等活动。

一、国家大剧院

国家大剧院的活动体现了阿尔巴尼亚艺术最突出的一面，一直以来国家大剧院作为一所真正的学校不断为其他剧院的发展服务，总的来说，剧院用丰富的经验促使阿尔巴尼亚戏剧取得成就。自1990年起，国家大剧院尝试将一系列新的当代流派和风格融入表演、制作和场景绘制；重新上演曾被禁止的尤涅斯库、贝克特和姆罗热克等现代主义作家的剧目，尝试用新的观点审视历史、社会现象和阿尔巴尼亚人民新的视角。诸如《理查三世》《等待戈多》《费尔南多·卡夫给我写过这封信》《伟大的魔术》《人民公敌》《燕子花园》《君往何处》等戏剧体现出戏剧表达方式的巨大进步和创新。

国家大剧院是阿尔巴尼亚最大的剧院。1990年，全院人员包括55名演员、4名制片人、3名场景绘制及协助人员。目前，演员的人数减少到30人。在经历了身份危机和结构调整后，国家大剧院仍然是全国最重要的剧院。

二、地拉那杂耍剧院

地拉那杂耍剧院是阿尔巴尼亚最大的举行讽刺和幽默表演的杂耍剧院。至1990年，剧院共有40名艺术家，包括演员、歌唱家和乐器演奏家。杂耍剧院平均每年推出4—5部新杂剧，举办约250场演出。

剧目主要是将短剧同各类舞台艺术结合，包括舞蹈和音乐、表演、绘画，甚至还有投影、电影、录像等。地拉那杂耍剧院仍然保留了富有民族色彩的滑稽剧和喜剧。剧目的选材十分具有时效性，以此向观众展现作品的批判性和当代精神，帮助社会道德水平不断提升。杂耍剧院被称为“流动的媒体”，这是因为杂耍戏剧擅长与观众交流，通过幽默和讽刺来抨击社会的弱点和恶习，促进社会道德水平的提升。

三、歌剧和芭蕾舞剧院

1953年，剧院在交响乐团（1950）的基础上成立。成立后第一年，一系列源于特定时期的世界文学和芭蕾舞剧作品被搬上舞台，这对艺术家的专业培养产生了影响。到50年代后期，阿尔巴尼亚作曲家的创作灵感得到激发，因此该类型的民族作品第一次得以上演。普·亚科瓦创作的歌剧《玛利亚》（1959）是阿尔巴尼亚第一部歌剧，因受到民间音乐的启发而带有抒情色彩和民族主题。这部作品也为后来许多结构更为复杂的作品铺平了道路，比如亚科瓦的另一部歌剧《斯坎德培》（1968），后者展示了伟大人物的不朽形象和英雄气概，剧中运用了大量合唱和布景，演唱者的表演也更为动人。后来的托宁·哈拉皮的歌剧《唤醒》（1976）、尼科拉·佐拉奇的《政委》（1974）、劳弗·佐米的《卡克尼科姑娘》等作品在音乐、文学和舞蹈方面的表达方式发生了变化，结构上通过展现新时代语言而更为丰富。二十世纪七八十年代，剧团在创作民族剧目上有了质的飞跃。值得一提的有芭蕾舞剧《哈利尔和哈伊里娅》(1963)、《山中少女》(1972) 和《乔治·埃莱兹·阿利雅》(1963)。20世纪90年代开始，歌剧和芭蕾舞剧院非常想同世界主流歌剧接轨，与来自不同国家的著名指挥家和音乐家合作，融入欧洲文化市场。1990年，剧院有超过400名歌唱家、乐器演奏家、舞蹈家和剧场工作者。后来这个数字有所下降，许多艺术家都移民到了其他欧洲国家。

四、木偶剧院

1950年10月27日，第一家专业的木偶剧院在地拉那创建。第一部表演作品是民族杰作《幸运》。最初，剧院的剧目主要是外国作品，不过随着国内儿童文学的不断发展，本国的戏剧成为了主流。二十世纪八九十年代的节目中重现了奇幻和想象元素，将民间神话故事和传说作为母题，更好地加以利用。50年代中期，舞台布景还是静止的，但是后来布景变得更加灵活，具有多种功能，表演也因此而更具表现力。剧场还使用了雕塑元素，突出舞台场景的可塑性。1955年的线控木偶技术使得手指木偶表演日趋完善。20世纪60年代，音乐伴奏不再像以前一样使用录音机，而改以手风琴，后来，改用更加先进的无线电技术，最近则改为将歌曲和语言叠加处理。

学校

1959年，在国家大剧院中成立了高等戏剧学校，学校以阿尔巴尼亚著名演员亚历山大·莫伊西的名字命名。1966年，学校将音乐和美术两个艺术分类合并，改名为高等艺术学院，也就是如今的美术学院，一直以来致力于培养年轻艺术家。学院包括戏剧表演、音乐和美术三个系，老师都是阿尔巴尼亚艺术界的大师。学校着眼于利用国内外的艺术经验和风格培养舞台技巧，依靠丰富的指导资源，包括科学培养课程、理论和历史主题教科书、讲座、科研和专著、合适的工作环境、丰富的图书、研究生课程、声音和摄影图书馆以及档案馆等来培养学生。

评论文章和出版物

阿尔巴尼亚现代艺术发展的头几十年中，批判性思维以回顾审视为特征，针对社会元素进行探讨。如今，评论则以论战的形式为主，出现了越来越多戏剧、音乐、视觉艺术等领域的权威分析。

许多作家出版了关于杰出剧作家的专著，比如亚·莫伊西、泽夫·尤巴尼、纳伊姆·弗拉舍里、米哈尔·波皮、卡德里·罗西、洛罗·科瓦奇、皮罗·马尼、泰弗塔·塔什科·科乔和瓦切·泽拉等。

还有一些作家写了关于阿尔巴尼亚艺术（戏剧、美术、音乐）、传统研究、当代主流艺术及趋势、民俗等领域的教科书。自1961年起，一些期刊（双月刊），如《戏剧》和《音乐》发表了戏剧、喜剧、音乐作品以及理论指导方面的文章；1980年，季刊《舞台和银幕》创刊，发表关于理论问题以及戏剧、电影制作、歌剧、杂耍等创新实践的文章。《光明》报专栏、作家和艺术家协会杂志《十一月》以及其他报刊都充分展现了批判性思维。

20世纪90年代，随着许多政党报刊和独立报刊开设文化版面，《光明》《艺术文化体育》《艺术》《艺术研究》《视觉艺术》等也开始刊登批判性评论文章。

作者：约西夫·帕帕焦尼

电影

电影在1911年—1912年进入阿尔巴尼亚，最先在斯库台和科尔察公映。第一批公共影剧院二战后由私人推动，在发罗拉、科尔察、地拉那、斯库台和培拉特修建。

最早的电影是由外国电影制作人所拍摄的新闻影片，第一部影片讲述了创立阿尔巴尼亚语字母表的马纳斯蒂尔代表大会（1908）的相关事件。自阿尔巴尼亚1912年宣布独立后的30年间，来自欧美的国外电影摄制团体和业余爱好者继续拍摄了大部分的新闻片和纪录片。

二战后不久，政府创建阿尔巴尼亚电影机构（1945），后更名为阿尔巴尼亚国家电影公司（1947），时值电影产业、电影进口和电影制造开始全面国有化的阶段。1948年5月，新闻电影开拍，阿尔巴尼亚新闻电影上映。二十世纪四五十年代，在国内文盲率较高的情况下，政府将重点放在增加电影和移动投影数量上，进口电影主要来自东欧国家、法国和意大利。

阿尔巴尼亚第一家电影制片厂——“新阿尔巴尼亚”电影制片厂（1952）的创立标志着阿尔巴尼亚电影进入一个新阶段。故事片的首次拍摄经验来自阿尔巴尼亚和俄罗斯合拍的《伟大的阿尔巴尼亚战士——斯坎德培》（1954，谢尔盖·尤特凯维奇导演，戛纳国际电影节获奖者）。由阿尔巴尼亚电影制作人拍摄的首批阿尔巴尼亚故事片是作为毕业设计的短片《她自己的孩子们》（1957，希森·哈卡尼导演）和《塔娜》（1958，克里斯塔奇·扎莫导演）。

自20世纪60年代故事片进入了系统拍摄阶段，平均每年一部电影，主题多反映反法西斯、反纳粹侵略者的战争（1939—1944）以及描述战争爆发头几年进行的改革。迪米特尔·阿纳格诺斯蒂、维克托·季卡、格奇姆·埃雷巴拉和皮罗·米尔卡尼等年轻导演拍摄了他们最早的影片。

70年代时，由于政府在文化领域实行鼓励政策，电影进口大幅削减，制作显著增加。起初，电影制作增至每年5—6部，随后是8—10部，80年代时达到一年14部的顶峰。影片类型不断扩展，女导演詹菲泽·凯科拍摄了首部儿童片后一举成名（她的故事片有《长大成人》，1975）。首部喜剧片《英雄汉》（1972，费赫米·霍沙菲和穆哈雷姆·费伊佐导演）、历史和音乐片相继问世，不过最受欢迎的类型依然是剧情片。

新一代导演和已成名的导演一同创造了属于他们的电影，比如里卡尔德·利亚里亚、萨伊米尔·库姆巴罗、伊布拉欣·穆恰伊、科·米特罗和埃萨特·米斯利乌等。阿尔巴尼亚广播电视台也开始制作电影（《文化之路》，1978，弗拉迪米尔·普利弗提导演）。

这一阶段末期，特别是80年代，阿尔巴尼亚故事片既拍摄时事题材，也拍摄二战以前的故事。一些导演因戏成名，比如《面对面》（1979，库伊蒂姆·恰什库和皮罗·米尔卡尼导演）、《温暖的手》（1981，阿尔贝尔特·明加导演）、《大好时节的黎明》（1981，阿尔贝尔特·明加导演）、《遥远时代》（1983，斯帕尔塔克·佩察尼导演）和《小提琴弦》（1987，布亚尔·卡佩吉乌导演）等。七八十年代的纪录片拍摄维持在每年20—40部，其特点是过度宣传，某种程度上也属于文化特征。阿尔巴尼亚的首部动画片是《扎娜和米里》（1975，弗拉什·德罗波尼库和托米·瓦索共同绘制），动画类型的电影达到每年16部的产量。

电影创作多以电影制片厂和阿尔巴尼亚电视台为中心，是由国家组织的电影制片人、导演以及作家、画家、作曲家、演员合作的成果。至1990年，约200部故事片中有80部是由阿尔巴尼亚文学作品改编而成的。80年代末，阿尔巴尼亚有450余家影剧院和流动电影院。然而这一阶段的工业和技术基础正在落后于时代。

90年代，社会体制的变革带来了深层次的改革。国家电影制片厂被划分成几个制片厂，电影则改为私人摄影棚（多由国家电影制片厂的导演经营）拍摄、国家电影中心（建于90年代中期）和外国制片人合作拍摄。国家电影中心是新的阿尔巴尼亚电影制片管理中心，电影则按电影艺术法制作，这一法规在制片人中引起了诸多争议。

阿尔巴尼亚从50年代开始在东欧国家培养电影制片人。后来，出于一些原因，培训不再在国外进行，而是回到阿尔巴尼亚，在地拉那的高等艺术学院和电影制片厂进行专业课程培训。

从某种程度上讲，关于电影的评论和研究是随着电影制作的增加而发展的，主要来自制片人和记者。80年代的专业电影期刊《舞台和荧幕》在90年代初停刊。科学院下属的独立部门艺术研究中心负责研究阿尔巴尼亚电影历史。

直到90年代初，电影制片人由阿尔巴尼亚作家艺术家协会领导，后来他们分离出来，组建了阿尔巴尼亚制片人协会。

国家电影资料馆，其前身是“新阿尔巴尼亚”电影制片厂，后在90年代成为了独立机构，是国际电影资料馆联合会的成员。

自1976年，阿尔巴尼亚开始组织国家电影节，最初每两年举办一届，电影类型多样。随后换了新的选片方法，改为第一年选故事片，第二年选纪录片和动画片。90年代，电影节改为每五年一届。2000年4月的第11届电影节参展影片包括了五年内拍摄的电影，有10部故事片、27部纪录片和14部卡通片。90年代拍摄的影片依然带有鲜明的社会特征，艺术家对社会问题特别是对转轨时期出现的新现象十分关注，有相当一部分影片批判了极权主义。此次电影节，第一次有来自马其顿、黑山和科索沃等国家和地区的阿尔巴尼亚制片人的作品上映。最近两届电影节（1995、2000），除了已有奖项，还颁发了职业奖项，导演奖授予了迪米特尔·阿纳格诺斯蒂和克里斯塔奇·扎莫，演员奖授予了卡德利·罗什和苏莱曼·皮塔尔卡。

从90年代起，为了适应市场经济，阿尔巴尼亚电影业经历了一段艰难的过渡期。除了电影产量降低，影院也大幅减少。另一方面，创作队伍人数多、热情高，摆脱了来自计划经济的阻碍，被日益高涨的个人热情带动。可以说，阿尔巴尼亚电影业正处于对特定条件下的国家电影业的怀旧与对即将建立的未来的期待之间。

2004年，议会通过了对1996年电影法的修正案。修正案明确规定了阿尔巴尼亚国家电影中心（ANCC）的工作，主要是用国家财政拨款鼓励、资助电影的拍摄和宣传。中心由艺术委员会领导，成员由制片人协会提名、由旅游文化青年体育部通过。中心负责挑选资助项目。1997年—2006年，预算570,775,493列克（4,566,206欧元），完成了132个项目，其中包括25部故事片、6部关于发展的长片、8部短片、2届电影节以及大量纪录片和动画片。除了ANCC，还有30多家私人电影公司，尽管活动内容有限。阿尔巴尼亚电影发行公司曾是国内最大的电影发行商，现在是电影制作股份公司，国家控股超过51%。2004年马鲁比电影多媒体学校成立。阿尔巴尼亚现在平均每年拍摄4部故事片。

ANCC为部分与外国合作拍摄的项目提供资金支持，也在欧洲、欧盟成功地完成了一些项目，不过主要依靠国际资助。一些国际基金会向阿尔巴尼亚制片人提供帮助，包括法国南方电影基金会，该基金会旨在推动文化认同感强的电影的发展。除了提供资金，外国制片人还提供管理、设备和经验。同外国合作拍摄是目前阿尔巴尼亚电影在海外发展的决定因素。

90年代后，阿尔巴尼亚电影业几十年来第一部有影响力的电影是2001年的《口号大过天》。这部电影是和法国合作拍摄的，在法国35家影院上映。那一年也是阿尔巴尼亚电影第一次在戛纳国际电影节参展，荣获青年电影奖（外国电影）。

2002年加拿大和阿尔巴尼亚合拍了《没有翅膀的女人》，影片讲述了在北方山区里像男人一样生存的阿尔巴尼亚未婚女子的生活。这部电影在2003年的休斯敦国际电影节获得银雷米奖。

近年来最成功的合拍电影是《彗星时节》，改编自伊斯玛依尔·卡达莱的小说。布莱利姆·德斯塔尼（生于德国的阿尔巴尼亚家庭）担任主角，也是联合制片人，电影花费2500万欧元，是迄今为止投资最大的阿尔巴尼亚电影，演员和制作团队来自德国、阿尔巴尼亚、马其顿和美国。电影在都拉斯国际夏季电影节首映，获阿尔巴尼亚最佳影片奖。

美国的伊利里亚娱乐公司拍摄了以阿尔巴尼亚为主题的动作犯罪片和短片，该公司近来发行了纪录长片《斯坎德培：勇士之王》，并正在筹备拍摄一部关于伊利里亚人的电影。

近几年，阿尔巴尼亚举办了两届国际电影节。自2003年起，在ANCC的赞助下，地拉那国际电影节（TIFF）上映宣传了多部短片。都拉斯夏季电影节也由ANCC资助，从2008年开始，播映长电影。电影是在市中心露天圆形剧场的遗址处放映的。最高的电影奖项名为黄金角斗士奖。此外，在已成功举办8届的普里兹伦国际纪录片电影节上，很多阿尔巴尼亚纪录片在科索沃同各国参展片一同参与角逐。2009年，费里市出资举办了费里电影节，有国际电影导演参加，还有各类研讨会等活动。

阿尔巴尼亚独立拍摄和合作拍摄的电影在开罗、特拉维夫、蒙特利尔、莫斯科、威尼斯、鹿特丹和塞萨洛尼基等国际电影节上映，2001年法特米尔·科奇执导的《地拉那，零年》在希腊荣获最高奖项。自2001年开始，阿尔巴尼亚曾两次向奥斯卡金像奖提名委员会递交电影。

作者：阿卜杜拉希姆·米弗蒂乌/凯文·图蒙斯/布莱丽娜·贝尔贝里

音乐

民间音乐是阿尔巴尼亚文化宝贵的一部分，18、19世纪的外国学者到访阿尔巴尼亚后也得出了这样的结论。

的确，民间音乐现在依然很有活力，虽然它的起源可以追溯到公元前14世纪—公元前13世纪。人们在不同的考古文物比如雕塑、浅浮雕、花瓶和盆碗上找到了当时使用的民间乐器的清晰图案，还有唱歌跳舞的人和民族服饰等。

阿卜杜拉希姆·布扎创作的布面油画《阿尔巴尼亚民族舞蹈》，1971年

阿尔巴尼亚民间音乐非常丰富，表达方式包括单声音乐、和声音乐、民间乐器演奏的音乐、人声和乐器合奏音乐、舞蹈音乐等。此外，种类丰富的民间乐器被分成了四类，即体鸣乐器、膜鸣乐器、弦乐器和气鸣乐器。

阿尔巴尼亚民间音乐的表达形式和使用的乐器类型与特定的区域相关。横贯阿尔巴尼亚的什昆比尼河，划分了盖格和托斯克两种方言，也是民间音乐天然的划分线。位于河流以北的民间音乐属于独唱类型，当地所用的乐器也比较特殊，比如拉胡特琴（单弦琴）和奇弗泰里琴（双弦琴）根据调试音阶（全音阶或者半音阶）来演奏。在什昆比尼河以南的地区，音乐特点是用波尔登（铃铛）演奏复调音乐以及使用风笛和双簧管等乐器演奏五声音阶。从19世纪末开始，除了乡村音乐不用乐器伴奏（清唱），城市的民间器乐发展迅速。在阿尔巴尼亚南部，主要是科尔察、发罗拉、萨兰达、德尔维纳、佩尔梅特、莱斯科维库、波格拉德茨这些地区有能够演奏和弦形式的民乐队，包括外来乐器单簧管、小提琴、口琴以及特色民间乐器拉胡特琴、手鼓、笛子。在斯库台、都拉斯、爱尔巴桑和卡瓦亚等北方地区，通常是民乐独唱配合乐器的伴奏，包括单簧管、口琴等外来乐器以及单弦乐器、笛子等。

由于民间音乐在阿尔巴尼亚传统中占据着重要地位，普通高中、艺术院校和专门培养未来的民族音乐家的艺术研究院都开设单独的民间音乐课程。

民间音乐的录制始于1900年。1940年之前，主要是奥德昂、哥伦比亚、百代和HIS主人之声几家公司录制音乐。近年来，音乐录制公司开始制作光盘，比如1992年法国朱迪戈公司录制了“莱拉之家”的歌曲；希腊和英国录制并发行了拉维尔·巴里乌的两张托斯克音乐专辑。

国家音乐节是阿尔巴尼亚最重要的民乐活动，每五年举办一次。第一届音乐节于1952年在莱什和地拉那举办，随后又在吉诺卡斯特和培拉特两座博物馆城里的中世纪建筑中举办。其他民乐活动有爱尔巴桑的国家民歌音乐节、莱什的古斯莱吟游诗歌会、科尔察的民乐队歌会、发罗拉和吉诺卡斯特的复调音乐会、萨兰达的民俗社团会。国家音乐节如今每年都在吉诺卡斯特举办。

阿尔巴尼亚民乐的重要发展在马其顿和科索沃等地也受到关注。来自科索沃的团队参加了阿尔巴尼亚民乐活动。科索沃民乐、流行乐歌唱家涅奇米叶·帕加鲁莎因为甜美的嗓音和精彩的演绎而受到关注。另一位著名歌唱家什普蕾莎·加希也十分活跃。

阿尔巴尼亚主要的民乐组织大多是1990年后成立的，其目的为了丰富民间文化和传统，这些组织包括佩尔梅特的埃莱娜·吉卡、斯克拉巴里的德米尔·聚科、格拉姆什的民乐团、发罗拉和吉诺卡斯特的比利比利团、地拉那的地拉那乐团和克鲁亚的卡斯特里奥蒂等。

唯一研究民间音乐的学术机构是地拉那的民俗文化研究所（IFC），其民族志学系下设民族舞蹈学。IFC出版了期刊《民俗文化》，其中含有从全国收集来的超过六万份案例的档案。

关于阿尔巴尼亚民乐的重要书籍有拉马丹·索科利的《民俗调查》（地拉那，1981）、斯皮罗·希图尼的《拉伯利亚复调》（地拉那，1989）、贝尼亚敏·克鲁塔的《阿尔巴尼亚南部的双重音色》（地拉那，1989）、索科尔·舒波的《阿尔巴尼亚的音乐民俗》（地拉那，1997）和附带光盘的瓦西尔·托莱的《民乐队》（地拉那，1997）。

专业音乐

这一类型的音乐是阿尔巴尼亚艺术传统中历史最短的，始于二十世纪二三十年代，从二战后至今经历了重要的发展阶段。从目前的资料来看，阿尔巴尼亚研究音乐传统的著名学者拉马丹·索科利教授在其著作《十六世纪》（地拉那，1995）中介绍了至少两位研究中世纪教堂艺术的杰出人物对这类音乐做出的贡献。其中之一是于340年出生在达尔达尼亚拉梅夏内的尼凯特·达尔达尼，也就是人们所熟知的拉梅夏内的尼凯特。他学识渊博、多才多艺，是神学家、诗曲作家、音乐家，也是奥雷尔·安布拉森的密友。达尔达尼26岁时被任命为拉梅夏内的主教。他最有名的作品是525年在欧洲广为流传的圣歌《赞主诗》，音乐部分曾由作曲家卢卢、亨德尔、巴赫、莫扎特、舒伯特、威尔第、马勒等谱曲。另一位音乐家是大约于1078年—1088年间出生在都拉斯海滨小镇的扬·库库扎利，他是拜占庭教会地位数一数二的人物。他曾在君士坦丁堡学习并获得认可，后来在阿索斯山的大修道院工作。在那儿他创作出了一生中的杰作—— 一种新拜占庭式的歌词作品。他的作品有《赞美诗》《亚历山德斯》《天使之歌》《圣歌107》，这些歌曲收录在几乎所有的拜占庭音乐选集中。

在民族复兴时期，阿尔巴尼亚的音乐生活被赋予了新形式，面向广大的城市观众。当时最重要的文化和音乐中心是北部的斯库台和南部的科尔察，最早的世俗管弦乐团和合唱团就是在这两个地方成立的。但是，对于专业音乐艺术创作影响最大的是方济会的作曲家马丁·乔卡神父（1890—1940），他主要在斯库台的方济会教会工作。除了宗教音乐，他在那里还创作了许多声乐和器乐作品，包括一部交响乐、一部合唱曲，还有不同乐器的曲子。与此同时，乔卡还是音乐领域里出色的行动派，他创立了一些器乐团和声乐团。二战后阿尔巴尼亚的第一代作曲家组成了一个音乐家团队，他们中大多数人都曾就读于莫斯科柴可夫斯基音乐学院，还有一些人在西方学院学习。为阿尔巴尼亚专业音乐传统奠定基础的两部主要作品是切斯克·扎德亚（1927—1992）创作的《交响乐》（1956）和普伦加·亚科瓦（1917—1969）创作的歌剧《玛利亚》（1958）。这两位作曲家都来自斯库台，并且扎德亚常被认为是阿尔巴尼亚专业音乐之父。在1950年—1990年间，阿尔巴尼亚的传统音乐取得了长足进步，阿尔巴尼亚的音乐曲目变得完整，涵盖了从室内音乐到自然音乐的全部形式的传统音乐流派。在这方面起到关键作用的是首次在阿尔巴尼亚建立的重要的音乐机构，即面向公众的管弦乐团、歌剧和芭蕾舞剧院，在斯库台、科尔察、发罗拉、爱尔巴桑和都拉斯等城市都建立了交响乐团和合唱团，还设立了完整的音乐教育系统。在现代，阿尔巴尼亚音乐伴随着地拉那的“五月音乐会”获得了显著发展。“五月音乐会”开始于20世纪60年代后期，从1967年到1990年期间定期举办，介绍专业和业余的音乐家及艺术家团体。总的来说，这段时间的音乐是由传统的古典浪漫主义所引领并深深根植于阿尔巴尼亚民乐中。除了扎德亚和亚科瓦，20世纪下半叶阿尔巴尼亚音乐界的主要人物有蒂什·戴亚（1926—2004）、尼科拉·佐拉奇（1929—1991）、托宁·哈拉皮（1928—1991）、菲伊姆·伊布拉西米（1935—1992）、什珀特姆·库什塔（1946— ）、托马·加齐（1948— ）等。在国家自我封闭的情况下，正如其他艺术一样，除了1972年—1974年在第11届歌会上一些随意的创作尝试外，这个时期的阿尔巴尼亚音乐没有像当代西方音乐一般迅速发展。1990年后，阿尔巴尼亚音乐有了全新的发展，主要是通过建立音乐协会来快速地融入欧洲音乐结构，发挥重要作用，比如阿尔巴尼亚新音乐协会（NAM，欧洲新音乐推动大会成员）和阿尔巴尼亚音乐家协会（国际现代音乐协会阿尔巴尼亚分部）。国内大部分作曲家和演奏家都参加了这两个协会，这也是阿尔巴尼亚作曲家进行新的音乐创作的主要地方。

阿尔巴尼亚最重要的音乐机构有歌剧和芭蕾舞剧院（OBH）以及民间音乐舞蹈协会（EFSD），都位于地拉那，而且国家最优秀的歌唱家和舞蹈家也在这两所机构表演。OBH位于斯坎德培广场，定期举办活动，举行重要的古典浪漫曲目演出；而EFSD由舞蹈演员、合唱团、管弦乐团和独唱家组成，是一个非常特别的专业音乐机构，剧目主要是对民乐传统中音乐和舞蹈的艺术加工。

全国最著名的管弦乐团有OBH的交响乐团、广播电视台交响乐团、艺术学院的交响乐团和室内管弦乐队。室内管弦乐队由音乐家扎尼·齐科指挥，他有数十年丰富的海内外演出经验，经常在欧洲的活动中获奖。阿尔巴尼亚著名的指挥家有埃尔米尔·克兰特亚、里法特·特齐亚、费迪南德·德达和布亚尔·拉皮。这些乐团的音乐会曲目涵盖了从巴洛克时期到20世纪的音乐，不过目前的趋势是演奏古典浪漫主义传统曲目和阿尔巴尼亚音乐家新创作的曲子。杰出的歌剧歌唱家有加乔·恰科、拉米兹·科瓦奇、门托尔·杰马利和因娃·穆拉等。杰马利是阿尔巴尼亚最著名的男中音，享誉世界，他在民乐上的成就也非常出众。穆拉是目前国内最优秀的女高音，因为她是普拉西多·多明戈的搭档而被大家熟知，他们在世界上许多音乐会都有合作演出。

1947年阿尔巴尼亚开办了第一所艺术高中约尔丹·米夏，这标志着音乐教育系统的成立。随着时间的推移，在一些大城市又相继有其他此类学校成立。1962年，国家音乐学院成立，成为了地拉那艺术学院的独立院系。艺术学院里还包括戏剧学院和美术学院。交响乐团、其他形式的室内乐团以及合唱团一起与音乐高中和艺术学院合作开展活动。20世纪末，由米尔托·瓦科指挥的艺术学院女子合唱团经常在国际比赛中获奖。另一个知名的合唱团是成立于地拉那的上帝之和平合唱团，其指挥是音乐大师苏珊娜·图尔库。

现今阿尔巴尼亚音乐的主要活动大都在地拉那举行，大部分由音乐协会举办，这为亚历山大·佩齐、索科尔·舒波、瓦西尔·托莱恩和德里·西纳等新的作曲家提供了展现自己的机会。另外，斯佩克特鲁姆和阿斯穆斯合唱团是演绎新音乐和开展活动方面的专家。从1992年开始，每年5月都会举办“新阿尔巴尼亚音乐节”，从1994年起，开始举办当代音乐节“尼科拉·佐拉奇”。同样，每年秋天地拉那会接待外国音乐家和艺术家，举办一系列的文化活动如“地拉那之秋”，这一活动始于

1994年10月。其他关于演奏和创作的活动有“阿尔巴尼亚浪漫曲音乐节”（自1994年，由音乐协会“托宁·哈拉皮”主办）、“新钢琴家大赛”（自1993年）等。

二十世纪二三十年代，阿尔巴尼亚流行乐并没有太多进步，二战后，流行乐开始成为新的艺术传统中的一部分。流行音乐的歌唱家和演奏者主要在各类表演剧场的组织下开展活动，活跃在阿尔巴尼亚的主要城市。尤其是地拉那，作为国家的文化中心拥有众多的流行音乐表演者。地拉那每年开展两个主要活动，即“国家广播电视音乐节”（1962年成立）和“春日音乐节”，后者主要以提携新歌手为宗旨，这两项活动是专门的广播电视活动。自1990年起，国家文化开始向世界开放，阿尔巴尼亚流行音乐也取得巨大进步。伴随着这一艺术类型的形成，在非常受公众欢迎的阿尔巴尼亚著名歌手瓦切·泽拉、作曲家阿吉姆·普罗达尼以及口琴演奏家、作曲家和编曲家阿吉姆·克拉伊卡的带领下，阿尔巴尼亚流行乐在20世纪末跻身到主流艺术的行列，朝着西方音乐的新方向发展，并且通过采用知名的西方艺术形式实现了最新、最显著的进步。

90年代初，撇开不断整合的各类文化乐器尤其是电子乐器不谈，全国各地开始出现室内外的面向公众的现场音乐活动。人们能够免费在各地听各类音乐，也能更容易地获取信息。因此，许多酒吧尤其是地拉那拉纳河沿岸的老式建筑中，经常有现场音乐表演，演唱美国和欧洲乐队的歌曲。与此同时，民间音乐和地方音乐在电视、广播以及阿尔巴尼亚国内外的一些地方依然流行。90年代后期，把音乐作为一种产业发展能获取更多利润，引进新技术则是首要的。通过参与由不同的录音工作室和媒体以及“音乐秀”、歌唱比赛主办方组织的国际音乐节，阿尔巴尼亚音乐家也有了更多机会到海外表演。国际音乐舞台上知名的阿尔巴尼亚音乐家有阿尔迪特·杰布雷阿、埃尔顿·戴达、埃尔莎·利拉、亚历山大·乔卡、什珀蒂姆·萨拉齐（作曲家）、阿尔班·斯坎德拉伊、布莱罗、莱迪娜·采拉、布莱罗娜·切蕾蒂、格蕾塔·科奇、蕾扎尔塔·什库尔塔、索尼·马拉伊、波尼、希南·霍查等，他们也会在北美和欧洲开音乐会。

“顶级音乐节”是一个重要的面向年轻人的比赛，每年开展一次，由顶级频道电视台（Top Channel TV）举办。该比赛有许多来自阿尔巴尼亚和科索沃等地的各类歌手和乐队参加，舞台华美，视觉效果极佳。“魔幻之歌”是另一项每年举办的全国性比赛，有许多有经验的艺术家参赛。此外，每年会有一个阿尔巴尼亚团队或者歌手代表国家参加“欧洲歌唱大赛”。

2006年—2008年间，参加阿尔巴尼亚举办的音乐节和音乐会的有帕尼亚比·麦克、阿肯、白蛇合唱团、蝎子乐队、威豹乐队、詹姆斯·布朗特、深紫乐队、祖凯罗和提亚斯托等外国名人和乐队。

阿尔巴尼亚人在音乐领域同国际组织和学院建立了合作关系，并且进行了出色的表演。阿尔巴尼亚艺术学院也主办了许多国际经典的演出。

阿尔巴尼亚的录音棚比如超音速录音棚，和科索沃的其他一些录音棚相互间有紧密的合作和支持。阿尔巴尼亚音乐家的作品中多以反映当前的问题和爱国主义为主，而科索沃的乐队则将历史和战争鲜活地保存在作品中，但是他们也会涉及日常话题、浪漫主义、嘻哈、电子乐、摇滚乐等领域。阿尔巴尼亚音乐（AlbMuzika）项目基金于1996年开始运营，以帮助发展阿尔巴尼亚基督教音乐教育，推动阿尔巴尼文化在世界上的发展。

在过去十年中，除了卡拉ok厅，现场音乐也受到了各年龄段听众的欢迎。在地拉那曾经的骑士歌厅中，顶级频道电视台的乐队同多位艺术家合作奉献了精彩的演出，而查尔斯的布里斯托和蜥蜴歌厅经常有阿尔巴尼亚和科索沃等地的乐队表演各种曲风的歌曲以及原创音乐。转动唱盘的DJ多会在棒棒糖、驻场俱乐部、地拉那体育馆等酒吧表演。“爵士音乐节”在地拉那、斯库台非常受欢迎。重要的音乐活动还有“国际古典音乐会”，有来自世界各国的音乐家参与和支持。

音乐家也会得到国家广播电视台（TVSH）、民间影视、Top Channel、我的音乐电视台、BBF电视台、地拉那电视台和调频俱乐部、AMC电台、顶级阿尔巴尼亚电台的邀约。阿尔巴尼亚版权局作为旅游、文化、青年和体育部的下属机构，尽力保护艺术家的版权在非法市场不受侵犯。版权局也会支持本国的和弦音乐节和歌剧表演，而联合国教科文组织也把阿尔巴尼亚复调音乐评为世界非物质文化遗产。

作者：扎娜·舒特里奇/布莱丽娜·贝尔贝里

体育

大量的考古发现已证实体育运动在阿尔巴尼亚历史悠久。不仅在当时繁荣的都拉斯（埃庇丹努斯）、费里（阿波罗尼亚）发现了古代的竞技场和运动场，在阿曼蒂亚、拜利斯、普洛彻等地也有发现。这些发现表明当时的体育运动已经发展到很高的水平。奥林匹克运动会历史上经常有获胜的运动员是来自今阿尔巴尼亚境内的，比如公元前516年代表埃庇丹努斯的克利奥斯提尼，他在跑步比赛中两次获胜。后来也有其他来自埃庇丹努斯的获胜选手。

现代体育运动始于20世纪初。1900年5月，斯库台居民组织了一场包括体育运动和游戏的活动。1908年成立的阿弗尔迪塔是爱尔巴桑第一家文艺体育协会。

1913年，第一次国际足球比赛在斯库台举行，比赛双方是斯库台地方足球队和奥匈帝国驻扎当地的军队的球队。自此，与体育运动相关的协会在阿尔巴尼亚全国各地涌现，不少地方建立了足球俱乐部，斯库台维拉斯尼亚足球俱乐部、发罗拉旗手足球俱乐部、都拉斯图达足球俱乐部先后于1919年、1923年、1925年成立。地拉那足球俱乐部成立于1920年，至今已赢得24次阿尔巴尼亚足球超级联赛冠军，在2008年与AC米兰的友谊赛中以2：1战胜对手。

建立于1928年的新阿尔巴尼亚王国十分注重体育运动的传播和发展。在30年代初，举办了包含多种体育比赛的首届全国锦标赛。与此同时，阿尔巴尼亚加入了多个国际体育联盟。阿尔巴尼亚足球联盟和阿尔巴尼亚田径联盟一起首先成为国际足联和国际田联的成员。自国家足球锦标赛定期举行后，地拉那俱乐部已遥遥领先其他球队。

阿尔巴尼亚也参加了一些国际田径比赛，主要在巴尔干地区，但是战绩不是很理想。首届阿尔巴尼亚自行车赛在1925年举行，是欧洲这类比赛中第一场有业余选手参赛的竞赛，也被记录在了世界体育史册中。

第二次世界大战对阿尔巴尼亚体育产生了消极的影响。不过从1945年开始，阿尔巴尼亚体育得到长足发展，不仅当时广受欢迎的足球运动得以发展，田径、排球、篮球以及全国锦标赛中的女子运动都得以复兴。后来的1949年，一些全新的竞技体育被引入到阿尔巴尼亚，比如体操、举重和射击。摔跤在阿尔巴尼亚有着悠久的传统，特别是在北方地区，在这一时期有了新发展，但是不同于新引入的竞技体育，摔跤没有进行过有组织的全国锦标赛。这一情况随后有所改变，2007年萨希特·普里兹伦尼在阿塞拜疆摘得世界摔跤锦标赛自由式摔跤的铜牌，2008年伊利斯·古里在北京奥林匹克运动会上获得古典式摔跤96公斤级第八名。

20世纪50年代，国家定期举办乒乓球、赛马、登山比赛和业余无线电竞赛。全国国际象棋锦标赛于1933年开始举办，从20世纪50年代开始成为每年一度的盛事。法托斯·穆乔是1976年—1982年阿尔巴尼亚国际象棋冠军，也是阿尔巴尼亚第一个国际象棋世界冠军。

阿尔巴尼亚奥林匹克委员会于1958年成立，并于次年加入国际奥林匹克委员会。足球仍然是最受欢迎的体育项目，特别是由于战后新成立的两个俱乐部——地拉那的游击队员俱乐部和迪纳摩俱乐部之间激烈的竞争更引起了球迷的关注。捷马尔·斯塔法国家体育场自二战后开始建造，于1946年10月在地拉那举行的巴尔干杯足球巡回赛前夕建成。在斯库台、都拉斯、爱尔巴桑、发罗拉、科尔察和吉诺卡斯特等地也建有体育场。现在阿尔巴尼亚几乎每个城市都有自己的体育场，尽管有的体育场规模小、设施不齐全。地拉那有两个体育场，其中捷马尔·斯塔法体育场符合国际足联和欧足联制定的标准。

作为最广泛发展的运动，足球领域也有不少名人。比如30年代时，效力于地拉那足球俱乐部的里扎·卢什塔和纳伊姆·克吕埃齐乌，效力于维拉斯尼亚足球俱乐部的洛罗·博里奇，博里奇曾和意大利球队比赛，享有很高的知名度。纳伊姆·克吕埃齐乌在1942年的意大利联赛中为罗马队效力（退役后成为教练和球探），里扎·卢什塔效力于尤文图斯队并赢得了1942年意大利杯的冠军。洛罗·博里奇是阿尔巴尼亚国家队队长并在意大利的拉齐奥足球俱乐部有出色表现，斯库台体育场（2001）就是以他的名字命名的。

战后的足球联赛也出现了一批新的杰出的运动员。1946年，阿尔巴尼亚队战胜了南斯拉夫队、保加利亚队、罗马尼亚队，获得了巴尔干杯冠军。在青年一代的足球运动员中，杰出的运动员有贾赫米尔·希卡、恩德里特·弗拉皮、洛里克·察纳、阿尔廷·拉拉、福托·斯特拉科沙、伊利尔·佩尔纳斯卡、佩特里特·迪布拉、埃尔温·斯凯拉、苏列曼·代莫拉里、伊格利·塔雷、佩尔拉特·穆斯塔、阿尔班·穆察、索科尔·库什塔、阿尔班·布希、阿尔廷·拉克利、布莱达尔·科拉、埃德温·穆拉蒂以及许多在海内外效力的球员。

特别要提到的是帕纳约特·帕诺。2003年，为了纪念欧足联成立50周年，帕诺当选为阿尔巴尼亚最佳球员，也是阿尔巴尼亚过去50年来最杰出的球员。2009年，他被阿尔巴尼亚总统授予国家荣誉勋章，这可以说是足球运动员在阿尔巴尼亚体育史上留下的最光辉的一页。

其他体育项目也有各自领域的精英。埃莉萨贝塔·卡拉博利和埃尔米拉·丁古分别获得了1979年和1980年欧洲射击比赛冠军，名留史册。阿尔巴尼亚的举重运动享誉海外，拥有许多国家英雄，比如费里德·贝尔本。他曾创下37项国家举重记录并且曾经是1961年—1973年的国家冠军，他现在作为教练继续指导许多年轻一代的举重运动员。这一领域还有一些代表人物，于梅尔·达姆普里在1972年慕尼黑奥运会创下了纪录，阿格朗·哈吉西塞尼和卢安·沙巴尼在1980年欧洲锦标赛获得奖牌，伊利尔·苏利在2000年4月的索非亚锦标赛获得第二名并在同年获得悉尼奥运会男子举重77公斤级第五名，还有女子举重运动员罗梅拉·贝加伊在2008年欧洲举重锦标赛上获得银牌，并于北京奥运会获得第六名。埃尔坎德·切里马伊曾在北京奥运会男子举重77公斤级比赛中获得第十三名，二十岁时他又赢得了2009年欧洲锦标赛银牌和地中海运动会的金牌。

迪纳摩和游击队员等众多排球队之所以出名，是因为拥有世界一流排球运动员，比如阿斯兰·鲁西、达沙米尔·法古、埃拉·塔塞、西尔娃·图尔迪乌，他们带领球队在欧洲锦标赛获得了许多奖牌。地拉那的游击队员、迪纳摩以及斯库台的维拉斯尼亚是阿尔巴尼亚胜率最高的俱乐部。阿尔巴尼亚运动员也在美国大学生排球联赛留下了身影。来自科尔察的多纳尔德·苏焦在结束了南加州大学（1997—2000）辉煌的运动生涯后，开始为美国国家男子排球队效力，继续自己的职业生涯。从1997年起，华盛顿特区美国大学已经招募了四位阿尔巴尼亚女子排球运动员，包括埃迪斯·博纳蒂和阿约拉·贝里沙。2009年，地拉那的鲁贝娜·苏卡伊结束了她在美国大学作为主力排球运动员的生涯。

说到篮球，就不得不提到地拉那的女篮队——11月17日，她们的冠军王朝从1958年开始一直到1974年，拥有从1947年开始所获的23个冠军，其中有第一、第二届锦标赛冠军。游击队员男篮队达到了阿尔巴尼亚篮球的最高水平，1967年至1992年间，除了两届比赛，他们赢得了其余赛季的全部冠军，62年来共获得32次冠军。最杰出的篮球运动员是阿吉姆·法古（游击队员）、雷纳托·拉多亚（维拉斯尼亚）和瓦索·沙卡（11月17日）。法古在一场对阵来自意大利坎图的冠军球队的比赛中为游击队员队斩获48分，国际篮联为此授予其极高的荣誉。

游击队员俱乐部也有自行车队，比拉尔·阿加柳先后以队长和教练的身份占据了阿尔巴尼亚自行车界的重要一席。阿加柳曾获得过11次阿尔巴尼亚自行车赛的冠军。

现在的阿尔巴尼亚体育引入了市场经济机制，所以会有很多困难需要面对。

纷繁的体育世界里有不同的体育项目、人物、冠军和记录，但是只有拳击因曾被称为修正主义和资产阶级的丑陋运动而被史无前例地禁止了三十年（1960—1990）。撇开过去的观念，现今阿尔巴尼亚大众依然对拳击没有好感，但是态度却比之前有所改善。2008年克雷什尼克·恰托摘得在阿尔巴尼亚举行的国际拳击理事会中量级冠军头衔，这场比赛为他赢得国际拳击理事会的欧洲年度最佳拳手称号，于利·恩德罗奇则获得欧洲年度最佳拳击经理称号。不过，恰托和埃维斯·耶盖尼等中量级拳手继续在英国比赛，有前途的重量级拳手贝达林·托马现在在美国皇后区比赛，努里·塞费里则在瑞士比赛。2006年，来自科索沃的卢安·克拉斯尼奇在德国比赛，在世界拳击组织排名中位列第一。

阿尔巴尼亚体育有着光明的前景，拥有众多年轻运动员，比如17岁的游泳运动员西德尼·霍查在2008年北京奥运会初次登场时就获得了很高的关注度，此外还有罗梅拉·贝加伊、埃尔坎德·切里马伊和洛里克·察纳等高水平运动员。

作者：艾哈迈德·什恰里/凯文·图蒙斯

经济

前言

尽管资本主义在阿尔巴尼亚发展的历史不长，但国内的市场经济是按照发达西欧国家的模式（德国、意大利、瑞士、法国等国）发展的。后来，这一经验也应用于阿尔巴尼亚的商业、工业、农业以及法律法规领域。国王索古一世统治时，建立了阿尔巴尼亚资本主义经济基础，并在意大利占领时期得到巩固。

第二次世界大战后，由恩维尔·霍查领导的共产党开始执政，也就是后来的阿尔巴尼亚劳动党（PPSH）。所有农业和小型工业都为国有，经济为中央计划模式，并且通过大型国有企业来管理。在60年代初期，阿尔巴尼亚首次中止了与苏联的经济和外交关系，随后于70年代末期与中国关系破裂，完全孤立于世界其他国家。低效的经济体制使得国家陷入了停滞状态。

进入90年代后，在国际社会的支持下，阿尔巴尼亚的经济改革看似取得了实质性进展，各项经济指标呈现良好的发展趋势。但是，这样的表现并没有建立在坚实的基础之上。缺乏强有力的机构、金融改革不完整以及不发达的银行业导致了“金字塔骗局”，大部分阿尔巴尼亚人为此投入了积蓄。世界银行和国际货币基金组织估算，他们在这些诈骗传销活动中损失了12亿美元。1997年，这些诈骗传销活动败露，造成了严重内乱，之后新政府上台。

1997年6月，当选的新政府做出很大努力来重建法律和秩序。1998年11月，经全民公投通过了一部新的西方标准宪法。然而由于科索沃危机的爆发，复苏计划于1999年再次放缓。在这次危机中，阿尔巴尼亚接收了超过45万名难民（约70%的难民寄宿在私人住宅）。为了解决冲突，在欧盟和美国的提议下，签署了《东南欧稳定公约》。这项协议旨在实现地区内的经济发展、社会稳定以及保障民主和法律制度的实施。

第二次世界大战前的阿尔巴尼亚经济

1920年—1938年阿尔巴尼亚的工业发展

20世纪20年代后，阿尔巴尼亚资产阶级经过原始资本积累阶段，开始扩大其生产活动，过程跌宕起伏。这些努力在所有经济领域都有所体现，主要体现在工业、建筑和交通领域。

那个时期的一个突出特点是民族工业仅依靠私人投资而发展。1928年，阿尔巴尼亚国内资产阶级对民族工业领域的资本投入为920万金法郎，主要用于轻工业。此时，还建造了一些工厂来进行国内农产品原材料的加工。

1929年—1933年，经济危机笼罩着资本主义世界，同时也影响着阿尔巴尼亚的经济。然而，同大多数资本主义国家在1932年达到危机顶峰不同，阿尔巴尼亚经济危机直到两年后才达到最高点。在困难的条件下，阿尔巴尼亚工业恢复得十分缓慢。但基于国内原材料的工业产品能够较为成功地应对外国产品的竞争，因此在世界经济危机结束后，阿尔巴尼亚工业也取得了一定发展。

尽管阿尔巴尼亚工业有了发展和进步，但规模仍然很小。当时的资料表明，阿尔巴尼亚主要资金用在贸易上。尽管实际的交易额相对较大，但用于手工艺品贸易的投资额却很小。

1938年在工业企业投资的资本平均为5.5万金法郎，平均每家企业有14名工人，比较工人数量的话，这些企业要比20世纪最后10年经济改革时创建的企业里的工人数量更多。与此同时，6家外国矿业公司拥有的平均资本为176万金法郎，平均每家公司有760名工人（矿工）。

尽管工业企业的数量有所增加，但阿尔巴尼亚仍然是一个农业国，因为农产品占到了当时产品总产量的90.2%，而工业以及手工业制品只占到了大约9.8%。20世纪30年代，工业及手工业发生了重要的变化。1936年底前，手工业生产产量多于工业生产；但到了1938年，工业生产超过了手工业生产，并占整个非农业生产的53.5%左右。

1920年后，SITA（意大利）、SESA（意大利）、GE（美国）公司等外国投资者在主要城市投资使用柴油发电机，阿尔巴尼亚的电力行业因此得以建立。到1938年，额定容量为3.5兆瓦，相当于一个现代柴电混合动力铁路机车的动力，其中0.5兆瓦来自于小水电站，其余则来自于柴油发电机。分散在各主要城市的小型蒸汽锅炉的总装机容量达到了30蒸吨。

股份制公司的发展

股份制公司是阿尔巴尼亚经济内部发展而产生的，受到外部环境、商业环境以及国王索古一世为保护私有财产而创建的国家机构的影响。股份公司的出现体现了从低技术水平的小型制造厂发展到现代化的制造企业所做的努力，后者在20世纪30年代的阿尔巴尼亚需要相对大量的资本支持。从1912年到1924年年底的12年间，国家大部分时间处于战争和动乱之中，当时只有一家股份制公司（建立于1923年的烟草公司STAMLES）。1925年—1939年间，有20家不同的股份制公司成立了，比如科尔察的通用电气公司、地拉那的盐业贸易公司（SITA）、斯库台的波特兰海员公司、吉诺卡斯特的地毯制造商德莱和德雷诺瓦（科尔察）的制酒公司水星。成立于20世纪20年代的股份制公司是对阿尔巴尼亚资本积累做出最大贡献的工业公司。1938年，这些公司的资本占阿尔巴尼亚资产阶级对民族工业投资总资本的68%。

当时的资料表明，如果利用优势条件，即便处于战争中，阿尔巴尼亚资产阶级不仅可以确保生存下去，而且能够扩大现有产业并且发展新产业。产业实体的数量也从1938年的244家增长到1944年的430家。

阿尔巴尼亚资本主义发展中另一个重要现象是卡特尔（同业联盟）的出现。危机和激烈竞争刺激了阿尔巴尼亚企业创造新的方式来保卫资本和利润。阿尔巴尼亚酒业卡特尔、科尔察的木业卡特尔等同业联盟都在这一时期创立。

阿尔巴尼亚经济中的外来投资

从1920年开始，英国、美国、意大利、法国和南斯拉夫的许多公司在采矿和银行结算上获得了阿尔巴尼亚政府提供的优惠政策。第一次世界大战期间，一则关于阿尔巴尼亚油田开发的新闻吸引了不少的外国竞争者。其中，最积极的是英国、美国、意大利和法国的公司。1925年—1926年间，受国王索古一世的鼓励，外资投资开发的土地面积占到了阿尔巴尼亚领土总面积的23%。

巴尔干地区的战争爆发后，意大利资本开始进入阿尔巴尼亚。从1939年4月到1940年，53家意大利公司在阿尔巴尼亚成立。这些公司及其子公司在各个经济领域都开展了业务。为了满足意大利的需求，公路、桥梁、港口建设企业以及运输、销售、矿产公司在当时发展尤为迅速。

1939年—1944年间，股份制公司开展活动是经济的主要特征。仅在地拉那，1939年就有8家重要的股份制公司成立；1940年陆续有9家公司成立；而在1941年—1942年间又有11家公司成立。

一些投资阿尔巴尼亚的公司有相当大的资本，包括马里努奇、菲亚特、SATA、ITALBA、EAGA、孔士嘉兄弟国家运输协会、阿尔巴尼亚油业公司SA、CELPA、CIDA等。

这一时期也成立了开采油田、铜矿和沥青沙田的股份公司，这些公司和其他的农业、建筑以及交通业股份公司（英伊石油公司、AIPA、法国–阿尔巴尼亚企业联盟、SIMSA、EIAA等）一样实力雄厚。

外资的渗透对运输和交通网的改进及扩展产生了积极影响。1925年，阿尔巴尼亚只有900公里的公路在使用。同年，阿尔巴尼亚政府和意大利金融资本集团签订《SVEA协议》，将96%的资金用于修建道路和高楼。修建道路是另一种为基础设施融资的方式。因此，截至1938年阿尔巴尼亚有2224公里的国家公路网以及767公里的地方公路网，平均每100平方公里有10公里的道路。

这期间，航空运输也有所发展。阿尔巴尼亚是欧洲唯一一个在发展铁路运输之前就发展航空服务的国家。航空服务始于1924年11月，当时是范·诺利政府执政。政府将航空服务许可权优先颁给劳埃德航空公司，这是一家德国航空运输公司。后来，航空服务由一家意大利公司（阿拉利托里亚）运营，该公司的经营权持续到1943年。航空运输实现了地拉那和国内外一些城市间的连通。

1938年之前阿尔巴尼亚与其他国家的贸易关系

阿尔巴尼亚境内的主要外商是意大利商人，但是也有大量同南斯拉夫、法国、德国和希腊等国的贸易。到1938年，阿尔巴尼亚与21个国家建立了互惠贸易关系。

1938年，超过400家公司和贸易机构与外国公司在进口领域建立了贸易关系，而超过200家贸易公司和机构开展了出口业务。进口贸易额的增长也促进了国内贸易的发展。

贸易的发展成就了一批有实力的商人，他们能够垄断包括粮食在内的重要商品。在这些领域，特许权和垄断经营权都受到国家控制（盐、纸、香烟）。

资本主义农业实践

尝试成立农业公司是当时出现的新现象。为了激励地主成立农业公司，魏德王子的政府于1914年4月16日宣布在希亚克设立资本主义农场新模式试点。但是新模式下的公司直到第一次世界大战后才开始正式经营。在这一时期，外资开始渗透到了阿尔巴尼亚的农业生产中。尤其在国王索古一世统治时期，国家、阿尔巴尼亚业主、意大利商人以及其他国外投资者成立了一些资本主义农业公司，其中由外商投资创立的公司发展情况最好。

20世纪20年代，农产品市场需求的增大推动了农业发展。公路网的建设发挥了重要的作用，将全国大部分地区连接在一起。随着农业市场的扩大，不同地区的计量标准得到统一。从20世纪20年代起，土地面积的标准计量单位为公顷（1万平方米），千克和公担取代了各类重量计量方式，长度单位改为使用欧洲市场的米制单位。

自1926年尤其是1929年后，机械化推动了现代化进程。20世纪30年代，第一台农业机械进入阿尔巴尼亚，但出货量较少。这些机器数量很少，但却见证了集约型农业的开始。

从1929年起，阿尔巴尼亚开始进口不同的作物种子，包括第一批小麦，这使得农业的单一化问题得到改善。农业单位逐渐改为轮流栽培三种作物。在一些更发达的地区，每年会轮番种植四种农作物。然而由于土地分配的不均匀，在阿尔巴尼亚大部分地区农业单一化模式并没有完全消失。其他地区也有了农业发展的迹象，比如在第一次土地改良期间，仅在1938年就有2万公顷土地通过改良实现增产。随着农业继续深入发展，对农业专家的需求开始增多。1938年，农业专家的数量为243名，其中35%是大学毕业生，52%的人拥有高中学历。

资产阶级的发展

伴随着工业资产阶级的不断成长以及他们在国家社会生活中作用越来越重要，民族工业也得以发展。工业资产阶级和不断壮大的农业资产阶级的利益与国家机关利益挂钩。国王索古一世的政权仍然以奥斯曼法律制度为基础，延续了20世纪20年代政府的非贸易保护态度。

1926年—1930年，索古建立政权后，为增加资产阶级的利润，他颁布了一些金融领域的法令。同时，他批准通过了王国法规和《民法与贸易守则》，这些法规是根据西方国家的模式而制定的。因此，20世纪30年代，对国内资产阶级利润的税收逐步减少。1935年后，这项税收只占利润的1%，而1938年国家向资产阶级收取的税收只占总预算收入的4.1%。由于资产阶级的经济实力逐渐壮大，其在政治领域所扮演的角色也越来越重要。在阿尔巴尼亚的农村也发生了相似的事情。索古国王允许农业资产阶级扩大土地、参与其他的盈利项目以及使用农业信用贷款。

与过去相比，二十世纪二三十年代间工人数量增长相对较快，这不仅是因为工业的发展，也是大量手工业者、农民、小业主“无产阶级化”的结果。他们中只有一部分人被雇佣，其他人为了找工作还处于漫长的等待中。1938年，各经济行业的工人数量如下：

行业类型	工人数量
工业	3405
矿业	4030

续表

行业类型	工人数量
建筑业	2232
交通业	808
手工业	8420
贸易	1732
其他	411

随着国家经济发展情况不断变化，到20世纪20年代末，封建资产阶级势力逐渐具备资本主义特征。

经济领域的法律框架

阿尔巴尼亚王国新的法律框架是基于法国、意大利、瑞士和德国等先进国家的经验而建立的。1928年1月颁布的《刑法》参照了意大利的刑法，而1929年4月颁布的阿尔巴尼亚《民法典》取代了《奥斯曼民法典》。在这种情况下，需要颁布新的法律来代替现有的商法。

1932年4月1日，阿尔巴尼亚《贸易法》正式生效；同一天，有关贸易法应用的法规开始实行；1934年5月开始实行《股份公司贸易法应用》法规。这三部法规是索古统治时期的商法基础。

三者存在的必要性在于不同公司的经济活动需要法律框架的稳定和改革。意大利公司在阿尔巴尼亚投入大量资本，因此获得了经济上的主导地位。

阿尔巴尼亚《贸易法》是基于意大利“维万特计划”项目法规而设计的，由名为维万特的商法专家带领的意大利律师团队所起草，所以命名为“维万特计划”。阿尔巴尼亚《贸易法》有1138个条目，与欧洲当时其他贸易法相比拥有最好的组织结构。

作者：根茨·鲁利/许曲里·拉皮

阿尔巴尼亚社会主义时期的经济（1944—1990）

社会主义改革

1944年到20世纪60年代，这段时间是国家重建时期。战争结束后不久，在“土地属于耕种者”的口号下，分为两个阶段的土地改革开始了。改革没有给原地主任何补贴或赔偿。政府推行国内外主要资本生产方式国有化，对贸易商大量征税并没收逃往国外的战犯财产。这些政策打击了国内外的资本主义。国家实行中央计划经济，通过大型国有企业进行管理。

工业化

由于创建了大型矿石加工厂网络（铬、铁镍合金、石油、铜、煤），这一时期也被称为工业化时期。1970年，国家实现全面电气化并建立了统一的电力系统。一系列军工厂也开始生产活动。

20世纪80年代，面对急剧下降的生活水平，国内开始运用一些得到广泛认可的经济原理。这些原理范围很广，包括相对于发展轻工业和消费品，提倡优先发展重工业；在宪法框架内禁止从资本主义国家获得贷款。国家政治、经济和文化领域在这一时期比较孤立。

电力产业

第一批修建的热电站（TPP）位于地拉那纺织厂、马利奇的糖厂、采立克的炼油厂、发罗拉的水泥厂以及库乔亚的炼油厂。

乌尔扎水电站建于1957年，距地拉那70公里，为用110千伏线路连接发电能源创造了可能。同年，阿尔巴尼亚第一所变电站建造完成。电力系统的额定容量为60兆瓦，全国约50%的额定容量由热电站提供，热电站生产超过60%的总电力。

1966年，费里的热电站建造完成，这是阿尔巴尼亚国内最大的热电站，拥有99兆瓦的额定容量，通过5个涡轮机产生（3×25兆瓦+2×12兆瓦）。

1970年后，修建了戴亚滩、费耶尔扎和科曼三个大型水电站，依次建在德林河以北，发电量分别为250 兆瓦、500兆瓦和600兆瓦。这改变了阿尔巴尼亚的电力系统结构，如今以水电站供电为主，未来考虑主要通过热电站供电。

当时的阿尔巴尼亚电力生产主要靠水电站发电，提供了80%的额定容量和90%的总电力。电力系统的额定容量为1684兆瓦，其中热电站提供224兆瓦电力。

直到1996年，阿尔巴尼亚一直是电力净出口国，但随着国内需求不断增加，阿尔巴尼亚电力公司已经不再能够满足用电需求。因此，阿尔巴尼亚变为了电力净进口国。

重工业（矿业和石油工业）

二战后，国家对已开发和未开发的矿藏拥有专有权，矿业以此为基础得以建立，但是其发展完全依赖采矿，忽略了经济效益和环境保护等准则。目前，阿尔巴尼亚发展成为由许多矿山和铬、铜、煤、铁镍合金、石灰石、沥青、焦油砂等矿产加工厂组成的矿业密集型国家。

1986年—1996年期间，阿尔巴尼亚生产了约710万吨铬矿、680万吨铜矿、500万吨铁镍矿、1250万吨煤炭、100万吨烟煤、10万吨天然沥青、50万吨沥青砂、25万吨橄榄石以及超过2500万吨的石灰石。

为了加工矿产和石油，国家建造了一些重要的工厂，比如爱尔巴桑钢铁厂、费里化肥厂、拉奇化肥厂和冶炼厂、布雷利铬铁冶炼厂和爱尔巴桑铬铁冶炼厂以及在阿尔巴尼亚主要城市生产机械设备和备件的钢铁制造工厂。

农业

遍布阿尔巴尼亚的合作社以及农场中实行的农业集体化导致牛奶和肉类的产量大幅下跌，严重影响了人们的生活水平。许多阿尔巴尼亚人认为牛羊集体化养殖浪费了巨大的经济资源，导致1980年年底社会出现极端贫困的现象。

作者：斯皮罗·琴德罗/根茨·米弗蒂乌

20世纪90年代的市场经济转型

阿尔巴尼亚转型和改革特点

东欧剧变后，人们进入市场经济的意愿十分强烈，也给予了新政府极大的信任。此外，这种信任允许政府进行大刀阔斧的改革。阿尔巴尼亚的改革可以用迅速和自由来形容。价格和贸易自由化以及缩减补贴都在几个月内发生了，在国际货币基金组织的建议下，经济政策的制定符合规范。占主导地位的指导思想是通过减少国家干预实现更好的发展。私有化改革也很彻底。通过最大程度的私有化将国有部门的数量缩减至最少。这一政策造成了经济的迅猛增长和失衡。1992年工业生产下降60%，1993年下降10%，国内生产总值下降35%。从1990年到1993年实际工资下降30%。至1992年年底，官方公布的失业率上升至26.5%，城市中的不充分就业率是官方公布的失业率的两倍，约50%的流动人口处于失业状态。但到了1993年，国内生产总值实现增长，这是通过农业和建筑业领域的小型私人公司推动的。

阿尔巴尼亚改革的另一个特点是它的外向性，这意味着在阿尔巴尼亚，消费额远高于生产额，中间的差距是由外部资源、私人汇款以及移民导致的。外部援助相当于1992年国内生产总值的40%，1993年的20%以及1994年的12%。在此期间，大约40万移民在希腊和意大利的工作收入每年达到3.5亿美元，相当于1994年国内生产总值的25%，1996年的15%—20%。抛开这些，改革所获的实际成就并不多。

改革

在转型过渡的九年里，阿尔巴尼亚经历了经济和社会的重大变革。这种转变最初导致了一些宏观经济问题。1991年—1992年，国内生产总值下降了40%，通货膨胀率达到226%，失业率上升至27.9%。

经济改革于1992年7月开始，政府计划获得国际货币基金组织备用协议的支持。改革的核心有三个主要目的：

第一，保持宏观经济的稳定。旨在减少财政赤字，控制通货膨胀以及实行价格自由化。

第二，进行国有部门的重组。旨在取消政府补助，巩固市场自由竞争，对公共部门及银行系统重组。

第三，对经济、工业、农业以及公共服务业进行私有化改革。

宏观经济稳定在短时间内得到实现。在1991、1992年，通货膨胀达到非常高的比率，根据欧洲复兴开发银行统计，1992年消费者价格指数上涨237%。1992年7月1日，当局实行了对列克的最后一次大幅贬值，使列克兑美元的比率浮动至100：1。资本交易（除外国公司汇回本国的利润和外国投资资本）理论上已经受到外汇控制，但实际上外汇市场处于自由状态，仅受来自当局对市场干预的很小的影响。地拉那许多商店和街道上公开进行货币交易，这些交易实际都受到央行总部的监管，货币兑换依据银行汇率进行交易。

从1992年到1996年，在世界银行、国际货币基金组织以及其他援助机构的协助下，阿尔巴尼亚开始实施稳定经济计划，国家采取行动以遏制经济进一步恶化。通过紧缩性货币政策和一些财政信贷措施，国内生产总值以约9%的年速增长，失业人数占劳动力的12.4%，通货膨胀率为12.7%。但是，宏观经济政策没有得到制度改革的支持。政府机构仍然疲软，金融业没有得到有效发展，导致非正规经济增长。

1997年，由于“金字塔骗局”的崩塌，阿尔巴尼亚经历了严重的社会经济危机。通货膨胀率超过40%，国内生产总值下降7%，失业率达到14.9%，列克迅速贬值。

为了从危机中尽快恢复，1998年阿尔巴尼亚新政府实施了稳定措施，宏观经济指标恢复到合理水平，产量增长8%，通货膨胀率下降到8.7%，列克汇率恢复到迅速贬值之前的水平。由于私人转账和进口低于预期增长，经常项目赤字降至国内生产总值的8%。尽管实际利率在1999年上半年仍然保持高位，但宏观经济指标的增长使得降低利率出现可能。

阿尔巴尼亚年经济增长率为7%—8%。这一数字看似非常乐观，但是应考虑到阿尔巴尼亚人均国内生产总值只有917美元。尽管在过去的两年中取得了一些进展，但阿尔巴尼亚仍面临着许多挑战。

转型时期的总结

与其他东欧国家相比，阿尔巴尼亚在许多方面都很独特，是马列主义、强大的民族认同和霍查创建社会主义社会的尝试三方结合的特殊形态。

从影响力和转型速度来说，“阿尔巴尼亚转型时期”可以看作东欧国家普遍转型现象的个别案例。

阿尔巴尼亚是最后一个进入经济转型的社会主义国家。阿尔巴尼亚政治进程中的起伏对经济改革趋势造成了一定影响，除此之外，阿尔巴尼亚可以被称为私有化程度最高的转型国家。

阿尔巴尼亚私有化进程

1991年8月，第一部关于私有化的法律通过，该法律从1991年3月起正式生效。一些小商店和服务机构通过面向员工竞标、直接销售、股权无偿划转等方式转让所有权，此后私有化法律正式生效。

1991年，对集体土地和相当于约45万个家庭所占面积的国营农场的土地私有化“自发”开始，在政府支持下于1993年年底基本完成。在其他对集体或国有土地进行转型的经济体中，只有罗马尼亚土地私有化达到了同阿尔巴尼亚相近的程度。阿尔巴尼亚政府目前已实行土地登记方案，未来将在法律基础上对土地进行购买和出售。

由于土地对于经济非常重要，至1996年年中，阿尔巴尼亚私企的产量占总产量的比率最高为75%，在转型国家中只有捷克达到这一水平（欧洲复兴开发银行，1996）。

除了土地私有化取得的成就，阿尔巴尼亚1993年年底基本完成城市住房私有化，这一迅速而彻底的进程也并不寻常。似乎只有格鲁吉亚和摩尔多瓦在此之前完成了这些改革（欧洲复兴开发银行，1994，第16–41页）。农村居民获得了土地，城镇居民获得了房屋，还有些人获得了商店的部分或全部所有权，国内大部分的家庭在三年内都获得了国家重要的土地或集体财产。因此，大多数人在新秩序下很早就成为了利益相关者。

1994年，《矿业法》和《石油法》为外国投资者铺平了道路。壳牌、雪佛龙、西方石油公司、奥地利石油天然气集团等资深的石油公司开始了数百万美元的海陆勘探项目。私营采矿业因建筑材料生产而兴起，但这对河床产生负面影响，造成河床被侵蚀等环境问题。

其他方面的私有化进程并没有那么顺利。由于缺乏信誉良好的本地买家，拍卖受到影响；销售谈判则受到怀疑或徇私的制约。和半数其他转型国家一样，阿尔巴尼亚也使用股权凭证将股权分发给公众，该凭证在1995年9月开始的大规模私有化中使用。而大多数行业到1997年年底仍在进行私有化改革。小企业很大程度上通过员工收购或拍卖实现私有化。然而，1997、1998年几乎没有中小型企业在出售和清算的过程中完成私有化，它们中的多数在经济上出现问题，因此被实行清算并且其资产被转移到地方政府。

1998年3月，对私有化更灵活的监管框架被批准，并于当年5月发布了《私有化计划草案》。根据草案，公有企业可能会以低于账面价值出售商品，使得价格在很多情况下并不能反映市场价值。

政府打算将所有主要的国有垄断行业私有化（至少部分私有化），包括交通、电信、能源、采矿和水。目前，政府正寻找这些行业的战略投资者来投资。私有化将根据具体情况逐一进行国际招标。收到的现金将被用来减少预算赤字。

被列入私有化名单中的一些大公司如下：

阿尔巴尼亚电信公司——阿尔巴尼亚的固定网络电话运营商；

阿尔巴尼亚移动通信公司（AMC）——国家唯一的移动电话运营商，已经私有化；

阿尔巴尼亚电力公司（KESH）——国家电力生产公司；

阿尔巴尼亚石油公司（Albpetrol）——国家石油公司，目前已与多家外国石油公司成立合资企业；

阿尔巴尼亚铬矿公司（Albkromi）——国家铬矿公司；

阿尔巴尼亚铜矿公司（Albbaker）——国家铜矿公司；

阿尔巴尼亚储蓄银行——阿尔巴尼亚最大的二级银行；

阿尔巴尼亚国家商业银行——阿尔巴尼亚第二大的二级银行。

以上名单中的大部分公司的股份或是已经完成私有化，或是正处在私有化进程中。

经济

电力公司的未来战略是恢复现有的发电厂并引进新技术来提高发电能力。预计发电厂到2010年大约有700兆瓦的热容量，主要通过联合循环和热电联产两种形式发电。应当注意的是，要达到预计的热容量需要依靠阿尔巴尼亚和国际燃气管道网的连接。理论上有三种与国际管道网连接的可能性，分别是通过马其顿、希腊和意大利。安波（AMBO）管道与欧洲东西部的“8号走廊”管道相连，因此拥有更多的开发机会。

阿尔巴尼亚工业发展将立足于中小企业的活动，且2000年后制定的小型热电联产解决方案（SSCS）将有助于集约化发展。企业通过在附近安装的锅炉机单独供热并通过额定容量有限的柴油发电机来提供冬日的用电。

为了实现这些目标，阿尔巴尼亚电力公司（KESH）和由世界银行资金支持的外国顾问机构签订了一份管理合约。

基础设施投资的增长和制度改革依然是经济改革方案的重要组成部分。公共投资计划（PIP）是管理经济资源、有效利用和协调外国援助的重要方式。这必须按照国家目标和宏观战略通过公共投资和部门政策的有效结合来实现，并且要求公共投资项目按优先顺序加以认定和排名。

经计算，1998年—2001年的公共投资项目（约14亿美元）平均每年有3亿美元，其中60%用于基础设施和服务项目，其余用于支持人力资源、社会服务和私营部门的发展。同时，在2000年—2003年新公共投资项目的准备过程中，将对部门战略和政策、政府中期优先处理事项以及公共投资的要求做出修改。此外，还包括改进进行中的项目、减少科索沃危机对项目的影响以及用公共投资的新需求来消除危机带来的后果；考虑欧洲东南部发展的要求以及国家财力可能存在的限制，并准备一些项目和方案用于不同的经济领域。

在此框架下，政府需要对一些重点项目的发展提供及时的资金支持，如公共基础设施（交通、能源、灌溉、水渠）、私营部门、社会部门的项目以及公共管理的发展。

对外投资和贸易

20世纪90年代，对外投资由于总体经济和政治局势不稳而波动很大。从1991年到1996年，对外投资总额约为4.83亿美元（净投资），主要在石油和天然气、旅游、纺织及农商等领域。

1997年，对外投资与1995年相比下降了大约50%；1998年则明显呈现积极态势。在此期间，对外直接投资主要由世界银行、国际货币基金组织和欧洲复兴开发银行等国际金融机构支持，资助金额约为9500万美元。与1997年相比，由于矿产和食品类商品出口的增长，1998年对外贸易增长20%，出口分别增长31%和17%。

这一时期的对外贸易主要是面向意大利、希腊和德国这三大贸易伙伴，占出口的86%、进口的76%。马其顿也在阿尔巴尼亚对外贸易中占有不少的份额。

到2001年，意大利、希腊与阿尔巴尼亚贸易往来最密切，两国在阿尔巴尼亚成立了1532家合资企业，主要分布在服务行业，还成立了890家独资公司。大约500家意大利公司投资已超过1亿美元，主要集中在服装、制鞋业、家具生产及渔业等行业。

金融业

转型时期的阿尔巴尼亚并没有为建立稳固的金融制度做出太多努力。1997年的危机就证明了需要立即采取措施对这一行业进行改进。作为由国际货币基金组织支持的应急计划的一部分，通过正式确立双层银行系统，新的银行监管制度在1998年7月得到批准。此后，成立私人银行需要7亿列克作为最低资金，并且需要组成股份制公司。而商业银行和金融机构现在能够在阿尔巴尼亚银行（BoA）的监管下提供全范围的金融服务。阿尔巴尼亚银行作为独立的法人机构运作，直接由阿尔巴尼亚议会管理，并负责阿尔巴尼亚货币政策的制定和实施。

政府制定的策略是将二级银行私有化。依据银行私有化相关法律，农村商业银行（RCB）于1998年1月进行清算，大部分资产被转移到储蓄银行（SB）。而国家商业银行（NCB）在私有化过程中，将超过50%的股份出售给外国战略投资者，剩余股权将由欧洲复兴开发银行和国际金融公司持有。农村商业银行和国家商业银行的坏账被转移到贷款重组机构。

为了准备储蓄银行的私有化，政府已同银行签署合约，其中规定所有新的贷款必须由外国顾问批准。实际上，储蓄银行的投资活动主要限于购买国库券。

随着私有化的进程，一些外国银行在阿尔巴尼亚展开了业务活动。

银行借贷的数额仍处于较低水平，但随着欧洲复兴开发银行和世界银行等国际金融机构提高信用额度，阿尔巴尼亚用户的借贷数额也在增加。另一个积极的方面是建立了一些小额贷款机构，主要面向偏远贫困地区。

自1997年10月起，阿尔巴尼亚开始税收立法的现代化进程。对1996

年年中开始实施的增值税做出了修改，并取代了营业税；将12.5%的初始税率提高到20%，并且取消了大部分的免税项目。1998年12月，颁布了个人所得税和利润税的新法律，与个人所得税新税率和针对利润、股息、利息以及特定服务预扣税的现代化税收系统一起颁布实施。1999年1月，新《海关法》生效，新法规更简单、实用，并且尽量避免了歧义，旨在符合世界贸易组织的数据要求。

其他金融机构

1996年5月，证券交易所正式挂牌成立，但尚未开始运作。《投资基金法》于1995年被批准。这些基金可能是由股份公司参与投资或再投资，或者作为公司持有、兑换的私有化凭证。最低资金要求相当于2万美元。基金不得超过任何一家公司10%的股份或公司已售债券总额的10%。第一家外资管理投资基金——盎格鲁亚得里亚海投资基金（AAIF）于1996年4月得到授权并开始经营。

虽然市场尚未开发，但保险和再保险业务也进行了立法。阿尔巴尼亚INSIG保险公司继续在阿尔巴尼亚28个地区设立垄断分支机构，并且在与科索沃特派团签订协议后，也在科索沃设立分支机构。保险监督管理委员会向保险公司授予许可。

作者：许曲里・拉皮/斯皮罗・琴德罗

21世纪的经济发展

2000年—2008年，尽管起点较低，但阿尔巴尼亚经济实现了约6%的年均增长速度。国内需求的大量增加、商业投资的增多（少部分来自本地的外商投资）、银行业的显著扩张以及公共投资相对较高的增长水平等因素促成了国家经济的增长。

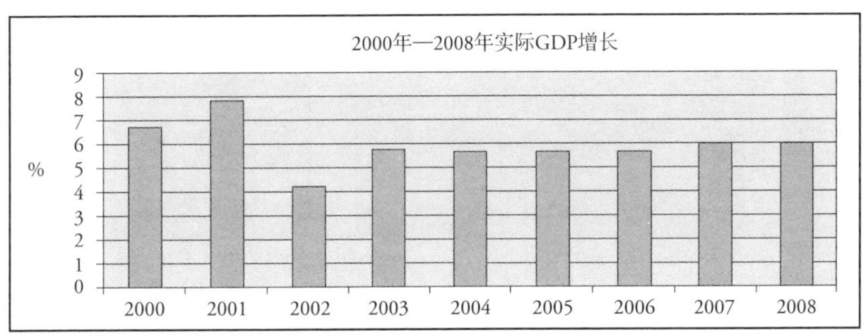

进入21世纪后，电力供应问题仍然存在，在2002、2006年对经济增长的影响最大。

服务业仍然是对国内生产总值贡献最大的行业，农业份额的下降由建筑业和工业的增长所抵消。

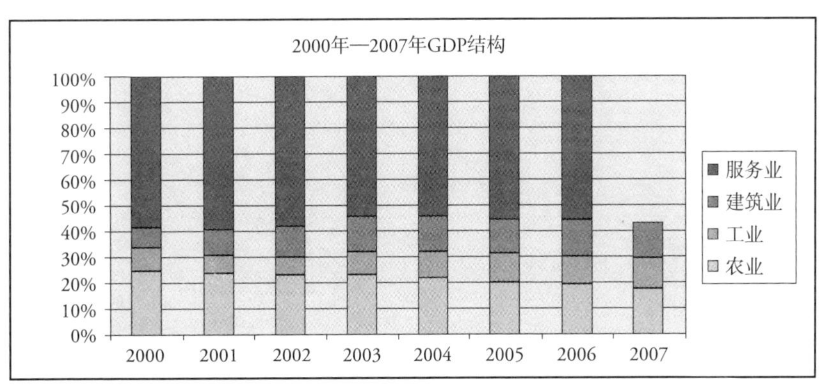

金融业的发展主要由银行业管理，2000年—2008年获得显著提升，通过针对企业和个人的贷款业务推动了国家经济的发展，并且获得了50%的年增长率。这一行业持续吸引外国投资者的兴趣，奥地利奥合国际银行、意大利联合圣保罗银行、法国促进工商业发展总公司等大型银行先后进入阿尔巴尼亚市场。

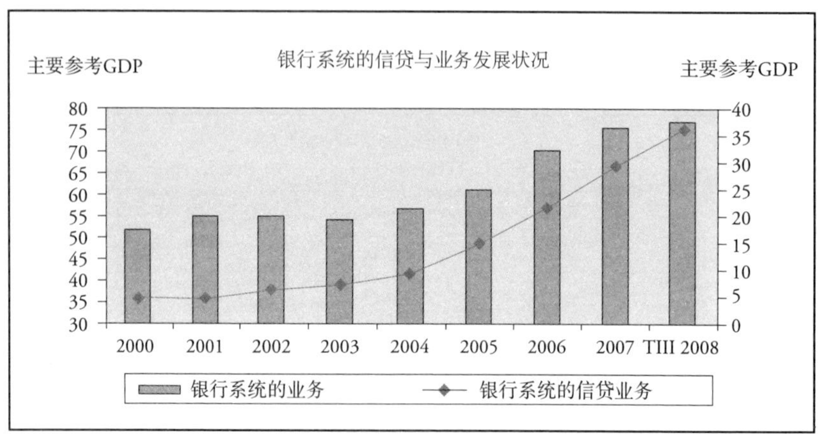

另一方面，与同地区的其他国家相比，阿尔巴尼亚的保险业仍然相对落后，并且很大程度上依靠渗透率很低的强制保险制度。保险业已经开始吸引外国投资者进入市场，如奥地利尤尼卡保险集团、维也纳保险集团和希腊阿斯皮斯集团。

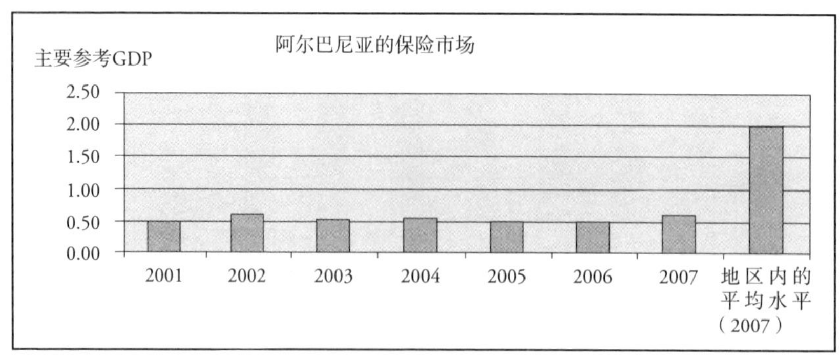

对外贸易

阿尔巴尼亚对外贸易的特点是高贸易赤字——相比出口，进口有更高的增长率——而贸易赤字近年来仍不断加深。2007年，贸易赤字达到国内生产总值的27%。这一情况导致了现金账户赤字恶化，而汇款作为赤字融资的主要来源使得赤字有下降的趋势。

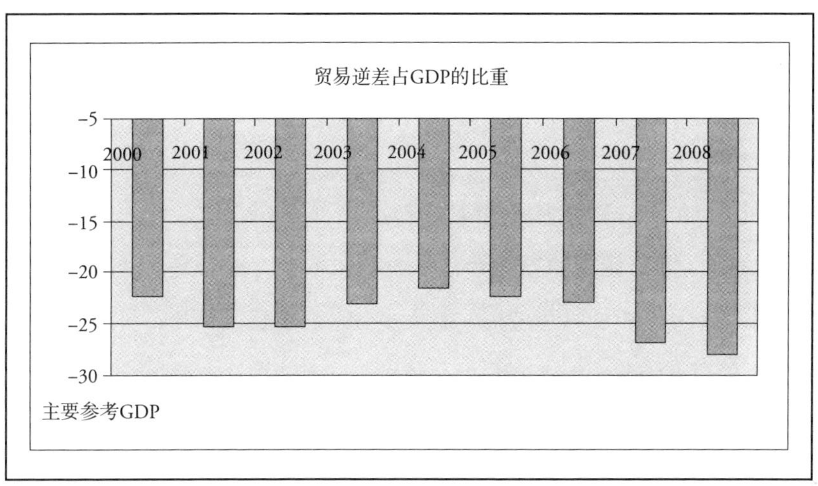

阿尔巴尼亚已与巴尔干地区其他国家签署了自由贸易协定。从2007年12月起，与欧盟的临时协定开始生效。

阿尔巴尼亚的主要贸易伙伴仍然是意大利和希腊，而与土耳其和中国的贸易也越来越多。

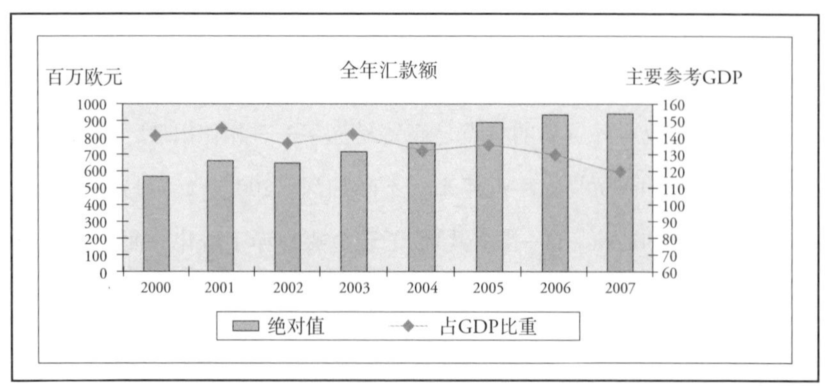

外来投资

阿尔巴尼亚一直为地区内外来投资水平较低的国家，约为国内生产总值的5%。国内最大的投资者是意大利和希腊，其次是土耳其。人们对于水泥产品的投资兴趣增加，绝大多数来自于意大利和希腊的企业。此外，外资在能源领域蓬勃发展，建设了众多能源产业园区，旨在实现能源产业多样化（风力、煤炭、天然气、核能）。不动产是另一个吸引投资者的领域，尤其自2008年3月阿尔巴尼亚收到加入北约的邀请后。

全球经济危机后，零售业的金融投资放缓。

商业环境

随着统一税的实施，国家将利润税从30%降低到10%，由用人单位缴纳的社会保险费用也持续下降，企业的财政负担显著减轻。这些税收的减免是改善商业环境的措施之一。

世界银行的年度报告《经商2009》提出，使阿尔巴尼亚在商业改革中排名世界第二的四个要素是：1. 将利润税和个人所得税设为统一税的

10%左右；2. 成立贷款登记处；3. 成立国家登记注册中心，这使得商业登记只要几天时间；4. 通过提供商业社会的新法律以加强对小型投资者的保护。然而，2009年企业将不得不支付相当于其利润50.5%的税，而2008年这一数字为45.9%（依据世界银行年度报告《经商2009》），在地区内相对较高，这主要是因为政府对偷漏税采取打击措施。

2010年—2011年期间，当全球经济危机和经济衰退减弱时，阿尔巴尼亚与地区内其他国家相比将有更高的经济增长速度，外资数量仍然很高，尤其在能源领域。减税和商业环境的改善产生积极影响，并在一定程度上中和全球经济危机带来的负面影响。

作者：许曲里·拉皮/斯皮罗·琴德罗

阿尔巴尼亚概况补充

地理位置

阿尔巴尼亚共和国是东南欧国家，坐落在巴尔干半岛西南部，南北跨度最长达340公里，东西宽度为148公里。

阿尔巴尼亚是连接欧洲和地中海地区的地理节点，是连接西欧和东欧、欧洲和亚洲的天然交通走廊。

阿尔巴尼亚共和国国界线长1094公里，其中657公里为陆地边界，316公里为海岸线边界，48公里为河流边界，73公里为湖泊边界；国家北面、东北面为黑山和塞尔维亚，东面为马其顿，南面、东南面为希腊。

阿尔巴尼亚采用中欧时间，比格林尼治标准时间早1小时。

阿尔巴尼亚国土面积28,748平方公里，人口288万（译者注：2017年1月），位于亚得里亚海和爱奥尼亚海东海岸；距亚平宁半岛最近距离72公里，距科孚岛仅3公里。由于地中海沿岸的自身特性，阿尔巴尼亚沿海地区人口密集、发展水平高。

阿尔巴尼亚共和国陆地面积为27,392.2平方公里，其中25%为平原，47%为丘陵，28%为山区。

内陆水域面积为1350平方公里，包括325平方公里天然湖泊，130平方公里滨海潟湖，174平方公里人工湖以及721平方公里河流网络。

岛屿面积为5.8平方公里，由沙岛、部分滨海潟湖和没有土壤的石头岛组成。

作者：阿尔奇莱·贝尔佐利

地质构造和形态

在2.2亿万年前的古生代晚期，只有今天阿尔巴尼亚面积的4.2%形成土地，主要位于北部阿尔卑斯山区。

随后1.5亿年前的中生代时期，约一半的阿尔巴尼亚土地浮出海面。第四纪时，阿尔巴尼亚土地的地质建造最终形成。

阿尔巴尼亚北方构造主要源自“古老”的岩石，南方则源自新生代岩石，中部地区是介于中生代和新生代之间的岩石，而西部低地区则由第四纪的冲积砂矿构成。

从地质学观点来看，可以说阿尔巴尼亚的土地是一个全新的区域，其地表诸多元素仍处于演变中，这同较为活跃的地震活动有关，震级强度为5—9级。

地质构造与长期、复杂的古地理演变过程有关，后者造成了典型的岩性环境和复杂的变形运动，为今天阿尔巴尼亚土地和环境的形成提供条件。由变形运动造成的最显著的形态变化是海拔的改变（从0米海平面到东部海拔2753米的科拉比山之间相距148公里）。

地理环境的平均海拔为708.5米，从地形看，属于丘陵山区。

山地和丘陵占据了国家的大部分地区，平原面积则十分有限。

通过对环境构成的形态评估，得以区分三个主要的山岭和低地区：

北部山区的面积为2869平方公里，以阿尔巴尼亚阿尔卑斯山为代表，属于狄那里克阿尔卑斯山脉的延伸部分。作为这一区域的主要构成，阿尔卑斯山脉绵延90公里，呈放射形态，平均海拔约2000米。阿尔卑斯山脉有许多海拔超过2500米的山峰，最高峰为耶泽尔察，高2694米。山顶满是冰斗，山脉西侧则呈现独特的喀斯特地貌。阿尔卑斯山日后有巨大的旅游潜力可开发。

中部山区是位于德林河与奥苏姆河和德沃尔河的上流、中流之间的地区，面积达12,073平方公里，包括不同的地质构成以及震级达6级—9级的地震活跃带，也是产生经济效益的主要矿区。中部山区主要分为南、北两部分。三个次级山区自西向东缓慢增高，被南北向河谷分开，为西、中、东次区域。中部山区的东南部被视为独立的次区域，其中心是科尔察平原。最东边地区以坡地为主，海拔在300米—900米之间，包括切尔梅尼克山地。此地海拔超过1500米的山峰极少，但阿尔巴尼亚最高山脉科拉比山脉位于此地，最高峰科拉比峰达2753米。火山活动是该地区的主要特征。东部山谷比北部阿尔卑斯山谷更广阔，适于农业种植。地下蕴藏丰富的铜矿、镍铁矿和铬矿。

南部山区自西北向东南展开，同爱奥尼亚海接触广阔，其间的山脉和河谷面积达6480平方公里，是国内喀斯特地貌最明显的地方。阿尔巴尼亚南部的最高峰是托莫里（2416米）和格拉莫兹（2500米），后者位于阿尔巴尼亚和希腊边境，归两国共同所有。相比东部山区和北部山区，南部的山脉更加平缓，位于下游的山谷面积大，也更适宜耕种作物。另外，高山向低地的过渡较为缓和，岩石侵蚀加上大量沉积物造就了多样的山谷裂缝形态。灰岩地层从卡拉布伦半岛南侧、发罗拉南部一直延伸至萨兰达市区，直达奇克山峰（2050米）。这种灰岩地层所在之处就是被称为阿尔巴尼亚里维埃拉的爱奥尼亚海沿岸区域。该地区大量种植谷物、水果和甘蔗。

西部低地连同周围的丘陵区总面积为7335平方公里，海岸带长175公里，宽10米—30米。二战之前，西部低地的很大一部分曾是沼泽区。1960年后，巨大的灌溉工程将沼泽地改为小麦种植地。从内陆地区向海岸方向，低地可以被分为三个纵向地区：即内陆低地，土壤较干燥，平均海拔15米—20米；中部低地，曾经的沼泽区；沿海低地，海拔最低，有河流形成的三角洲。

作者：阿尔本·加热利/根茨·德米

气候

阿尔巴尼亚气候属于地中海气候，冬季温和湿润，夏季炎热干燥。阿尔巴尼亚全年晴天天数较多，西部低地有341天，著名的难民收留城镇库克斯全年晴天有298天；日照较长，平均每年2000小时—2841小时；土地所接收的太阳辐射平均每平方米2107千瓦·时。同其他地中海沿岸国家不同，阿尔巴尼亚降水率较高。全国一年平均降水量为1430毫米，在东南部地区的科尔察平原年均降水量达600毫米—760毫米，在阿尔卑斯山的西坡年均降水2500毫米—2700毫米，而库尔维莱什山区也有超过2000毫米的年均降水量。

60%—80%的降水集中在秋末和冬季，而夏季雨量仅占全年降水量的3%—14%。

降雪较多，全年超过100天有降雪，尤其是在山区。

西部低地年均气温较高，为16℃—17℃，向东（沃斯科波亚—科尔察7.6℃）、向北（维尔莫什—阿尔卑斯山7℃）逐渐降低。

一月气温最低，七月最高。极端温度（绝对最高温和最低温）是库乔亚（培拉特区）的43.9℃和谢切拉斯（科尔察区）的零下25.8℃。

参照这些数值，阿尔巴尼亚可以分为四个主要的气候次区域：

沿海地区，从斯库台至维约萨河，平均气温16℃，年均降水量600毫米—1400毫米，主要风向为西南风、西北风和北风。

阿尔卑斯山区和西坡沿至亚得里亚海的部分中部山区，年均气温在11℃—14℃浮动，年降水量为1400毫米—2500毫米，以北风和西北风为主。

爱奥尼亚南部沿海地区，从维约萨河至帕弗洛河，包括南部山区内陆部分的山脉，年均气温在10℃—17℃浮动，年均降水量为1000毫米—2500毫米，刮东南风和西北风。

东南地区，尤其是奥赫里德–普雷斯帕湖盆附近，平均气温低于10℃，年均降水量为600毫米—1200毫米，以局部地区风为主。

作者：根茨·米弗蒂乌

自然资源和环境保护

可再生能源

一、太阳能

阿尔巴尼亚东北部平均每天的太阳辐射量为每平方米3.2千瓦·时，费里为每天每平方米6千瓦·时，全国平均每天每平方米4千瓦·时，整体上看太阳能资源较丰富。

阿尔巴尼亚目前运行的最大的太阳能加热供暖系统由三组面积为48平方米的太阳能电池板组成，由能源效率中心（由欧盟和国家能源局建立）安装在第五医院楼顶，为个人提供热水。近年来，开始有一些私人住宅申请使用太阳能。

在设计方面目前有一些自发的项目，比如由1995年—1997年欧洲委员会研究董事会的佩科项目资助的阿斯拜尔项目，该项目是对位于阿尔巴尼亚南方的布特林特考古遗迹使用可再生能源进行保护。

二、风能

阿尔巴尼亚风力发电站的数据同希腊和南斯拉夫的风速数据整合后，可以为风能资源做出初步评估。

经过初步研究，四个潜在的风能发电站（都拉斯、克吕埃维兹、格拉维、扎拉）的风速分布为每秒3米—7米，风力工作时间为每年2000小时—8000小时。

目前为止，国内还没有建造任何风能实验工厂。

三、地热潜力

温泉形式的地热资源非常丰富，主要位于阿尔巴尼亚南部以及北至地拉那和靠近地区构造缝的佩什科比。热力资源为低焓地热，总体上为硫化物、甲烷、溴、碘和硫酸盐几类。热能资源是有限的，应该更谨慎地开发。最重要的地热资源位于卡尔梅-萨兰达、兰加里采-佩尔梅特、萨兰达波里-莱斯科维克、科赞、舒帕尔-爱尔巴桑和佩什科比等地。这些地方的温泉水热度为26℃—60℃。爱尔巴桑和佩什科比的温泉因具备养生疗效而十分有名，两地都修建了健康中心。

四、生物质能

未来，生物质能或许将变得十分重要，主要包含以下四类资源：

1. 主要城市的城市废物利用潜在能源，据计算2010年预计等同405,615吨石油；

2. 农业废弃物的潜在能源；

3. 1995年林业生物质能将近4.6亿千焦；

4. 1995年动物残体的能源潜力将近12,740千焦，未来呈增长趋势。

五、小型水电站

目前仅有80个地方小型水电站，均同国家输电网相连。小型水电站的生产力为1.2千瓦—5千瓦，生产力总值为14兆瓦。另有其他小型水电站以服务于私企为目标，但由于能源法规等因素，这一举措并未得到合理支持。

水资源

一、淡水

阿尔巴尼亚水资源由每年约1485毫米降水提供，其中594毫米降水蒸发，891毫米通过河流汇入大海，单位流量为每平方公里每秒流量达28.3升。

全国总共有136条河流。河网内的水资源由10条主要河流汇集而成，主要流入亚得里亚海。10个天然和人工湖泊总面积超过500平方公里（阿尔巴尼亚境内的部分），700个人工湖也蕴含了巨大的水利潜能。

水资源分布图中的地下水可以被分为下面几组：

多孔土和冲积土中的地下水构成了高质量的可饮用地下水的90%，工业用水主要位于西部平原和多山低地。这些主要是自流水储备。

喀斯特地貌的地下水主要来自25个盆地、110多个水源，流量每秒超过100升（除了著名的萨兰达“蓝眼睛泉”，流速为每秒18.5立方米）。

沙砾岩、沙土中的地下水含铁量高。

近40%的阿尔巴尼亚土地为黏土质，不含地下水，这使得在这些地区建造水网成本高、困难大。

阿尔巴尼亚的湖泊有斯库台湖（根据湖水水量的变化，面积在370—450平方公里之间）、奥赫里德湖（面积348平方公里）、普雷斯帕湖（面积285平方公里）和布特林特潟湖（16平方公里）等。这些天然湖泊具有独特的动植物多样性，可以作为自然研究和旅游潜力开发的极佳选择。此外，有一些大的水电站人工湖（费耶尔扎、科曼、戴亚滩、乌莱扎、巴尼亚等）和超过500个小型人工农业灌溉湖。极少一部分湖泊用于渔业养殖。

阿尔巴尼亚最重要的河流包括德林河（包括阿尔巴尼亚边界线在内

长285公里，流速为每秒347立方米）、布纳河（44公里，流速为每秒670立方米）、马蒂河、伊什米河、埃尔泽尼河、什昆比尼河、塞马尼河和奥苏姆河等。

据粗略计算，每年流入海洋的河流水量为41.37立方千米，流速为每秒1108立方米。水流带走的冲积土为6.57×10^7吨，主要集中在亚得里亚海沿岸的三角洲。显然，自然侵蚀问题是存在的。塞马尼河因侵蚀土壤参数之大而广为人知。

阿尔巴尼亚的河流是重要能源，沿河修建了许多水电站。德林河的瀑布水电站是阿尔巴尼亚的主要动力资源，目前大量工作都集中在修复现有水电站，目的是实现能源生产的最大化。

现在，阿尔巴尼亚发电主要依靠水电站，占发电量总数的近95%。剩下的5%由火力发电厂提供。

阿尔巴尼亚重要的水电站包括费耶尔扎（500兆瓦）、科曼（600兆瓦）、戴亚滩（250兆瓦）、乌莱扎（25.2兆瓦）和比斯特利察（27兆瓦）。

二、海岸线和海滩

亚得里亚海沿岸以沙滩为主，而爱奥尼亚海沿岸几乎都是岩石。布纳河、维约萨河、埃尔泽尼河、塞马尼河和伊什米河的三角洲是许多研究的目标案例，这些地区因其独特的生物多样性而具备城市和乡村发展潜力。

亚得里亚海沿岸部分是南北走向，包括低地沙滩、潟湖和小海湾。干净的海水、优质的沙子和宽阔的海滩为海岸旅游提供了高品质的环境，维利波亚、深津、拉尔齐、都拉斯、迪维亚卡和塞马尼的海滩都是这样。

爱奥尼亚海沿岸部分是西北至东南走向，主要为岩石海滩，也有砾石砂组成的小海滩。在洛加拉地区，山体近乎垂直入海。尽管如此，这片海滩为游客进行娱乐活动和观光游览提供了合适的海滨环境，尤其适合开展海上体育活动。

潟湖是阿尔巴尼亚海岸生态系统的最佳代表。沿海低地冲积层典型的生态系统自北向南延展，创造了非常有用的栖息地链。阿尔巴尼亚的潟湖有纳尔塔潟湖（45平方公里）、卡拉瓦斯塔潟湖（41.8平方公里）、布特林特潟湖（16平方公里）、帕托库潟湖（5平方公里）和奥里库姆潟湖（1.5平方公里）。

由全球环境基金（GEF）资助的项目正在纳塔尔潟湖进行，通过人为介入改善生态系统。法尔计划（PHARE）旨在改善卡拉瓦斯塔潟湖的生态系统。

名为库内–瓦因的潟湖系统全面研究于1997年完成。研究展现了目前的生态情况和生物多样性状况，提出管理和保护潟湖系统的主要措施和计划。

三、水资源问题

水是最敏感的物质，也是同环境、土壤、自然资源、生态和可持续发展有关的重要因素。

饮用水管理仍旧是阿尔巴尼亚有待解决的一个大问题。由世界银行、法尔计划以及德国、意大利和日本等国政府资助的多个饮用水网络建设计划正在进行中，并提出相关倡议，然而饮用水需求远远超过给房屋和公寓的供应。同饮用水管理相关的关键问题是管网漏损、储藏不足、清洁系统、收费和水价等方面。

阿尔巴尼亚雨季的降水量无法满足主要用于灌溉的农业需求。现在几项由世界银行和法尔计划等资助的阿尔巴尼亚灌溉建设计划和倡议缓解了农业用水的压力，但是由于数量庞大的个体农户所拥有的土地面积较小，水资源短缺问题依然存在。

过去二十年间，在阿尔巴尼亚西部低地，尤其是位于莱什、斯库台等地的三角洲、潟湖等地，出现了许多次洪灾。

四、渔业

渔业是沿海和内陆水域的主要产业，也是该地区居民和全国人民的重要收入和食物来源。国内的渔业活动包括海洋捕鱼、沿海捕捞、内陆水域捕鱼、水产养殖、鱼产品加工和贸易。

海洋捕鱼主要在大陆架开展，从海岸往亚得里亚海延伸25公里、往爱奥尼亚海延伸2公里—3公里处。所捕的鱼类主要是沙丁鱼、鳀鱼、鲱鱼、濑鱼和多种甲壳类动物。捕鱼船队约有155条渔船，集中在都拉斯、深津、发罗拉和萨兰达四个大港口。

土地使用结构

阿尔巴尼亚的土地开发结构在过去的40年发生了很大变化，对植被物种、农牧业等都造成显著影响。

一、植物

由于山地和水域系统的复杂性，阿尔巴尼亚境内的土壤和气候的多样性为植物的丰富性提供了条件。在阿尔巴尼亚境内已经发现了3250种植物，占欧洲全部植物种类的29%。阿尔巴尼亚有丰富的本土特有植物（占植物总数的1.1%），这些植被多数位于山区，比如阿尔卑斯山区、中部和南部山区以及沿海地区。

阿尔巴尼亚的植物大致可以分为两类：地中海群落植被占据总数的35%；欧亚、北巴尔干和阿尔卑斯山区植被占据65%，主要为阔叶和针叶类植物。

特殊的植被区形成了带有科研和旅游价值的群落交错林带，这些区域被称为自然公园，占地总面积为2.58万公顷，其中有1.45万公顷为科研保护区，生物圈保护区占地面积达3.89万公顷，狩猎区有4万公顷。

位于首都地拉那附近的达伊特山占地3300公顷，是国内最美丽的自然公园。

位于阿尔卑斯山区中部的塞斯和瓦尔博纳公园占地1.03万公顷，展现了生态复杂性。地处东部山区的卢拉公园占地1300公顷，有着独特的生物和环境构成，尤其是公园内部有8个冰川湖。洛加拉公园占地1010公顷，其特点是植被系统和动物系统间能够保持生态平衡，两者类似于相互独立又相互联系的系统。其他自然公园或多或少也有相似的特征，比如位于卡拉瓦斯塔潟湖、中部山区西侧山脉的什塔马山（斯坎德培山）和托莫里山等地的公园。

森林和牧场的情况总体上正在改善。林地总面积为104万公顷，立木材积达8300万立方米，平均每年每公顷林地的立木材积增长1.4立方米。

根据林地和牧场综合部的统计数据，林地的破坏仍是需要关注的问题。

在世界银行的“森林工程”项目框架下，有6000公顷乔木林得到改善，主要集中在东北部地区。

二、狩猎

狩猎是林地和牧场内的另一项活动。虽然狩猎活动是由个人组织的（或者以小组形式），范围并不大，但依然对野生动物有一定影响。大多数猎人来自国外。另外，动乱时期大量武器流入民间，也导致了许多人进行并非运动或消遣的“打猎活动”。

1998年被捕猎的动物数量比前一年有所增长，而熊、海狸、水獭、羚羊、狐狸和松鸡这几类动物被捕数量有所下降；狼、野猪和野鸡被捕猎（主要是非法捕猎）的数量则在1998年继续增加，物种数量持续减少。

三、牧场

牧场是动物饲养的基础。目前，牧场总面积达41.3万公顷，其中18.6万公顷由国家管理，24.5万公顷由地方政府管理。载畜量（冬季和夏季）达131.1万只绵羊、21.3万只山羊和1.9万头牛。

四、保护区

1940年国家首次宣布在莱什设立狩猎保护区、在培拉特的托莫里山建立国家公园，随后便创立了保护区。达伊特山的国家公园建于1960年，6年后又相继建立了塞斯、卢拉、洛加拉和德雷诺瓦几处国家公园。国家公园具有珍贵的自然、科学、社会和娱乐价值，其天然的森林生态系统未受破坏，保留了野生动植物物种。

依照《山地和水域的狩猎和捕鱼》法令，1956年建立鲁什库尔狩猎保护区，1970年狩猎保护区数量增至15处。1977年经过修改法令，狩猎保护区达到25处。

1981年，稀有自然资源首次被纳入国家保护名单，并宣布自然森林具有科研、生物、历史和教育价值。

1993年后，通过了《环境保护基本法》和一系列关于森林、野生动物的法律法规，国家开始根据世界自然保护联盟（IUCN）的理念重建保护区网络。

保护区总占地面积达109.048万公顷，其中10.43%为林地，占共和国地表面积的3.79%。

1999年2月18日，内阁决定设立普雷斯帕国家公园，囊括大普雷斯帕湖和小普雷斯帕湖，总面积是27.750万公顷，属于第二级分类经营；此外，还设立波格拉德茨保护区，占地27.323万公顷（包括奥赫里德自然区在内），属于第五级分类经营。

矿物资源

阿尔巴尼亚的地质构造决定了地表和地下所储自然资源的广泛性和多样性。在内部区域构造带中，主要集中分布着铬、镍铁、硅酸镍、铜等金属矿以及煤、石油和天然气。

第二次世界大战开始前，阿尔巴尼亚开始对石油和固体矿产进行工业开采，以特许权的形式主要供给意大利的公司。

独立后，矿业作为国营企业得以建立，国家对已开采和未开采的矿藏具有专有权。自此，阿尔巴尼亚成为集中化开采矿产和石油的国家，拥有大量油井、矿井和石油、铬、铜、煤、镍铁、石灰岩、沥青、焦油砂等矿物加工厂。

序号	矿产	地质储量	
		数量（百万吨）	等级（%）
1	铬铁矿	37.2	Cr_2O_3 18-42
2	铜矿	53	Cu 1.3-1.5
3	镍铁	220	Fe-42.3; Ni-0.98; SiO_2 -12.8; Co-0.063
4	硅酸镍	102	Fe-18.3; Ni-1.13; SiO_2 -36.9; Co-0.043

续表

序号	矿产	地质储量	
		数量（百万吨）	等级（%）
5	煤矿	712	3200 kcal/k
6	泥煤	156	2900 kcal/k
7	烟煤	4	4600 kcal/k
8	天然沥青	1.4	
9	沥青砂	78.4	8-10
10	橄榄石	59	MgO-48; SiO_2-37
11	白云石		CaO-30; MgO-21
12	石灰岩		CaO-54.8; MgO-51
13	装饰石材和大理石	23	CaO-50; MgO-0.71
14	原油	870	
15	天然气	900M3N	

1991年后，转轨时期导致阿尔巴尼亚矿产急剧减少，主要是由于：

1. 用于工业的地质储量逐渐减少；

2. 采矿生产遇到国际市场竞争；

3. 企业和国家管理不善。

自1993年，国家针对石油和矿业的重建与私有化颁布了几项法律（比如《阿尔巴尼亚矿业和石油法》《私有化法》），重建工作仍在进行中。

环境保护

1993年的第8364号《环境保护基本法》于1998年7月2日经过修正，对相关组织和机构进行改革，提高环境保护机构的工作能力。

国家环境局成立于1998年，是直属于政府的国家机构，代表着政府加强环境管理的重要举措。

除了创建国家环境局，政府还采取了一些措施，旨在加强环保性团体同部委、机构和地方政府的关系。同样，一些隶属于部委的环保机构也得以创立。这些机构的活动对环境保护和管理产生积极影响，比如负责中央和地方层级的国土管理委员会和旅游发展政策委员会。国家环境局和地方环境局的专家均是专职人员。

1998年6月25日，《奥胡斯公约》签署，涉及民众获取环境讯息、参与环境政策的制定以及相关的司法渠道，这是环保领域内民众获取信息和参与的重要成果。公约要求在信息传播和增加公众参与环境问题决策等方面进行承诺。目前，在不同领域已经取得了一些成果。

自1991年起，已有60余家机构团体在阿尔巴尼亚成立，在不同领域致力于环境保护和公共教育。

阿尔巴尼亚非盈利部门的主要捐赠来自地拉那地方环境中心、美国国际开发署支持的民主网络、荷兰大使馆等，这些机构通过拨款、培训课程和技术支持等方式直接向环境组织提供帮助。

自1996年起，国家环境局开始同欧洲环境局合作，后者通过项目支持向欧洲国家提供援助，包括多布日什+3报告、网络环境现状报告、欧洲环境信息观察网络、科里内土地覆盖和群落环境、不同地区的活动和会议等。

作为一个小国，阿尔巴尼亚对臭氧层消耗和气候变化的全球化趋势并没有太多影响，但是也执行《联合国气候变化框架公约》和《蒙特利尔协定书》的决定。此外，已经开始执行《联合国防治荒漠化公约》。

随着对危险废物和物质进出口负面影响的关注不断增加，阿尔巴尼亚作为签名国，也开始加速推进《控制危险废物越境转移及其处置巴塞尔公约》的批准程序。

20世纪90年代后，阿尔巴尼亚签署了《保护地中海海洋环境和沿海地区公约》(《巴塞罗那公约》) 并积极参与“蓝色行动计划”和地中海污染监测，执行地中海区域海洋污染应急反应中心的项目计划和研究长期方案等。

阿尔巴尼亚是“蓝色行动计划”的积极参与者，该计划是地区环境活动的重要平台。“蓝色行动计划”始于1975年，由联合国环境规划署负责，是广为人知的地区合作范例。

国家环境局正在通过执行法尔计划的COP96项目，来创建国家环境基金。这项基金将提高使用节约型用具的效率。

COP96框架的重要依据来自“环境影响评价”（EIA）指标。2000年10月《生物多样性法规》《空气保护法》《水资源法》《环境保护法》等规范了旧轮胎的使用以及有关空气、水和土地中排放物的标准。

由国外资助的项目主要用于组织机构和法律法规的加强、公众意识的提高和特殊投资。

欧洲委员会通过法尔计划AL93/06提供了最大的一笔环境资金，计划分别于1997年年底和1998年年初执行。项目（1995—1998）共包含10项计划，金额总数达330万ECU（曾经的欧洲货币单位，后被欧元取代）。

其他始于1998年的由国际资助的项目还包括：

1.《生物多样性战略准备、行动计划和国家报告》(全球环境基金和世界银行资助9.6万美元)；

2.《奥赫里德湖的保护》(全球环境基金和世界银行资助178万美元)，阿尔巴尼亚和马其顿政府共同参与；

3.《阿尔巴尼亚六所主要城市的城市固体废物管理：可用于其他发展中国家的模式》(59.1万ECU)，包括爱尔巴桑、斯库台、科尔察、波格拉德茨、费里和莱什六所城市；

4.《阿尔巴尼亚第一次就完成〈联合国气候变化框架公约〉各项义务的国家授权》（全球环境基金和联合国开发计划署资助263,744美元）。

这些资金也极大地支持了法尔计划跨国框架下的项目，例如欧洲公园、铀项目、森林项目、区域环境保护中心项目以及和欧洲环境局的合作项目。

地拉那的环境管理和技术中心也是由多方联合赞助的，包括国家环境局、欧洲委员会、德国波恩经济发展与合作部、农业部、德国图林根自然和环境保护组织以及意大利城市管理局。1997年—1998年地拉那环境管理和技术中心的主要活动包括废水和水域管理、废物管理、国家公园管理以及土地规划等。

此外，涉及环境项目的研究中心还包括ITNPM、SEDA和TEA等非政府组织。

作者：马克西姆·德利亚纳/费尔迪南德·贝戈/达沙米尔·梅齐尼

人口

历史发展

阿尔巴尼亚考古学已经证实，阿尔巴尼亚境内的人类遗迹最早可以追溯到旧石器时代，之后一直延续至今。此外，也有相关环境方面的证据可以证实在阿尔巴尼亚有早期居民和后来人类的居住痕迹。

另一方面，根据人口学的估算，阿尔巴尼亚的人口在历史发展中可以按照相关区域的人口持续性、居住空间的扩张和居民总数的增长三方面来区分。在前一千年里，最早的城镇化标志出现在殖民城市，其中包括伊利里亚人的发源地。

通过1978年纽约出版的《世界人口历史地图》中的计算，我们可以认为公元前200年的伊利里亚有约100万居民，同一时期的古希腊有250万人，而整个巴尔干半岛则有450万人。在漫长的伊利里亚-罗马战争期间，罗马人的统治对人口数量带来了巨大的打击。仅在伊利里亚南部就有70余个城市被摧毁，15万人沦为奴隶。200年，伊利里亚的人口较400年前大大减少。4世纪后，人口有所恢复，数量超过100万。

之后的几个世纪里，伴随着蛮族入侵、斯拉夫人涌入和奥斯曼帝国统治，伊利里亚人的扩张受到压制，人口遭到严重破坏。15世纪中叶，经过奥斯曼帝国的统计，阿尔巴尼亚境内有80万居民，很多人都移民到了巴尔干半岛其他国家。16世纪末，阿尔巴尼亚人口达到150万，21世纪初人口超过了200万。

1913年，阿尔巴尼亚境内有80余万居民（国土面积为28,748平方公里）；1923年，人口总数为803,960人；二战结束时（1945年9月），阿尔巴尼亚总人口达1,122,044人。

1945年后，阿尔巴尼亚人口增长速度相对较快。1990年年末已经增至320万。1990年之前，超过60%的人口居住在农村。1990年之后，大量人口从农村移居到城市。1998年年末，民事登记处的数据显示人口数在3,354,300—3,680,404之间，这之间326,104的差距代表依然持有阿尔巴尼亚国籍的海外移民。

世界范围内的阿尔巴尼亚人聚居区

一、聚居区

阿尔巴尼亚人是这片土地上土生土长的民族。在千百年来的历史进程里，阿尔巴尼亚人被证实不具有迁移的特征。阿尔巴尼亚人的迁徙只在性命攸关的时期才出现，比如在种族清洗战争中和有性命之忧的时刻。作为非扩张的民族，阿尔巴尼亚人在地区内逐渐被挤压，并且渐渐迁移到其他地区。阿尔巴尼亚人移民并定居海外的情况只在特定情况下出现。

与此相对应的是，欧洲和亚洲人民历史上经历了大量的迁徙，十字军东征、移民入侵和帝国统治都曾出现在阿尔巴尼亚。

区别阿尔巴尼亚移民的主要特征是：

1. 他们的迁徙十分缓慢，经过一站又一站，多次改变定居点，并且尽可能地不离开同族人所在地区；

2. 他们的迁徙有一个原则，就是从北向南迁移，而后改变方向，转为按照水平方向向东西两侧的国家迁移。

阿尔巴尼亚人的首次迁移发生在13世纪初，当时塞尔维亚王国开始崛起，向阿尔巴尼亚北方地区的本土民族施加压力。证据显示，从中世纪早期到近现代，阿尔巴尼亚人几世纪的迁移遵循着一定规律。

一部分阿尔巴尼亚人从自己的土地向外迁移时，最开始从边缘地区迁至中心区域，随后再前往外国。这种迁移模式可以通过阿尔巴尼亚聚居地和殖民地的形成得到证明。阿尔巴尼亚人在希腊的聚居区主要位于阿提卡（位于希腊首都附近），而在意大利的聚居区主要位于意大利南部。阿尔巴尼亚人在希腊的聚居区可以追溯到较早时期，他们称定居的地方为莫雷，但并不是所有移民都最终选择停在此地。他们中的多数人选择继续迁徙，按照水平方向前往意大利。而阿尔巴尼亚人在意大利的聚居区则出现于稍晚些的时代。

阿尔巴尼亚人从南向北迁移的例外是18世纪初从凯尔门德迁至达尔马提亚的扎尔（今克罗地亚）、塞尔维亚北部的斯雷姆州附近的一个小村庄。这次迁徙不同于常规的自南向北方向，因此也成为了有趣的研究主题。

希腊的阿尔巴尼亚聚居区居民称自己为“阿尔瓦尼特人”，而意大利的定居者则自称“阿尔布莱什人”。在阿尔布莱什人的歌曲中，有关莫雷（故乡）的记忆比关于阿尔伯利亚的保存得更多。不过当阿尔布莱什歌者歌唱莫雷时，这实际上是在歌唱故土。从民族复兴时期起，“阿尔伯利亚”就取代了莫雷这一称呼。

意大利的阿尔巴尼亚聚居区形成于奥斯曼帝国统治时期，位于希腊的聚居区则主要在奥斯曼时期之前形成。人们的迁移路线主要是从北部高地到阿尔巴尼亚沿海地区，再到莫雷，最后从希腊前往意大利。在阿尔巴尼亚海滨地区，中世纪时阿尔巴尼亚北方部落的姓氏保存至今。

稍晚时期的阿尔巴尼亚聚居区在保加利亚和乌克兰。学者普遍认为，这些聚居区只是阿尔巴尼亚人早期移民后的重新定居，和之前从莫雷的阿尔伯利亚人土地迁移到意大利的理由并无二致。位于保加利亚

（曼德里察）和乌克兰（敖德萨）的阿尔巴尼亚人聚居区正在面临消失的威胁。人种学家认为，在这些地方的下一代人很难再延续阿尔巴尼亚的语言和传统。

最密集的阿尔巴尼亚聚居区位于意大利。二战前夕，学界认为有20万阿尔巴尼亚裔意大利人（阿尔布莱什人），主要定居在卡拉布里亚和西西里岛，少数在莫利塞、普利亚、巴斯利卡塔和阿布鲁奇。根据对15世纪末教会记录的研究，人们发现一些移民来自名门望族。乔治·卡斯特里奥蒂·斯坎德培的子孙也移民到了意大利。在阿尔巴尼亚民族复兴时期，阿尔布莱什人发挥了重要作用。20世纪下半叶，阿尔布莱什人经历了第二次复兴。一直以来他们的梦想都是重回故土。伟大的阿尔布莱什诗人泽夫·斯基罗伊曾以回归为主题写诗。意大利的阿尔布莱什人十分享受文化上少数族群的地位。他们用阿尔巴尼亚语出版了许多作品，近年来，意大利政府官方认可在学校教授阿尔巴尼亚语。

意大利阿尔布莱什人中有一些文化大家，比如莱克·马特伦加、齐米特尔·卡马尔达、耶罗尼姆·德·拉达、加夫里尔·达拉、泽夫·塞雷姆贝、安东·桑托里、泽夫·斯基罗伊、弗朗切斯科·克里斯皮、米凯尔·马尔基亚诺伊、杜什科·韦特莫、沃雷奥·乌伊科、弗朗切斯科·阿尔蒂马里、埃马努埃尔·焦尔达诺和安东·贝鲁希等人。

希腊的阿尔瓦尼特人并不享有建立聚居区的权利，官方禁止他们使用自己的语言。他们在1921年的希腊解放运动中扮演了关键角色。马尔科·博察里、布布利纳等希腊民族解放阵线的领导人是阿尔巴尼亚裔阿尔瓦尼特人。

二、移民区

至今已在世界多地发现了阿尔巴尼亚人的移民区。阿尔巴尼亚移民区多是由19世纪—20世纪的近代移民团体建立的。民族复兴时期，在布加勒斯特（罗马尼亚）、亚历山大（埃及）、伊斯坦布尔（土耳其）和索非亚（保加利亚）等地都有阿尔巴尼亚移民区。这些移民区的形成过程和聚居区的不同。聚居区是迁徙的结果，前者则是被逐出原有的土地。在20世纪时，一些移民区由于人民被驱逐而形成，尤其是在希腊和土耳其达成交换人口的协议之后，协议以人们的宗教信仰（穆斯林和东正教徒）为依据，致使阿尔巴尼亚南部察默里地区人口骤减。土耳其政府按照协议同意接收塞尔维亚-克罗地亚-斯洛文尼亚王国内的穆斯林，这使得数以万计的阿尔巴尼亚人被迫离开科索沃并前往伊斯坦布尔和土耳其其他地区。这些迁移造成阿尔巴尼亚人出现在世界各地，在西欧定居的人尤其多。

总体上，阿尔巴尼亚人在海外的移民区保留了自己的语言、文化、传统、习惯和风俗。典型的例子是意大利的阿尔布莱什人，他们讲话带有南方托斯克口音，并且从迁至意大利一直保留至今，不过这些移民现在已经越来越少使用这种带有托斯克口音的语言。1910年，西西里岛有7处阿尔巴尼亚人社区，约5万人，意大利全国有72个阿尔巴尼亚人社区，共15.4万人。至1921年，约8万人将阿尔巴尼亚语作为母语。作家诺曼·道格拉斯在其英文书《古老的卡拉布里亚》中曾生动地描述这些社区的生活和文化。

在政治和文化领域，许多聚居区成为民族运动阵地，并且培养了一些杰出人士。

耶罗尼姆·德·拉达是意大利的阿尔布莱什人，他是阿尔巴尼亚文学浪漫主义流派的创始者；布加勒斯特移民区的纳乌姆·维奇尔哈尔吉曾参与1821年罗马尼亚的瓦拉几亚起义，是启蒙主义思想家、阿尔巴尼亚民族复兴运动先驱和思想家；伊斯坦布尔移民区的纳伊姆·弗拉舍里是民族文学的奠基者，而他的兄弟萨米·弗拉舍里和阿卜杜勒·弗拉舍里也是民族复兴运动的核心人物，萨米·弗拉舍里起草了复兴运动的政治和思想宣言，阿卜杜勒·弗拉舍里是奥斯曼议员，也是阿尔巴尼亚普里兹伦同盟的政治领袖（1878）；埃及移民区的西米·米特科则被称为阿尔巴尼亚民俗教育之父。

三、流散地

除了聚居区和移民区，阿尔巴尼亚人在西方国家的传统定居模式（或者说是最早的移民社区）被称作流散地。

奥斯曼帝国统治时期，特别是19世纪时，一些阿尔巴尼亚人在帝国中身居要职，包括担任帝国的大维齐尔（首席宰相）。

埃及阿里王朝的创建者穆罕默德·阿里是阿尔巴尼亚裔，1769年生于卡瓦拉，他的父亲是奥斯曼帝国阿迦（高官）。1798年，他自愿参加反抗拿破仑的战斗，并在埃及建立阿尔巴尼亚军团，之后于1803年被埃及的酋长选为帕夏。1807年阿里率军击溃英军的入侵，随后消灭了马穆鲁克军团。1816年，他镇压瓦哈比教派并占领麦加和麦地那；1823年，修建喀土穆城；1831年，他入侵叙利亚和安纳托利亚并在科尼亚击败土耳其军。

许多阿尔巴尼亚人在奥斯曼帝国担任省长职务，一些人高居军队要职，证明了帝国时代早期的著名谚语："致亚美尼亚人，钢笔；致阿尔巴尼亚人，宝剑。"阿尔巴尼亚军团以其作战时的勇猛、不屈和士兵忍受极端磨难的能力而著称。奥斯曼帝国的许多中心城市都建立了阿尔巴尼亚人社区，比如开罗、阿勒颇和大马士革，很多社区至今仍然保留了自身特征。

现代土耳其的缔造者穆斯塔法·凯末尔，世人称其为阿塔图尔克，来自有阿尔巴尼亚血统的马其顿家庭，他的母亲来自阿尔巴尼亚南部。

近代以来，最大的阿尔巴尼亚人流散地在美国。这源于两次浪潮，第一次始于19世纪下半叶，奥斯曼帝国的衰落造成难民的骚动，还有一些是普通移民，一直持续到1939年。

美国的阿尔巴尼亚人团体对阿尔巴尼亚政局产生很大影响，在索古王朝时，一些人是阿尔巴尼亚的议员。现在，美国的阿尔巴尼亚人团体努力向美国政策施加影响，为同阿尔巴尼亚相关的事情谋利。

据估算，在纽约、波士顿和底特律等大城市约有6万阿尔巴尼亚人。而阿尔巴尼亚现代史的发展进程也同这些流散地密不可分，比如范·诺利在纽约建立阿尔巴尼亚东正教自主教会。许多早期移民都是来自科尔察的东正教徒。

20世纪50年代—70年代，大量科索沃阿尔巴尼亚族人移民到德国和瑞士，在苏黎世、日内瓦、鲁尔、汉堡、慕尼黑和斯图加特等地组建社区，并在汉堡等德国城市修建阿尔巴尼亚式的清真寺。瑞士的科索沃社区以巴塞尔、伯尔尼和苏黎世为中心，数量庞大、组织完善，具有较大影响力。1945年后，许多阿尔巴尼亚族人离开南斯拉夫并前往土耳其，他们加入到之前已有的阿尔巴尼亚人的社区之中。目前，伦敦的科索沃人社区也在不断扩大，据估算有约6000人，此外，还有许多科索沃人开的餐厅和酒吧。

1944年阿尔巴尼亚共产党政权确立后，一些反对共产党的人士流亡美国，目前有约25万人。这些人现在成为了纽约和新泽西餐饮业的龙头老大，他们创办阿尔巴尼亚语报纸，并且不断对华盛顿施加影响力。

国家转轨后，一些流散到美国的阿尔巴尼亚人选择回到祖国创业。除了美国，还有许多阿尔巴尼亚人生活在加拿大，特别是多伦多，那里每天都有由加拿大政府组织的新的经济移民。澳大利亚的墨尔本、悉尼和佩斯也是阿尔巴尼亚人流散地，其中，墨尔本是马其顿阿尔巴尼亚族人的定居中心。

四、移民

西欧的阿尔巴尼亚移民分为两组，第一组是20世纪70年代中期的科索沃阿尔巴尼亚族移民，第二组则是90年代后的大批阿尔巴尼亚移民。这两组移民的形成有一定区别。两类移民都无法割断自己同祖国的联系，他们只是出于经济需求暂时离开国家。大多数在这两个时期移民的阿尔巴尼亚人前往了希腊、意大利、德国、瑞士和奥地利。

阿尔巴尼亚现政府的政策是维护阿尔巴尼亚人在北欧发达国家工作的权利。1994年后，政府开始同意大利和希腊协商，旨在让阿尔巴尼亚的非法移民通过暂时的工作雇佣等途径获得合法身份。

1990年后，阿尔巴尼亚持续出现大量移民。据估算，占全国人口15%的人在国外居住，而移民最常见的目的地是希腊和意大利。阿尔巴尼亚的移民分布可以参照下面的表格（来自工作和社会问题部，1999）：

移民国	人数	年份
比利时	2500	1999
法国	2000	1999
德国	12,000	1999
希腊	500,000	1999
意大利	200,000	1999
土耳其	2000	1999
加拿大	5000	1999
美国	12,000	1999

无法在国内找到合适工作的人通过移民获得了新的环境和工作机会，也得以为改善阿尔巴尼亚的生活质量做出贡献。阿尔巴尼亚家庭从他们在国外工作的亲人那里获得大量现金，这也直接对阿尔巴尼亚宏观经济指数产生积极影响。

境外的阿尔巴尼亚人

境外的阿尔巴尼亚人主要指科索沃和马其顿中西部的阿尔巴尼亚族人。

非官方数据显示，马其顿的阿尔巴尼亚族人占马其顿总人口的40%，2010年接近50%。马其顿族人和阿尔巴尼亚族人都希望能在《东南欧稳定公约》下达成共识。

据说，科索沃阿尔巴尼亚族人之所以保持着较高的出生率是因为他们的家庭需要许多孩子，比如去国外工作、养家糊口。

下面是关于科索沃的一些数据：

面积	10,877平方公里
人口（1999年）	250万人
阿尔巴尼亚族人	超过90%
其他民族	塞尔维亚人、黑山人、土耳其人、瓦拉几人
语言	阿尔巴尼亚语
地理坐标	41°47′—43°16′（北纬） 20°00′—21°47′（东经）
古代起源	达尔达尼亚人
其他古代部落	达尔达尼亚人、阿尔卑斯人、加拉布里人、苏纳特人
后来迁移到此的民族	斯拉夫人（6世纪—7世纪）
达尔达尼亚的古代作家	斯特拉博尼、阿皮亚尼
自然增长率	16.5/1000（欧洲最高）

民族结构

根据1989年4月进行的人口登记，除阿尔巴尼亚族外，少数民族占总人口的2%，共64,816人；其中，希腊族占90.6%，马其顿族占7.2%，还有2.2%为其他少数族群。

从地理分布看，96%的希腊族居住在吉诺卡斯特、德尔维纳和萨兰达等南部地区。希腊族人狭长的聚居地是吉诺卡斯特区的德罗普利和波戈尼、德尔维纳区的武尔古和萨兰达区。在地拉那、都拉斯、发罗拉、爱尔巴桑和科尔察等地也有希腊族人。

阿罗马尼亚人（瓦拉几人）在人口登记中并没有被单独标注出来。他们主要住在农村地区，比如吉诺卡斯特区的伦哲里亚、扎戈里亚和波戈尼，德尔维纳区的武尔古和爱奥尼亚海沿岸地区，佩尔梅特的勒扎，维斯库奇、沃斯科波亚以及地拉那、科尔察、都拉斯、爱尔巴桑、斯库台、培拉特、费里和卢什涅等城市。

马其顿少数族裔集中居住在大普雷斯帕湖（科尔察），而黑山族则在斯库台地区的乡村和城市定居。

罗姆人广泛地分布在各城市中，比如吉诺卡斯特、科尔察、地拉那、费里、发罗拉和都拉斯等地，他们在当地会形成较为紧密的团体。

人口密度

人口数量的变化同人口平均密度的变化息息相关，1923年人口密度为每平方公里28人，1945年增至39人；至1998年，人口密度已经达到每平方公里116人（指居住在国内的人口）。不过，不同的行政区划的平均密度存在较大差异。

年龄结构

普遍观点是阿尔巴尼亚人属于欧洲大陆里最年轻的，1998年，平均年龄为28.6岁，其中男性平均年龄为27.9岁，女性为29.2岁。

如果对1998年最庞大的三个年龄群进行分析，可以发现，15岁以下的人口占人口总数的32.6%，1995年时这一比例为39%；劳动年龄人口（女性15岁—54岁，男性15岁—59岁）占56.3%，较1995年的57.8%有所下降；第三类年龄超过55岁的女性和超过60岁的男性占11.1%，比1995年的9.2%有所增长。年龄结构的变化同大量人口移民到海外有关。年轻的人口将对自然增长率产生较大影响，尤其是在农村地区，目前计划生育问题依然没有被接受。

出生率和死亡率

出生率（用每千名居民中的新生儿数量表示）从20世纪30年代的36.1‰增长到60年代的43.3‰，这也是出生率的最高值。之后，出生率不断下降，20世纪90年代稳定在20.4‰。

死亡率（用每千名居民中的死亡人数表示）从20世纪30年代的18.6‰降低到60年代的10.4‰，1998年降到5.3‰。这一数值在1960年—1998年间下降了50.9%。

平均寿命从1950年的53.5岁（男性52.6岁，女性54.4岁）延长到71.4岁，其中男性平均寿命为68.5岁，女性为74.3岁。

作者：阿尔奇莱·贝尔佐利/根茨·米弗蒂乌/沙班·西纳尼/科斯塔·巴里亚巴

发展和商机

政府和政体

阿尔巴尼亚实行议会民主制，议会的155个席位每4年通过普选产生。议会选举总统，任期5年。总统任命总理作为政府首脑，组建内阁，即国家最高行政机关。部长由总统根据总理的推荐来任命，议会批准政府的构成。全国分为12州36个大区，315个市镇和2900个乡村。内阁任命地方行政长官（辖区长）。地方选举每4年举行1次，区议会由此产生。区议会任命区长。市长由选民直接选举产生。阿尔巴尼亚的主要政党为社会党（现执政党）和民主党（主要反对党）。司法系统由地方法院、上诉法院、最高法院和宪法法院构成。

商机

尽管存在着困难与挑战，阿尔巴尼亚依然是一个能为国外投资者提供诸多机会的国家。

前文提到的私有化进程在诸多领域提供了机会。潜在的高利润产业是采矿和原油开采。阿尔巴尼亚是欧洲唯一拥有丰富铬矿的国家，1990年之前，是全球第三大铬矿砂生产国。石油业和矿业均属于出口导向产业，但需要大量投资用于实现生产方式的现代化。其他有潜力的领域包括交通和电讯、农业和食物加工、纺织和服装业以及水利。

旅游业为经济发展提供了美好前景。阿尔巴尼亚有独特的山地景观、美丽而未开发的海岸线以及悠久的历史和文化。从长远看，旅游业将成为吸引外国投资者的重点领域，但现在阿尔巴尼亚缺少合适的基础设施，无法为大量投资提供便利条件。

针对外国投资者的鼓励

外国投资在阿尔巴尼亚受到法律保护。这些投资不会被收归国有、征收或是强制服从任何措施，除非是法律中特殊提及的情况，比如公共利益等。而且，为了帮助阿尔巴尼亚为私有企业在国内的投资提供金融保证，世界银行制定了“政治风险保证条款”（PRGF）。该条款由阿尔巴尼亚保证管理机构（AGA）统筹负责，涉及生产活动的企业可以运用此项条款（烟草、酒和武器除外）。

阿尔巴尼亚同奥地利、保加利亚、中国、克罗地亚、埃及、法国、德国、希腊、以色列、意大利、荷兰、波兰、罗马尼亚、瑞典、瑞士、突尼斯、马来西亚、土耳其和美国等国家签署了一系列双边协议，旨在改善和保护双边投资。

双重征税的国家包括波兰、罗马尼亚、匈牙利、土耳其、捷克、马其顿、俄罗斯、克罗地亚、意大利、保加利亚和挪威。同希腊和瑞士已经签署协议，但尚未生效。同埃及、比利时和马耳他的双重征税协议处于技术层面的制订中。

企业个体

可以建立的企业类型：

在阿尔巴尼亚创业的法律框架为1992年11月19日通过的第7638法案《商业公司法》。该法律基于一些其他欧洲国家的商业法律而制定。受此项法律管理的企业实体包括独资企业、无限公司、有限责任合伙公司、有限责任公司和股份公司。

此外，法律也为建立分公司或代表处和合资企业提供了可能性。前者由现有的阿尔巴尼亚商法管理，后者则不受阿尔巴尼亚法律的管辖和禁止。

商务环境

阿尔巴尼亚会计准则以1993年1月19日通过的第7661项法规《会计法》为基准。法律规定了涉及存货、资产、责任、评估、盈亏计算、财政报表和审计要求的记账原则、时机与程序。所有法人或国家在进行商业或经济活动时都需要服从此项法律。而且，所有企业必须采用同政府发布和通过的财务方案相一致的会计系统。

账簿要求货币单位为阿尔巴尼亚货币列克，需使用阿尔巴尼亚语进行记录和保存。外汇业务可以用相关货币进行特殊的账簿记录。但是，在每个月和年终时需要将账目转换为阿尔巴尼亚列克。所有账簿、原始凭证和财务报告都需要保留一定年份。除了法律允许的特殊情况，通常情况下账簿和记录应该由第三方保存。

阿尔巴尼亚记账法和世界通用的方法相似。企业需要在复式簿记系统中提交文档证明，按照时间和历史成本排列。

阿尔巴尼亚实行权责发生制会计，而股份制公司如果满足下列要求，可以使用现金收付制会计：

1. 年销售总额中，货物不超过5000万列克，劳务不超过1500万列克；

2. 年均永久雇员数不超过10人。

如果不能连续两年满足这些要求，那么将无法享受现金收付制。企业需要证明有形资产数，规定：

1. 每三年上报一次不动产；

2. 其余有形资产每年上报一次，通常在财政年末；

3. 年末上报现金、投资和进行中的工作。

不定资产的折损需要按照税法规定的方法和汇率计算。会计实务中不允许使用变化的汇率。

财务报表的准备应遵循国际会计惯例。所有企业的财务报表都需要遵循会计法，如果超出下列三个参数中的两个，则需要经过独立注册会计师的证明：

1. 总资产高于1200万列克；

2. 年销售额总量中，货物销售额超过5000万列克，劳务超过1500万列克；

3. 年均永久雇员数超过10人。

劳动法

《劳动法》对阿尔巴尼亚劳工进行管理，雇佣合同条款需要遵从《劳动法》的规定。

主要劳工问题包括：

对不满18岁的劳动者的法律限制；最低工资；医疗保健；年假；国家法定假日；儿童保育；产假；奖金；每天工作时间；最高工时；加班薪酬率；同工同酬；劳动者自由选择参加和组织社团的权利。

税制

税制包括利税、所得税、财产税、增值税和消费税。纳税年度即为日历年度。

按照阿尔巴尼亚法律，所有个人都有缴纳所得税的义务。居民应缴纳所有应税所得，非居民只需缴纳在阿尔巴尼亚境内的所得税。居民指的是在一个纳税年度中在阿尔巴尼亚居住超过183天的人。

一、公司所得税

在阿尔巴尼亚开展业务的企业需要缴纳统一税率为30%的利税。对阿尔巴尼亚本土和国外合法企业的征税由阿尔巴尼亚法律决定。应税基数由所显示的盈亏账目决定。利益核算要依照阿尔巴尼亚会计法进行，而相关指导说明则由财政部负责发布。

二、小企业税

这类税针对所有年营业额低于500万列克的小企业征收。年营业额低于最低门槛200万列克的小企业需缴纳固定费用，而年营业额在200万—500万间的企业需要缴纳的税率为4%。这项税不适用于农业机构。

三、增值税

应纳税人为所有个人及合法注册的企业，要求进行应税劳务的个人或者年营业额超过500万列克的企业登记增值税，不过也可以选择自愿登记，增值税税率为20%。货物和劳务的出口以及涉及国际运输的物资的税率为零点税率。

四、财产税

此项税分别针对农业用地（每年两次，8月和11月）和建筑征收。遭受洪水等自然灾害的个人、租金受管制的建筑和国际组织的财产可以免除缴纳财产税。接受社会援助的低收入家庭由国家负责缴纳全部财产税。农业用地的适用税率为每公顷1500列克，低级别地目为每公顷1500列克—6000列克，第一级别地目为每公顷6000列克。

五、消费税

消费税针对一小部分商品征收，比如烟草、酒精饮料、软饮料、石油产品和咖啡。对于阿尔巴尼亚生产的商品，增值税按照售出商品的价值计算。进口商品的增值税则根据含进口税的海关完税价格计算。出口商品、家用液化气无须征收消费税。

六、进口税

进口商品根据其在协调制度中的分类来缴纳进口税，许多改良产品使用最低海关完税价值。税则目录包含四类税率（0、5、10、20）。

七、其他国家和地方税

国家和地方税费包括许多不同类别，如港务费、签证手续费、电视电话许可证费、驾照费、旅馆税（针对外国人）、营业登记税和印花税等。

社会保险税

阿尔巴尼亚社保系统由社保公共研究所管理，受政府管辖。雇主提供工伤事故赔偿和失业救济金。雇员需要缴纳一定比例的健康和社会医疗保险。

向外国人和“初到”阿尔巴尼亚的人提供的信息

相对而言，阿尔巴尼亚较为容易进入，入境需要有效护照。来自奥地利、比利时、保加利亚、英国、丹麦、瑞士、土耳其和美国的游客可以免签；来自埃及、沙特阿拉伯、科威特、卡塔尔、阿曼、阿联酋、巴林和以色列的游客可以在入境阿尔巴尼亚时获得签证；其他国家的人只能在阿尔巴尼亚使馆得到签证。

外国游客进入阿尔巴尼亚时需要交纳入港费，不同国籍的费用有所变化（平均40美元）。同样，外国游客离境时需要缴纳10美元离港费（只在经由港口和机场时）。

在阿尔巴尼亚工作或者经常来旅游的外国人最好申请居留证，可以避免交纳入港费。外国人申请居留证时需要向居住地区的警察局提交一系列文件。

地拉那的住宿值得推荐，最大的两所酒店是罗格纳酒店和地拉那国际酒店，接受美国捷运信用卡、维萨卡和大莱卡付款。不过，阿尔巴尼亚社会主要使用现金付款，多数商店、餐厅都只接受现金。

计划在阿尔巴尼亚多停留一阵子的外国人可以好好利用房屋和公寓的租赁市场。100平方米的房子月租金为500美元。地拉那有几家房地产机构，不过房地产市场并不发达，找到优质住宿的最佳途径是通过阿尔巴尼亚的同事或者外国人团体。

地拉那有许多好餐厅，多数菜品是意大利菜和阿尔巴尼亚特色菜的结合。

阿尔巴尼亚的工作时间一般是早上8：00到下午5：00；银行从早上

9：00到下午3：00办公；国家行政机构每周工作5天；多数商店每天从早上9：00到晚上7：00营业。

阿尔巴尼亚唯一的民用机场是里纳斯机场，距地拉那市区约30分钟车程。可以选择出租车公司或者私人出租车前往，价钱需要提前商量好，通常单程车费是20美元—25美元。

阿尔巴尼亚移动通信公司提供移动通信服务，不过只覆盖了部分地区。

作者：根茨·博加/奥拉齐奥·瓦格诺齐/根茨·米弗蒂乌/乔治·塞梅利

主要旅游景点

地拉那是阿尔巴尼亚首都，位于国家中心地带，由苏莱曼·巴尔吉尼建于1814年，是一座相对较新的城市。1920年时卢什涅国会宣布地拉那为国家首都。

地拉那城市海拔110米，同那不勒斯、马德里和伊斯坦布尔位于同一纬度，同布达佩斯、克拉科夫位于同一经度。地拉那市占地31平方公里，整个地拉那大区包括3个市区（地拉那、沃拉、卡姆扎）和150个村庄，全部面积达1238平方公里。大区内坐落着达伊特山（1612米）和格罗帕山（1828米）。一月平均气温7摄氏度，七月24摄氏度。年均降水量1200毫米。市内很少下雪，达伊特山区降雪频繁。城中植被繁盛、光照充足，最美的季节是春秋两季。每到此时，城市公园就会吸引许多人前往，人工湖周围则是休闲娱乐的好去处，附近有国家烈士公墓、植物园、动物园、体育馆和泳池。

地拉那是国家的政治、经济、教育、科学和文化中心。在城市中心地带，有斯坎德培广场，建于1789年的埃特海姆·贝清真寺，建于1830年、高35米的钟楼，以及文化宫、歌剧和芭蕾舞剧院和国家图书馆也在附近。此外，游客还可以参观民俗文化展览馆、考古博物馆、美术馆和自然科学博物馆等。去达伊特山漫步同样不失为一个好选择，游客能在山上看到彼得雷拉和普雷扎城堡等有趣景观。国内最大的两家酒店是地拉那的国际酒店和罗格纳酒店，为游客提供住宿、餐饮和娱乐等服务。

巴依拉姆·楚里是阿尔巴尼亚最北边的城市，也是特罗波耶区的行政中心。城市建在波纳里山脉脚下，背靠阿尔卑斯山。城市距瓦尔博纳山谷26公里，游客可以从住宿地前往这一景点，山谷有着罕见的山地自然美景。

库克斯位于阿尔巴尼亚东北部，是一座70年代新建城市，沿用了之前老城的名字，老城由于修建水电站，被淹没在菲埃尔扎湖下。新建酒店位于湖区，是城市最高建筑。在湖中游船是有趣而且受欢迎的娱乐项目。1999年春天，库克斯收留了50余万科索沃难民，城市因此而为众人所知。

佩什科比位于德沙特山脚，是迪勃拉区的行政中心。城市不大，旅游酒店建在新区，市郊有一处温泉疗养中心。游客在佩什科比可以参观市区内的民族博物馆。城市西北方几公里处的内日达山海拔2000米处有7个湖泊，优美的自然景观引人入胜。

斯库台地处西北部，是阿尔巴尼亚的第三大城市和历史名城。最新的考古发现显示，该地区早在旧石器时代中期已有人类定居。斯库台湖和塔拉波什山位于城市以西。古老的斯库台城历史悠久。如果到了斯库台没有去看建在石山上的罗扎发城堡，那么此行便会留下遗憾。城堡是伊利里亚时期修建的，传说当时每到晚上城墙便会倒塌，后来，一位工匠的妻子被砌在墙中，才使得城墙坚固不倒。另一个值得一看的景点是基里河上的梅西桥，位于市中心东北8公里处，建于中世纪。斯库台湖边的希罗卡是度假和垂钓中心。游客也可以在阿尔卑斯山区组织远足，比如去塞斯、维尔莫什和拉泽姆。

莱什位于亚得里亚海畔，距离海港深津7公里、地拉那55公里、斯库台35公里。城市东部的城堡建于伊利里亚时期，后于1440年、1522年先后在威尼斯人和奥斯曼人占领下重建。城堡的建筑风格带有拜占庭元素，内部保留着奥斯曼时期的遗迹—— 一座清真寺、带有罗马拱门的塔楼和伊利里亚时期的塔楼。从山上得以俯瞰莱什全城和亚得里亚海美景。距城市7 公里处有一座猎人小屋，游客可以来此地欣赏森林美景或者进行狩猎活动。

克鲁亚位于陡峭的高山一侧，像是亚得里亚海岸边高高在上的阳台。城市的历史背景同民族英雄乔治·卡斯特里奥蒂·斯坎德培紧密相连，斯坎德培自1444年起，连续25年驻守克鲁亚，为保护国家自由、基督教文化和欧洲文明而战斗。克鲁亚城堡修建于公元四五世纪，根据879年的文献记录，这里曾是主教辖区的中心。一条中世纪风格的小路通向克鲁亚城堡，进入城墙后，建于1982年的斯坎德培博物馆映入眼帘。馆中收藏了大量展品和档案，记载着阿尔巴尼亚人民在斯坎德培的带领下奋力反抗的过程。

都拉斯人口20万，是阿尔巴尼亚第二大城市。城市建于公元前13世纪—公元前11世纪，伊利里亚人的祖先因为这里宜人的气候决定定居在此，当时都拉斯被称作埃皮丹那斯和底耳哈琴。公元前10世纪初—公元前8世纪，陶兰特人的伊利里亚部落建立公国，定都都拉斯。此后，都拉斯被古希腊人和古罗马人殖民，被称为“亚德里亚的酒馆”。这里是连通亚得里亚海岸和君士坦丁堡的埃格纳蒂亚大道的第一站，在拜占庭的统治下达到繁荣之巅。自1501年落入奥斯曼苏丹军队之手后，都拉斯逐渐沦为小城镇，全城居民不足120户。直到17世纪，这里才再次成为阿尔巴尼亚中部的主要海港和商贸、运输中心。现如今，都拉斯是连接阿尔巴尼亚、途经马其顿、最终到达保加利亚海港瓦尔纳和布尔加斯的欧洲“8号走廊”的起点。都拉斯港占地1.4平方公里，承担着全国85%的进出口运输任务，每年商品的运输量达到300万吨，每周有40艘船在码头停靠。都拉斯海滩是亚得里亚海岸线上较大的一个海滩，金黄而细腻的沙子、温暖的海水和适宜的气候深受游客喜爱。在都拉斯附近远足也是一项有趣的活动，可以观赏城堡、罗马圆形大剧场、考古博物馆、镶嵌画和古代浴室等景观，其中剧场建于公元2世纪，可容纳1.5万名观众。

爱尔巴桑位于阿尔巴尼亚中部，东边与克拉斯塔山地相连，北部和西北部是种植橄榄的山坡，东西两侧分别流淌着扎拉尼卡河与马纳兹德里埃河。冬季气温温和多雨，夏季炎热干燥。总人口超过13万。爱尔巴桑旧称斯卡姆帕，在修建埃格纳蒂亚大道时发展起来，这条道路将亚平宁半岛、巴尔干半岛和东方连接在一起。城市在拜占庭帝国和奥斯曼帝国统治时期经历了两次重建。爱尔巴桑市中心和周边地区有建于不同年代的教堂，东正教教堂占据多数，其中圣玛丽教堂藏有奥努弗里所绘壁画，圣尼古拉教堂、圣彼得教堂有精美圣像。在城市东南方约12公里有几处温泉，一家治疗风湿病的疗养中心临泉而建。

波格拉德茨是阿尔巴尼亚十分受游客欢迎的旅游中心，城市位于奥赫里德湖旁，水质清澈、干净，湖岸被沙滩环绕。去德里郎远足可以为旅行增添多一份惬意。游客可以在波格拉德茨和德里郎品尝到鲜美的湖鳟，这种鱼是奥赫里德湖的特产。

科尔察是阿尔巴尼亚东南部的大城市，位于莫拉瓦山脚下，地处海拔800米的平原上。由于城市周围土壤肥沃，农民得以种植出优质作物并大量出口，科尔察也因此成为东南地区最大的贸易中心。如今，城市的发展主要依靠侨汇和贸易活动。位于市中心的东正教基督复活教堂建于1992年，其规模在巴尔干半岛的教堂中名列前位，教堂原址是1968年被政府下令摧毁的圣乔治教堂。同样值得参观的还有建于1980年的中世纪艺术博物馆，收藏了大量中世纪具有历史、文化和艺术价值的藏品，保留了6500余件源自13世纪的精美圣像作品，其中的杰作出自奥努弗里、大卫·塞莱尼察、卡特罗兄弟和佐格拉菲兄弟之手。这所国家博物馆保留了中世纪阿尔巴尼亚人的物质文化。

沃斯科波亚自中世纪起就是重要的经济文化和教育中心，城市位于科尔察以西24公里。城中的一所中世纪教堂里有奥努弗里和什帕塔拉库等阿尔巴尼亚画家创作的壁画，艺术价值极高。

在从卢什涅前往费里的路上，科隆耶村庄的右侧分布着阿尔巴尼亚西部低地的农业和工业城。名为阿尔德尼察的修道院是著名景点，很受游客喜爱。身处费里的游客，一定要去距城市12公里远的考古遗址阿波罗尼亚看看。游客将有机会观赏到最重要的古代遗迹，比如围墙、神庙、剧场、柱廊、镶嵌画、圣玛丽教堂和阿波罗尼亚博物馆。

发罗拉是沿海城市，旧称奥罗纳，位于阿尔巴尼亚西南部，因其独特的地理位置、温和的气候和自然美景而与众不同。发罗拉是国内重要的城市、海港和旅游景点。来到发罗拉，可以参观历史博物馆和独立博物馆，后者是1912年11月28日阿尔巴尼亚宣布独立时的建筑。“冷水”是距城市2公里的景点，位于岩滩附近。

培拉特被称为博物馆城，是国内历史十分悠久的城市。在这里出土的文物要追溯到青铜时代和铁器时代。公元前2世纪，这里被称为安提帕特列。培拉特拥有价值非凡的《培拉特圣典》。建于山坡上的特色建筑、石头铺设的道路、城墙和花园屋门会给人留下深刻印象，因此城市被称为“千窗之城”。这座古城中最震撼的应属城堡。城堡建在海拔260米的岩山之上，石墙内保留了旧城区和教堂等宗教建筑。其中一座教堂内有木制圣幛、房屋和奥努弗里博物馆。此外，在城堡内还展出了16世纪阿尔巴尼亚画家的肖像画作。

在阿尔巴尼亚一路向南穿行，从费里前往吉诺卡斯特的路上，坐落着被称为“冷水”的台佩莱纳。这一景点被森林和河水环绕，是休息的好去处，还有传统烤羊肉可以享用。台佩莱纳附近有著名的阿里·帕夏城，之后是科尔曲拉和佩尔梅特。这些地方每天都会组织远足等娱乐活动。

吉诺卡斯特是另一座博物馆城，也是阿尔巴尼亚南部的大城市。城市建于山坡上，其房屋特色是形似塔楼、一座比一座高，均由石头筑成。所有住房的样子都源自中世纪塔楼，因此组成了独特的城市景观。壮观的城堡高居城市之上，游客在此将能俯瞰美景。城堡内建有国家兵器博物馆，保存了自古代起阿尔巴尼亚人使用和制造的各类武器。

萨兰达是阿尔巴尼亚最南边的城市，沿爱奥尼亚海而建。城市优越的位置、温和的天气和充足的日照使之成为旅游胜地。它拥有2500多年的历史，附近城市菲尼奇（挖掘工作尚未展现古城全貌）的港口和进入该地区的道路为考古学家研究该地区历史提供了证据。1990年—2012年间，萨兰达人口大量增长，来自全国各地的家庭移居此地。除了参观城市，去克萨米尔游玩也十分有趣。游客能够在小岛上欣赏布特林特湖、柑橘园和橄榄园。

布特林特位于克萨米尔以南，作为国家考古公园，如今这里已被列入世界人类遗产名录。近来的考古发现进一步丰富了城市历史，挖掘出许多古希腊、古罗马和拜占庭时期的遗迹，包括剧院、神庙、洗礼堂、水神庙和塔门等。此外，游客还可以参观阿里·帕夏城堡。布特林特潟湖是上千种候鸟和水生物种的栖息之所。布特林特因其植物、气候、海水、潟湖和比斯特里察河而成为重要旅游城市，现有一些项目旨在未来将这里发展成为高级的生态旅游之地。

作者：阿尔弗雷德·达利皮/根茨·米弗蒂乌/凯伊达·卢洛

京权图字：01-2016-7245

图书在版编目（CIP）数据

阿尔巴尼亚历史与文化遗产概览 /（阿尔巴）阿尔弗雷德·达利皮，（阿尔巴）根茨·米弗蒂乌主编；柯静，马赛译. -- 北京：外语教学与研究出版社，2017.12
中国—阿尔巴尼亚经典图书互译出版项目
ISBN 978-7-5135-9726-5

Ⅰ. ①阿… Ⅱ. ①阿… ②根… ③柯… ④马… Ⅲ. ①阿尔巴尼亚－历史②文化遗产－介绍－阿尔巴尼亚 Ⅳ. ①K541

中国版本图书馆 CIP 数据核字（2017）第 313567 号

出 版 人　徐建忠
项目负责　徐晓丹
责任编辑　徐晓丹
装帧设计　孙莉明
出版发行　外语教学与研究出版社
社　　址　北京市西三环北路 19 号（100089）
网　　址　http://www.fltrp.com
印　　刷　北京尚唐印刷包装有限公司
开　　本　650×980　1/16
印　　张　22.5
版　　次　2017 年 12 月第 1 版　2017 年 12 月第 1 次印刷
书　　号　ISBN 978-7-5135-9726-5
定　　价　59.00 元

购书咨询：（010）88819926　电子邮箱：club@fltrp.com
外研书店：https://waiyants.tmall.com
凡印刷、装订质量问题，请联系我社印制部
联系电话：（010）61207896　电子邮箱：zhijian@fltrp.com
凡侵权、盗版书籍线索，请联系我社法律事务部
举报电话：（010）88817519　电子邮箱：banquan@fltrp.com
法律顾问：立方律师事务所　刘旭东律师
　　　　　中咨律师事务所　殷　斌律师
物料号：297260001

在精神领域，在拥有和创造价值方面，阿尔巴尼亚人从来不需要理由去羡慕或嫉妒其他民族，历史上不需要，现在更不需要。

是什么使这个民族能够经历人类历史上众多动荡并生存至今？换言之，历史造就了阿尔巴尼亚民族怎样的性格，使他们能在多灾多难中坚定信念并谋求发展？

阿尔巴尼亚最显著的特点是其作为桥梁的使命。自西向东和自东向西对阿尔巴尼亚产生的影响不断转换，这也在其民族性中得到展现。

记载人类文明
沟通世界文化
www.fltrp.com

项目负责：徐晓丹
责任编辑：徐晓丹
装帧设计：孙莉明

ISBN 978-7-5135-9726-5

定价：59.00元